SIBYLLE PAWLOWSKI

Zum außerordentlichen Rechtsschutz gegen Urteile und Beschlüsse bei Verletzung des Rechts auf Gehör nach Art. 103 Abs. 1 GG durch die Zivilgerichtsbarkeit

Schriften zum Prozessrecht

Band 119

Zum außerordentlichen Rechtsschutz gegen Urteile und Beschlüsse bei Verletzung des Rechts auf Gehör nach Art. 103 Abs. 1 GG durch die Zivilgerichtsbarkeit

Ein Beitrag zur Lehre von der „greifbaren Gesetzeswidrigkeit“

Von

Sibylle Pawlowski

Duncker & Humblot · Berlin

Die Deutsche Bibliothek – CIP-Einheitsaufnahme

Pawlowski, Sibylle:
Zum ausserordentlichen Rechtsschutz gegen Urteile und Beschlüsse bei Verletzung des Rechts auf Gehör nach Art. 103 Abs. 1 GG durch die Zivilgerichtsbarkeit : ein Beitrag zur Lehre von der „greifbaren Gesetzeswidrigkeit" / von Sibylle Pawlowski. — Berlin : Duncker und Humblot, 1994
(Schriften zum Prozessrecht ; Bd. 119)
Zugl.: Tübingen, Univ., Diss., 1992
ISBN 3-428-07952-3
NE: GT

D 21

Fotoprint: Berliner Buchdruckerei Union GmbH, Berlin
Printed in Germany

ISSN 0582-0219
ISBN 3-428-07952-3

Vorwort

Die nachfolgende Arbeit hat die Juristischen Fakultät der Universität Tübingen im Wintersemester 1992 als Dissertation angenommen.

Das Thema geht auf eine Anregung von Herrn Prof. Dr. Egbert Peters zurück, dem ich an dieser Stelle meinen herzlichen Dank aussprechen möchte - auch für die mir bei der Anfertigung der Arbeit gewährte Freiheit.

Bremen, im April 1993 *Sibylle Pawlowski*

Inhaltsverzeichnis

1. Kapitel

Die außerordentliche Anfechtung gerichtlicher Entscheidungen wegen Verletzung des Rechts auf richterliches Gehör

2. Kapitel

Sachliche Kriterien für die außerordentliche Überprüfung gerichtlicher Entscheidungen

3. Kapitel

Dogmatische Einordnung der außerordentlichen Anfechtung vor den Fachgerichten in den Grundrechtsschutz

Schlußfolgerungen

§ 1 Einführung

I. Darstellung des Problems

1. Überlastung des Bundesverfassungsgerichts durch Urteilsverfassungsbeschwerden

Das Bundesverfassungsgericht ist überlastet und findet nicht die Zeit, wesentliche Verfahren zügig zu entscheiden. Diese Überlastung hat ihre Ursache in der hohen Anzahl von Verfassungsbeschwerden, die das Gericht in jedem Jahr zu bewältigen hat[1]. Dabei zeigt die Durchsicht der Entscheidungssammlung und der juristischen Fachzeitschriften, daß es sich bei den meisten Verfassungsbeschwerden um sogenannte Urteilsverfassungsbeschwerden handelt, also um Verfassungsbeschwerden, die sich gegen die Entscheidung (Urteil oder Beschluß) eines Gerichtes richten[2]. Dabei ist festzustellen, daß eine hohe Anzahl der Verfassungsbeschwerden die Verletzung des Art. 103 Abs. 1 Grundgesetz (GG) durch eine fachgerichtliche[3] Entscheidung rügt, also des

---

1 95 % der Anträge, die beim BVerfG eingehen, sind Verfassungsbeschwerden (siehe BK/*Stern*, Art. 93, Rz. 413 für 1978/1980); 45 % davon rügen die Verletzung von Art. 103 Abs. 1 GG (so *Zuck*, Verfbschw, Rz. 269, *Schumann*, NJW 1985, S. 1135 und *Fritz*, AnwBl. 1986, S. 362; *Seetzen*, NJW 1982, S. 2337 ff.; *Waldner, Diss.*, S. 261; *Braun,* NJW 1981, S. 425. geben sogar 75 % an). Verfassungsbeschwerden haben im übrigen eine Erfolgsquote von 1 %; bei Rüge der Verletzung von Art. 103 Abs. 1 GG aber 30 % (so *Seetzen*, NJW 1982, S. 2337 ff.; *Krauss*, Diss., S. 63 ff., S. 283 ff. Auch *Rüping*, NVwZ 1985, S. 305 weist auf die hohe Erfolgsquote hin.). Siehe zur Statistik auch *Sailer*, ZRP 1977, S. 303; *Ulsamer*, EuGRZ 1986, S. 111; *Wöhrmann*, FS Zeidler, S. 1353; *Benda*, NJW 1980, S. 2098; *Seibert*, FS Hirsch, S. 491 und die Statistik in der Begründung zum Referentenentwurf vom 10.2.1984 in EuGRZ 1984, S. 520. Allgemein *K. Peters*, MDR 1976, S. 448 ff. mit einer Aufgliederung der Verfassungsbeschwerden nach Anfechtungsgegenstand bis 1976.

Das Problem der Überlastung des BVerfGs ist so alt wie das Gericht selbst; siehe schon für das Jahr 1955 *Geiger*, FS Nawiasky, S. 211 ff.

2 Zu den folgenden Angaben siehe im einzelnen insb. *Krauss*, Diss., S. 61 ff., 283 ff.

3 Der Terminus Fachgerichtsbarkeit wird zwar kritisiert (vgl. *Schumann*, ZZP 96, S. 184 ff.), soll aber im folgenden verwandt werden, da er sich weitgehend eingebürgert hat.

Rechts auf richterliches Gehör[4]. In vielen Fällen kann man bei den Verfassungsbeschwerden, die die Verletzung von Art. 103 Abs. 1 GG rügen, anhand der bereits vorliegenden Rechtsprechung des Bundesverfassungsgerichts sofort feststellen, daß die angegriffene gerichtliche Entscheidung Art. 103 Abs. 1 GG verletzt[5]. Man spricht daher bei diesen Entscheidungen, bei denen es nicht selten um die Korrektur erstinstanzlicher Entscheidungen mit geringem Streitwert geht[6], von der *Panneniudikatur* des Bundesverfassungsgerichts, da die Verletzung des Art. 103 Abs. 1 GG auf einem *Versehen* des Fachgerichts[7] beruht. In diesen Fällen erkennt teilweise schon das Gericht, das die Entscheidung erläßt, daß die eigene Entscheidung Art. 103 Abs. 1 GG verletzt[8]. Es besteht aber auch die Möglichkeit, daß erst das Instanzgericht die Grundrechtsverletzung erkennt[9].

Die Fachgerichte, die einen Verstoß gegen Art. 103 Abs. 1 GG registrieren, sehen sich häufig nicht imstande, die Grundrechtsverletzung durch Aufhebung der Entscheidung zu beseitigen, weil sie den Instanzenzug für erschöpft halten: Entweder besteht keine weitere Instanz, oder der Zugang zur Instanz ist von bestimmten, im konkreten Fall nicht erfüllten Voraussetzungen

---

4 Es soll im folgenden der Begriff "Recht auf richterliches Gehör" verwandt werden. Der sonst übliche Begriff "rechtliches Gehör" erscheint mißverständlich, da es streitig ist, inwieweit Art. 103 Abs. 1 GG ein Rechtsgespräch zwischen Richter und Partei verlangt.

5 Das BVerfG hat den Anwendungsbereich von Art. 103 Abs. 1 GG inzwischen zwar nicht vollständig, aber wohl doch im Verhältnis zu dem anderer Grundrechte weitgehend geklärt. Diese Entscheidungen zur "Pannenhilfe" finden sich bis 1986 in der Entscheidungssammlung des BVerfGs, später dann als Entscheidungen der Kammern in den juristischen Fachzeitschriften.

6 Das Problem verschärft sich mit jeder Entlastung der Fachgerichtsbarkeit durch Beschränkung der rechtsmittelfähigen Entscheidungen. Das Bestreben, die Fachgerichtsbarkeit zu entlasten, hat als unerwünschten Nebeneffekt die Belastung des BVerfGs. So soll der Bundesgerichtshof nur in grundsätzlichen Fällen entscheiden müssen, de facto aber leistet das BVerfG "Pannenhilfe"; siehe zu dieser Entwicklung *Deubner,* NJW 1980, S. 263; *Schumann*, NJW 1985, S. 1138; *Wöhrmann*, FS Zeidler, S. 1345; *Krauss,* Diss., S. 70; *K. Peters*, JR 1980, S. 266 für das strafgerichtliche Verfahren. *Benda*, NJW 1980, S. 2102, schlägt vor, den Ausschüssen eine entsprechende Ablehnungskompetenz zu verleihen.

7 Vgl. dazu die Darstellung bei *Schumann*, NJW 1985, S. 1136: Übersehen von Anträgen, versehentliche Nichtkenntnisnahme von Schriftsätzen, Nicht-Anhörung, falsche Fristen.

8 Was entsprechende Stellungnahmen der Gerichte zeigen.

9 In dieser Feststellung liegt keine Qualifizierung eines etwaig besseren Grundrechtsverständnisses der Obergerichte. Schließlich geht der Gesetzgeber bei Einrichtung des Instanzenzugs davon aus, daß die Obergerichte anders urteilen als die Untergerichte. Denn der Instanzenzug hat nicht nur den Zweck, daß die Obergerichte "Pannen" bei der Entscheidung durch die Untergerichte beseitigen.

abhängig, oder die Entscheidung ist durch Gesetz für unanfechtbar erklärt bzw. das Rechtsmittel ausgeschlossen. In diesen Fällen hebt das Bundesverfassungsgericht auf Verfassungsbeschwerde die gerichtliche Entscheidung auf[10] und verweist zur erneuten Verhandlung und Entscheidung an die Fachgerichtsbarkeit zurück.

Das überlastete Bundesverfassungsgericht hat sich also in einem nicht unerheblichen Umfang mit Verfassungsbeschwerden gegen Entscheidungen der unteren Fachgerichte wegen Verletzung des Rechts auf Gehör zu befassen, wobei oft genug die Grundrechtsverletzung nach der Rechtsprechung des Bundesverfassungsgerichts eindeutig feststeht und auch von Fachgerichten erkannt wird bzw. würde.

2. *Kontrolle unterinstanzlicher Gerichtsentscheidungen als Zuständigkeit des Bundesverfassungsgerichts*

Bundesverfassungsgericht und Literatur gehen nun bei der "Panneniudikatur" übereinstimmend davon aus, daß es eigentlich nicht genuine Aufgabe des Bundesverfassungsgerichts sei, solche Verstöße gegen Art. 103 Abs. 1 GG zu beheben, und daß das Bundesverfassungsgericht sich nicht mit derartigen Fällen befassen sollte[11]. Denn diese Fälle könnten zum einen auch durch die Fachgerichtsbarkeit entschieden werden und sie tragen zum anderen zu einer Überlastung des Bundesverfassungsgerichts bei, die dessen Funktionsfähigkeit gefährdet. Man hat daher de lege lata und de lege ferenda darüber diskutiert, wie man die Überlastung des Bundesverfassungsgerichts durch diese als nicht notwendig angesehenen Fälle der Verfassungsbeschwerde wegen Art. 103 Abs. 1 GG mindern könnte. Dabei hat sich gezeigt, daß *sich Lösungen nicht auf das Problem der "Panneniudikatur" beschränken lassen.* Denn der Unterschied zwischen "Panne" und "fehlerhafter Auslegung" des Art. 103 Abs. 1

---

10 *Heyde*, FS Kutscher, S. 241 führt aus, daß die Belastung des BVerfGs bei Verfassungsbeschwerden, die die Verletzung von Art. 103 GG rügen, besonders groß sei, da das Gericht die gesamten Prozeßakten durchzuarbeiten habe, um den Grundrechtsverstoß festzustellen. Seit 1986 fallen derartige Entscheidungen nach § 93 b Abs. 2 BVerfGG unter die Zuständigkeit der *Kammern*.

11 *Krauss*, Diss., S. 290; nicht nur für "Panneniudikatur" *Waldner, Diss.*, S. 281; *Seetzen*, NJW 1984, S. 347; *Braun*, NJW 1983, S. 1403; *Schumann*, NJW 1985, S. 1137; Maunz/ *Schmidt-Aßmann*, GG, Art. 103, Rz. 159. Auch das BVerfG hat ausgeführt, daß dies eine Tätigkeit ist, die im Grunde mit der der Instanzgerichte identisch sei: Beschluß vom 30.6.1976 (BVerfGE 42, S. 243 ff., 249); Beschluß vom 19.10.1977 (BVerfGE 49, S. 252 ff., 259) und versucht, diese Aufgabe auf die Fachgerichte abzuwälzen (siehe dazu unten I 3 e cc).

GG liegt nur im Subjektiven: Im einem Fall handelt der Richter "fahrlässig", im anderen "vorsätzlich". Eine Zuweisung der Aufgabe, die Verletzung von Art. 103 Abs. 1 GG durch unterinstanzliche Gerichte zu beseitigen, kann diesen Unterschied nicht berücksichtigen, unabhängig davon, ob man die Lösung dieses Problems mit den Mitteln der Gesetzgebung oder der Auslegung erreichen will[12].

3. Vorschläge zur Lösung des Problems

a) Beschränkung des Schutzbereichs von Art. 103 Abs. 1 GG

Einen Ansatzpunkt zur Lösung dieses Problems sieht man in der Möglichkeit, den Schutzbereich von Art. 103 Abs. 1 GG zu beschränken[13]. Damit würde eine Reihe der bei der heutigen Rechtsprechung des Bundesverfassungsgerichts erfolgreich mit der Verfassungsbeschwerde gerügten Fehler der Gerichte nicht mehr gegen Art. 103 Abs. 1 GG verstoßen, sondern nur noch gegen einfachgesetzliche Anhörungsvorschriften. Diesem Vorschlag liegt die Meinung zugrunde, daß das Bundesverfassungsgericht den durch Art. 103 Abs. 1 GG geschützten Bereich des Rechts auf Gehör vor dem Richter ausgeweitet und die einfachgesetzlichen Anhörungsvorschriften zu weitgehend in den Schutzbereich von Art. 103 Abs. 1 GG einbezogen habe[14]. Dadurch sei

---

12 Dabei wird nicht übersehen, daß die Wirkung von Lösungen je nachdem, ob die Verletzung von Art. 103 Abs. 1 GG auf einer Panne oder einer fehlerhaften Auslegung von Art. 103 Abs. 1 GG beruht, unterschiedlich sein wird. So wird bei einer Selbstkontrolle durch die Fachgerichtsbarkeit das Obergericht in jedem Fall die Entscheidung aufheben und daher die Selbstkontrolle erfolgreich sein. Bei einer fehlerhaften Auslegung des Untergerichts wird dagegen das Obergericht nicht immer die "bessere" Erkenntnis der Reichweite von Art. 103 Abs. 1 GG haben.

13 Die Kritik an der zu weitgehenden Auslegung von Art. 103 Abs. 1 GG erfolgt unter dem Stichwort: Superrevisionsinstanz: Z.B. *Ossenbühl*, FS Ipsen, S. 135 f. "überschießende Kontrollpraxis"; *Kopp*, AöR 106 (1981), S. 614 ff.

14 So z.B. *Kopp*, AöR 106 (1981), S. 604 ff., 629: Art. 103 Abs. 1 GG sei nur eine *Gewährleistung der Mindestanforderungen* des Rechts auf richterliches Gehör, deren nähere Ausgestaltung dem einfachen Verfahrensrecht übertragen ist.

Man kann Art. 103 Abs. 1 GG entweder als "Minimalgarantie" verstehen, so daß unter seinen Schutzbereich nur wenige der einfachgesetzliche Normen fallen, die das Recht auf Gehör ausgestalten. Man kann Art. 103 Abs. 1 GG aber auch so verstehen, daß der verfassungsrechtliche Bereich mit dem einfachgesetzlichen Regelungsbereich im wesentlichen übereinstimmt.

Vgl. als Beispiel für eine Kritik an einer Auslegung von Art. 103 Abs. 1 GG die Darstellung der Diskussion zu der Rechtsprechung des BVerfG zu den Präklusionsregelungen bei *Schumann*, NJW 1982, S. 1614 ff. und auch die Anmerkungen von *Deubner* zum Beschluß des BVerfGs vom 5.5.1987 (NJW 1987, S. 2733 ff.) und zum Beschluß vom 29.4.1980 (NJW 1980, S. 1737; S. 1945 ff.).

bei Art. 103 Abs. 1 GG die Grenze zwischen spezifischem Verfassungsrecht, das der Prüfung des Bundesverfassungsgerichts unterliegt, und einfachem, der Prüfung des Bundesverfassungsgerichts entzogenem Verfahrensrecht, verwischt und die Überprüfungskompetenz des Bundesverfassungsgerichts unnötig erweitert.

Man wendet nun gegen eine solche Bewertung ein, daß die Rechtsprechung des Bundesverfassungsgerichts zu Art. 103 GG schon deshalb gerechtfertigt sei, weil sich dadurch die Rechtsschutzgarantie im fachgerichtlichen Rechtsweg durchgesetzt habe[15]. Es kann aber dahinstehen, ob man sich bei der Forderung auf Beschränkung des Schutzbereichs des Art 103 Abs. 1 GG zurecht darauf berufen kann, daß das Bundesverfassungsgericht dessen Anwendungsbereich zu weit ausgedehnt hat. Das Gericht kann jedenfalls seine bisherige jahrzehntelange Rechtsprechung nicht abrupt ändern, und es kann diese Änderung vor allem nicht auf die "Panneniudikatur" begrenzen. Außerdem ist die Frage, welche fehlerhafte Anwendung des einfachen Rechts gegen Verfassungsrecht verstößt, ein allgemeines Problem der Verfassungsbeschwerde und nicht nur ein besonderes Problem des Art. 103 Abs. 1 GG[16].

b) Abschaffung der Verfassungsbeschwerde

Ein kleiner Teil der Literatur hat sich dafür eingesetzt, die Verfassungsbeschwerde völlig oder wenigstens für Verletzungen des Art. 103 Abs. 1 GG abzuschaffen[17], dies allerdings überwiegend in der Zeit vor der Aufnahme der

15 So *Krauss*, Diss., S. 87; *Ossenbühl*, FS Ipsen, S. 140; *Jagusch*, NJW 1962, S. 1645; *Frowein*, DÖV 1976, S. 687; *Schlaich*, BVerfG, Rz. 314: Dadurch entscheidende Verbesserung des Rechtsschutzanspruches des Bürgers; *K. Peters*, JR 1980, S. 265.

16 Das BVerfG versucht insgesamt, seine sachliche Prüfungskompetenz mit der Formel "spezifisches Verfassungsrecht" zu beschränken, also mit der Festlegung eines besonderen Schutzbereichs der Grundrechte; siehe dazu *Waldner*, Diss. S. 265 ff. Im Bereich von Art. 103 Abs. 1 GG geht das BVerfG dazu über, den Willkürbegriff als Hilfsmittel zur Unterscheidung von verfassungsspezifischem und einfachem Recht zu verwenden, siehe dazu z.B. *Mauder*, S. 46 ff. und *Waldner*, S. 35 f. Siehe Maunz/*Schmidt-Aßmann*, GG, Art. 103, Rz. 143 unter Verweis auf *Ossenbühl*, FS Ipsen, S. 131 zur besonderen Schwierigkeit bei Art. 103 Abs. 1 GG wegen dessen "starker Normprägung". Gegen eine Lösung dieser Art auch *Krauss*, Diss., S. 340: Angesichts der gerade durch die Rechtsprechung zu Art. 103 Abs. 1 GG geleisteten "Pionierarbeit" wäre die Entlastung zu teuer erkauft.

17 Wobei hier nicht nur die Panneniudikatur, sondern die Belastung des BVerfGs durch die Verfassungsbeschwerde allgemein Anlaß war: *Röhl*, JZ 1957, S. 107 f.; *Schätzler*, NJW 1957, S. 947 ff.; *Schultz*, MDR 1957, S. 336 f. In diese Richtung verweisen auch *Wintrich/Lechner*, Grundrechte, S. 681. Vgl. aber auch in der heutigen Diskussion *Pestalozza*, VerfProzR, § 12 I f oder die Stellungnahme der Bundesrechtsanwaltskammer zum Referentenentwurf der 5. Novelle zum BVerfGG, EuGRZ 1984, S. 527; dagegen u.a. *Schumann*, NJW 1983, S. 1138 f.

Verfassungsbeschwerde in das Grundgesetz. In letzter Zeit befürwortet man zudem speziell die Abschaffung der Urteilsverfassungsbeschwerde[18].

Demgegenüber reicht der Einwand, daß die Verfassungsbeschwerde jetzt aber im Grundgesetz verankert sei, allein nicht aus, jedenfalls dann nicht, wenn es um die Funktionsfähigkeit des Gerichts geht. Denn die Verfassungsbeschwerde gehört wohl nicht zu den durch Art. 79 Abs. 3 GG geschützten Regelungen[19], so daß hier mit qualifizierter Mehrheit eine andere Regelung getroffen werden könnte.

Man kann aber davon ausgehen, daß eine derartige Abschaffung oder Einschränkung der Verfassungsbeschwerde politisch nicht durchsetzbar wäre. Gegen sie sprechen auch die unbestreitbaren Verdienste der Verfassungsbeschwerde für die Auslegung der Verfassung. Jedenfalls kann die *Überlastung des Bundesverfassungsgerichts* durch die "Panneniudikatur" und vergleichbare Prüfungen unterinstanzlicher Urteile eine auch nur teilweise Abschaffung oder Einschränkung der Verfassungsbeschwerde sachlich nicht rechtfertigen. Bei der Verfassungsbeschwerde wegen Art 103 Abs. 1 GG geht es um die Frage, ob das grundrechtsgleiche Recht des Art. 103 Abs. 1 GG auch über die Grundrechtsbindung der Fachgerichte hinaus durchsetzbar sein soll. Bei der Frage, wer für die Beseitigung von Grundrechtsverletzungen durch die unterinstanzlichen Gerichte zuständig ist, geht es um die Frage, wieweit die Überprüfung dieser unterinstanzlicher Entscheidungen der Fachgerichte eine Aufgabe ist, die dem Bundesverfassungsgericht durch die Verfassungsbeschwerde auferlegt ist, und wieweit diese Prüfung den Fachgerichten obliegt.

Außerdem ist zweifelhaft, ob man allein die Verfassungsbeschwerde zur Rüge der Verletzung des Rechts auf Gehör oder anderer grundrechtsgleichen Rechte abschaffen kann. Denn das wäre nur dann gerechtfertigt, wenn es einen sachlichen Grund dafür gäbe, die Grundrechtsbindung der Fachgerichte zwar bei den materiellen Grundrechten einer Kontrolle zu unterwerfen, nicht

---

18 In diese Richtung *Ritterspach*, FS Stein, S. 288; *Dürig*, DÖV 1958, S. 195, der darin eine überflüssige "Superrevisionsinstanz" sieht; *Röhl*, JZ 1957, S. 108; *Maisch*, NJW 1959, S. 1619 für letztinstanzliche Entscheidungen, *Zuck*, DVBl. 1979, S. 388; Verfbschw, Rz. 263: mit dem Hinweis darauf, daß der subjektive Grundrechtsschutz primär den Fachgerichten obliege. *Zuck* will die Verfassungsbeschwerde nur gegen Verfassungsverstöße in letztinstanzlichen Urteilen zulassen. *Pohle*, FS Rosenberg, S. 156 f legt dar, daß die Gründe, die historisch gegen eine Überprüfung von Gerichtsurteilen durch den (bayerischen) Staatsgerichtshof sprechen, entfallen sind.

19 Siehe dazu Maunz/*Herzog*, GG, Art. 20, Rz. 41.

aber bei den Verfahrensgrundrechten. Ein derartiger Grund ist aber angesichts der zunehmenden Erkenntnis der Bedeutung von "Verfahren" für die materiellen Rechtspositionen nicht zu erkennen.

Soweit speziell die Abschaffung der Urteilsverfassungsbeschwerde gefordert wird[20], geschieht das in der Regel mit dem Hinweis darauf, daß die Gerichte, insbesondere die oberen Gerichte ausreichend für den Schutz der Grundrechte sorgen würden. Nun werden Verfassungsbeschwerden gegen Urteile zwar häufig ohne Erfolg sein. Aber gerade die positive Bewertung des Einflusses des Bundesverfassungsgerichts bei der Durchsetzung von Art. 103 Abs. 1 GG und des Rechtsschutzes in der Fachgerichtsbarkeit zeigt, daß auch die Rechtsprechung einer verfassungsgerichtlichen Kontrolle unterliegen sollte[21].

c) Änderung des Bundesverfassungsgerichtsgesetzes

Man schlägt zur Lösung des Problems schließlich vor, das Bundesverfassungsgerichtsgesetz (BVerfGG) zu ändern[22].

aa) Das BVerfGG und die Geschäftsordnung des Bundesverfassungsgerichts enthalten eine Reihe von Regelungen, die nicht die Entscheidung über die Verfassungsbeschwerde selbst betreffen, sondern von der Erhebung der Verfassungsbeschwerde abschrecken oder den Richtern die Arbeit erleichtern sollen. So haben zum Beispiel die "Präsidialräte" des Gerichts zunächst eine Vorprüfung vorzunehmen, nach der sie die Verfassungsbeschwerde[23] bei fehlender Erfolgsaussicht nicht in das "Verfahrensregister", sondern in das "Allgemeine Register" eintragen (§§ 59 Abs. 2, 60 Abs. 1 GeschO). Diese Eintragung in das "Allgemeine Register" wird dem Beschwerdeführer dann mit dem Hinweis mitgeteilt, daß die Verfassungsbeschwerde mangels Erfolgs-

---

20 Siehe Fn. 17.

21 Angesichts des erstaunlichen Kommentars von *Rudolph*, DRiZ 1980, S. 180 mit ablehnender Bemerkung von *Dürholt*, DRiZ 1970, S. 270 könnte eine Überprüfung der unterinstanzlichen Entscheidungen sogar geboten erscheinen.

22 Nach einhelliger Meinung scheidet dabei eine Erhöhung der Anzahl der Richter aus, da dies die Einheitlichkeit der Rechtsprechung des BVerfGs gefährden würde; vgl. nur *Mahrenholz*, FS Zeidler, S. 1363. Dies spricht auch gegen eine Erhöhung der Anzahl der Mitarbeiter; vgl. *Wöhrmann*, FS Zeidler, S. 1360; *Zeidler*, Verfbschw, S. 347; anders allerdings wohl *Benda*, NJW 1980, S. 2102. Zur Stellung des sog. "3. Senats" siehe *Seibert*, FS Hirsch, S. 499.

23 Es ist unerheblich, ob man in diesem Stadium von einer Verfassungsbeschwerde oder einem Antrag an das BVerfG spricht, von dem noch nicht feststeht, ob er eine Verfassungsbeschwerde ist.

aussicht nicht weiter verfolgt werde, wenn der Beschwerdeführer dies nicht beantragt. Auf diese Weise erledigen sich ca. 50 % der Verfassungsbeschwerden[24].

Zur Ergänzung dieser Regelungen stand zum Beispiel die Einführung einer Unterliegensgebühr und des Anwaltszwangs zur Debatte. Der Gesetzgeber ist einigen Vorschlägen gefolgt und hat zum Beispiel in § 34 der 5. Novelle zum BVerfGG vom 12.12.1985 eine Unterliegensgebühr und eine Vorschußregelung eingeführt.

Alle diese Regelungen können jedoch das hier skizzierte Problem nur mindern, nicht aber beseitigen[25]. Sie betreffen vor allem nicht die grundsätzliche Frage, wieweit die Fachgerichtsbarkeit für die Beseitigung der Verletzungen des Rechts auf richterliches Gehör zuständig ist und nicht das Bundesverfassungsgericht.

bb) Man diskutiert auch über eine Neuregelung des Annahmeverfahrens, die auch jüngst wieder der Präsident des Gerichts *Herzog* gefordert hat[26]. So hat man zum Beispiel angeregt, vor der Zulassung der Verfassungsbeschwerde jeweils das Fachgericht anzuhören, das die angefochtene Entscheidung erlassen hatte[27], oder gefordert, die Verfassungsbeschwerde in Anlehnung an das "writ of certiorari" des amerikanischen Rechts in einen Grundsatzrechtsbehelf umzuwandeln[28].

Der Gesetzgeber hat sich für einen anderen Weg entschieden und mit der 5. Novelle Kammern eingerichtet (§ 15 a BVerfGG n.F.)[29], die die Befugnis haben, Verfassungsbeschwerden stattzugeben, die offensichtlich begründet sind (§ 93 b Abs. 2 BVerfGG n.F.)[30]. Die Kammern können zwar bei allen

---

24 Siehe dazu mit starken Bedenken *Schlink*, NJW 1984, S. 90 ff. und die Diskussion mit *Wand*, NJW 1984, S. 950 ff.; 2195 ff. *Schlink* meint, damit würden die Präsidialräte anstelle des BVerfGs entscheiden.

25 So zu Recht *Hübsch*, DRiZ 1980, S. 140 und auch *Krauss*, Diss., S. 341.

26 Siehe FAZ vom 24.Februar 1992.

27 Referentenentwurf vom 10.10.1983.

28 *Schlaich*, BVerfG, Rz. 268; *Löw*, DVBl. 1973, S. 944; *Kutscher*, FS Müller, S. 164.

29 Die an die Stelle der früheren "Dreier-Ausschüsse" getreten sind.

30 Vorher z.B. angeregt bei *Schumann*, NJW 1985, S. 1139, der allerdings die Entscheidungsbefugnis der Kammern auf die Verletzung von Art. 103 Abs. 1 GG beschränken wollte; *Lisken*, DRiZ 1981, S. 140.

Grundrechtsverletzungen eine Sachentscheidung fällen, Anlaß für diese Regelung waren aber insbesondere die Fälle der Verletzung des Art. 103 Abs. 1 GG[31].

Mit der Regelung des § 93 b Abs. 2 BVerfGG n.F. scheint sich das Problem der Überlastung des Bundesverfassungsgerichts durch Verfassungsbeschwerden gegen unterinstanzliche Urteile zumindest im Bereich der "Panneniudikatur" entschärft zu haben. Man sollte aber bedenken, daß sich mit der Regelung des § 93 b Abs. 2 BVerfGG nur das *faktische* Problem der Überlastung des Bundesverfassungsgerichts mindert, aber die grundsätzliche Frage unbeantwortet bleibt, ob es überhaupt *Aufgabe der Verfassungsgerichtsbarkeit* ist, derartige Entscheidungen aufzuheben, oder *Aufgabe der Fachgerichtsbarkeit*, soweit ein Instanzenzug zur Verfügung steht[32]. Denn § 93 b Abs. 2 BVerfGG verlagert nur die Zuständigkeit innerhalb des Bundesverfassungsgerichts für die "Panneniudikatur" und andere Fälle offensichtlicher Grundrechtswidrigkeit[33] von den Senaten auf die Kammern.

d) Änderung der Zivilprozeßordnung

Angesichts der Zweifel an der Zuständigkeit des Bundesverfassungsgerichts zur Korrektur von Grundrechtsverletzungen durch unterinstanzliche Gerichte hat ein Teil der Literatur versucht, das Problem über eine Erweiterung der Zuständigkeit der Fachgerichtsbarkeit zu lösen. So hat man vorgeschlagen, im Zivilprozeß nach dem Vorbild der §§ 33 a, 311 a StPO eine Anhörungsrüge einzuführen[34]. Ein Referentenentwurf des Bundesjustiz-

---

31 Maunz/*Schmidt-Bleibtreu*, BVerfGG, § 90, Rz. 8a; Anregung schon bei *Heyde*, FS Kutscher, S. 245; *Lisken*, DRiZ 1981, S. 139 f.

32 Ob sich der Gesetzgeber mit dieser Regelung für eine Zuständigkeit des BVerfGs für die "Panneniudikatur" entschieden hat, ist unten (§ 6) zu behandeln.

33 Die Entscheidungen nach § 93 B Abs. 2 BVerfGG ergehen aber auch zu anderen Grundrechten.

34 Vgl. z.B. *Schneider*, MDR 1979, S. 617, 622; *Berkemann*, JR 1980, S. 272; *Zuck*, DRiZ 1980, S. 262; *ders.*, JZ 1986, S. 926 ff., 927; *Schumann*, NJW 1985, S. 1139 f.; *Wimmer*, DVBl. 1985, S. 774; *Stürner*, JZ 1986, S. 533; *Wöhrmann*, FS Zeidler, S. 1353 (unter Hinweis darauf, daß die Erledigung durch die Fachgerichtsbarkeit effektiven Rechtsschutz garantiere); nur bedingt *Deubner*, NJW 1980, S. 267, der für eine Kontrolle durch Rechtsmittel plädiert. Vgl. auch *Mußgnug*, NJW 1978, S. 1359, der darauf hinweist, daß die Begrenzung des Rechtswegs auf eine Instanz voraussetze, daß "den Parteien vor dieser Instanz ein rechtsstaatlich einwandfreies Verfahren geboten wird". Er verfolgt aber die sich damit aufdrängende Frage nicht weiter, ob deshalb auch für das geltende Recht bei der Auslegung der Rechtsmittelvorschriften Konsequenzen zu ziehen sind.

ministeriums[35] eine fristgebundene subsidiäre Anhörungsrüge vor, die es ermöglichen sollte, eine rechtskräftige Entscheidung wegen Verletzung des Rechts auf richterliches Gehör in derselben Instanz zu überprüfen. Der iudex a quo sollte auf Rüge hin die Verletzung des Art. 103 Abs. 1 GG prüfen können und, falls er die Rüge für begründet hielt, die Hauptsache neu verhandeln und gegebenenfalls neu entscheiden.

Das Gesetzesvorhaben scheiterte daran, daß die Länder als Träger der Kosten der Fachgerichtsbarkeit[36] keine weitere Belastung der Fachgerichtsbarkeit hinnehmen wollten. Außerdem nahmen Anwaltsverein und Richterschaft[37] kritisch Stellung. So monierte der Anwaltsverein[38], daß die Anhörungsrüge keine Entlastung des Bundesverfassungsgerichts herbeiführen würde, da sich die Partei im Falle der Abweisung doch an das Bundesverfassungsgericht wenden würden. Es sei außerdem nicht sinnvoll, die Entscheidung dem iudex a quo aufzuerlegen.

Es spricht jedenfalls gegen die Einführung einer Anhörungsrüge, daß dem Verfahrensrecht die Überprüfung eines *Urteils* in derselben Instanz fremd ist. Lediglich ein *Beschluß* kann durch die Gegenvorstellung gegebenenfalls in derselben Instanz überprüft werden. Die Anhörungsrüge bei Urteilen paßt also nicht in das vorhandene Rechtsmittelsystem.

Nachdem die Einführung der Anhörungsrüge gescheitert und eine Änderung des BVerfGG erfolgt ist, ist es im übrigen nicht zu erwarten, daß ein weiteres Gesetzesvorhaben Erfolg hat.

e) Auslegung des geltenden Rechts

In Rechtsprechung und Literatur finden sich aber auch verschiedene Versuche, eine weitere Zuständigkeit der Fachgerichtsbarkeit im Wege der *Auslegung* einzelner Verfahrensvorschriften *de lege lata* zu begründen. Man legt einzelne Normen dahin aus, daß die Verletzung von Art. 103 Abs. 1 GG eine

---

35 Vom 25.6.1980.

36 Bis auf den Bundesgerichtshof.

37 Deutscher Richterbund in DRiZ 1980, Beilage 8/12: mit dem Verweis auf zusätzliche Arbeitsbelastung. Siehe auch *Lisken*, DRiZ 1981, S. 139 f.

38 Stellungnahme des deutschen Anwaltsvereins vom 20.10.1980 (ZRP 1980, S. 333) zum Referentenentwurf über das "Gesetz über die zeitlich begrenzte Einführung einer Anhörungsrüge in der ordentlichen streitigen Gerichtsbarkeit"; s.a. EuGRZ 1984, 527; siehe auch 51. Konferenz der Justizminister, Punkt 12 in DRiZ 1980, S. 262. kritisch *Waldner, Diss.*, S. 293.

weitere Instanz eröffnet. Diese Versuche haben aber bisher noch nicht zu einem einheitlichen Ansatz geführt, was im einzelnen in den §§ 2 und 3 darzustellen sein wird.

Bei diesem Versuch, die Zuständigkeit der Fachgerichtsbarkeit im Wege der Auslegung des bestehenden Verfahrensrechts zu begründen, sind folgende grundsätzliche Überlegungen zu berücksichtigen:

aa) Bei der Auslegung könnte man zunächst prüfen, ob die *jeweils* einschlägige Verfahrensvorschrift die Anfechtung oder anderweitige Überprüfung der Entscheidung bei Verletzung des Rechts auf richterliches Gehör zuläßt. Eine solche Auslegung wird aber im Regelfall zu einer negativen Antwort führen. Denn es ist nicht zu erwarten, daß die Auslegung der Verfahrensvorschriften, die die Anfechtung von Urteilen und Beschlüssen beschränken, einhellig ergibt, daß die Schließung der Instanz nicht für die Fälle der Verletzung des Rechts auf richterliches Gehör gelten soll.

Daher kann die Auslegung der Verfahrensvorschriften nur dann *generell* zu dem Ergebnis führen, daß die Verletzung des Rechts auf richterliches Gehör in allen den Fällen von der Fachgerichtsbarkeit überprüft werden kann, in denen (noch) ein Instanzenzug vorhandenem ist, wenn die Verletzung des Rechts auf richterliches Gehör als solche bei vorhandenem Instanzenzug die Überprüfung der Entscheidung verlangt. Denn dann läge immer dort eine Regelungslücke vor, wo das Gesetz eine solche Überprüfbarkeit explizit nicht vorsieht. Diese Rechtsschutz*lücke* wäre dann durch die entsprechende Anwendung von Verfahrensvorschriften zu schließen.

bb) Die Verletzung des Rechts auf richterliches Gehör kann also nur dann die Überprüfung der darauf beruhenden Entscheidung erfordern, wenn dieser Verfahrensgrundsatz eine Qualität hat, die seine Einhaltung für das gerichtliche Verfahren in einer besonderen Weise unverzichtbar macht. Diese besondere Qualität des Rechts auf richterliches Gehör könnte sich einmal aus seiner Bedeutung als Verfahrensgrundsatz herleiten. Dies wäre z.B. dann der Fall, wenn nach dem geltenden Verfahrensrecht die Gewährung richterlichen Gehörs zu den Voraussetzungen gehören würde, die die Richtigkeit einer Entscheidung der Rechtsprechung garantieren, so daß die Gewährung richterlichen Gehörs die Unanfechtbarkeit einer Entscheidung legitimiert. Denn dann wären für die notwendige Überprüfung der ohne richterliches Gehör ergangenen Entscheidung grundsätzlich die Instanzgerichte zuständig, die sie jedenfalls in den Fällen vorzunehmen hätten, in denen (noch) ein Instanzenzug vorhanden ist. Dabei könnte man nicht darauf verweisen, daß die Verfassungsbeschwerde bereits den erforderlichen Rechtsschutz gewährleiste, da die Verfassungsgerichtsbarkeit nach fast einhelliger Meinung nicht Bestandteil des gerichtlichen Instanzenzuges ist[39]. Zum anderen könnte sich die Bedeutung des Grundsatzes aus seinem Verfassungsrang herleiten lassen.

cc) Das Bundesverfassungsgericht[40] und die Literatur[41] haben allerdings immer betont, daß die Verletzung von Art. 103 Abs. 1 GG *nicht* die nächste Instanz eröffnet. Und diesen Satz wiederholt das Bundesverfassungsgericht zu Beginn fast jeder Entscheidung[42], die sich mit dem Problem der Anfechtung von fachgerichtlichen Entscheidungen beschäftigt, die gegen Art. 103 Abs. 1 GG verstoßen. Diese Stellungnahmen korrespondieren mit der Aussage, daß Art. 19 Abs. 4 GG nicht die Einrichtung eines Instanzenzugs erfordere[43]. Der Sache nach aber nimmt das Bundesverfassungsgericht seit einiger Zeit die Subsidiarität der Verfassungsbeschwerde zum Anlaß, einfachgesetzliche Verfahrensvorschriften in einer Weise auszulegen, die im Ergebnis doch dazu führt, daß die Verletzung des Rechts auf richterliches Gehör die Eröffnung des Instanzenzugs rechtfertigt. Denn das Bundesverfassungsgericht eröffnet in mehreren Entscheidungen bei Verletzung des Art. 103 Abs. 1 GG die nächste Instanz, obwohl verfahrensrechtlich die Zulässigkeit des jeweiligen Rechtsmittels bei Verletzung des Rechts auf richterliches Gehör noch nicht endgültig

---

39 D.h. das BVerfG ist keine Superrevisionsinstanz: Maunz/*Schmidt-Bleibtreu*, BVerfGG, § 90, Rz. 15; von Münch/*Meyer*, GG, Art. 93, Rz. 58; *Pohle*, FS Rosenberg, S. 157 f.; *Röhl*, JZ 1957, S. 105 ff., 106; *Schlaich*, JuS 1982, S. 41; *Zuck*, Verfbschw, Rz. 23. Stein/Jonas/*Leipold*, ZPO, vor § 128, Rz. 53.

40 Vgl. die Beschlüsse vom 18.9.1952 (BVerfGE 1, S. 433 ff.); vom 18.2.1970 (BVerfGE 28, S. 21 ff.); vom 10.3.1970 (BVerfGE 28, S. 88 ff.); vom 19.6.1973 (BVerfGE 35, S. 263 ff.); vom 30.7.1976 (BVerfGE 42, S. 243 ff.); vom 10.10.1978 (BVerfGE 42, S. 252 ff.); vom 10.11.1978 (BVerfGE 49, S. 329 ff.); vom 23.5.1980 (BVerfGE 54, S. 143 ff.) und vom 2.3.1982 (BVerfGE 60, S. 96 ff.). Die Stellungnahmen der Fachgerichtsbarkeit zu diesem Problem folgen notwendigerweise dem BVerfG.

41 Vgl. Maunz/*Schmidt-Aßmann*, GG, Art. 103, Rz. 61, 148; *Leibholz/Rinck/Hesselberger*, GG, Art. 103, Rz. 12; BK/*Rüping*, GG, Art. 103, Rz. 92; Maunz/*Schmidt-Bleibtreu*, BVerfGG, § 93 *Rz. 37; Kopp*, AöR 106, S. 906 ff.; *Berkemann*, JR 1969, S. 368; *Lerche*, ZZP 78, S. 1 ff., 24, Fn. 57; Stein/Jonas/*Grunsky*, ZPO, Allg. Einl. vor § 511, Rz. 44; BL/*Albers*, ZPO, § 567, 1 C; *Thomas/Putzo*, ZPO, Einleitung I 4g; *Henckel*, ZZP 77, S. 321 ff., 333 f.; *Jauernig*, ZPO, § 29 III; *Zeiss*, ZPO, § 32 III.

42 Vgl. z.B. die Beschlüsse vom 10.10.1978 (BVerfGE 49, S. 252 ff.) und vom 2.3.1982 (BVerfGE 60, S. 96 ff.).

43 Maunz/*Schmidt-Aßmann*, GG, Art. 19, Rz. 179; anders *Lorenz*, Rechtsschutz, S. 244.

geklärt und fraglich war[44]. Das Gericht geht damit jedenfalls in der Sache davon aus, daß die Verletzung von Art. 103 Abs. 1 GG die fachgerichtliche Überprüfung der Entscheidung erfordert:

(1) So hat das Bundesverfassungsgericht[45] eine Entscheidung aufgehoben, in der das Oberlandesgericht eine weitere Beschwerde nach § 568 Abs. 2 ZPO wegen Verletzung des Rechts auf richterliches Gehör mit der Begründung nicht zugelassen hatte, daß die Verletzung von Art. 19 Abs. 4 Abs. 1 GG keinen selbständigen Beschwerdegrund i.S. von § 568 Abs. 2 ZPO darstelle. Das Bundesverfassungsgericht stellte fest, daß die Entscheidung des Oberlandesgerichts das Recht des Beschwerdeführers auf Gewährung effektiven Rechtsschutzes verletze, das sich aus Art. 19 Abs. 4 GG ergebe. Im übrigen sei die Verletzung des Art. 103 Abs. 1 GG nach einer beachtlichen Meinung in Rechtsprechung und Literatur ein selbständiger Beschwerdegrund i.S. von § 568 Abs. 2 ZPO. Daher sei diese Auslegung auch "verfassungsrechtlich geboten". Bei mehreren Auslegungsmöglichkeiten sei nämlich diejenige zu wählen, die den weitesten Grundrechtsschutz ermögliche. Ein Verweis auf die Verfassungsbeschwerde, wie vom Oberlandesgericht erfolgt, sei nicht möglich, da die Verfassungsbeschwerde ein außerordentlicher Rechtsbehelf sei.

Diesen Ausführungen des Bundesverfassungsgericht ist entgegenzuhalten, daß es eine Auslegung solange nicht als die grundrechtsfreundlichste verbindlich festschreiben sollte, solange prozessual noch nicht geklärt ist, ob diese Auslegung überhaupt möglich ist. Und in dem erwähnten Fall war in der Fachgerichtsbarkeit gerade umstritten, ob die bisherige Auslegung von § 568 Abs. 2 ZPO, daß die Verletzung von Verfahrensvorschriften und damit von Art. 103 Abs. 1 GG die weitere Beschwerde ermögliche, angesichts neuer Erkenntnisse in der Dogmatik weiterhin haltbar sei. Die Entscheidung des Bundesverfassungsgerichts kann sich also nur auf dessen verfassungsrechtliche Kompetenz stützen, also auf die verfassungsrechtliche Feststellung, daß die Verletzung von Art. 103 Abs. 1 GG die Eröffnung der weiteren Beschwerde verlange.

44 Vgl. dazu die Darstellung bei *Zuck*, JZ 1985, S. 922 ff.: Verfassungskonforme Auslegung.

45 Beschluß vom 10.10.1978 (BVerfGE 49, S. 252 ff).

(2) Außerdem hat das Bundesverfassungsgericht[46] bezüglich der analogen Anwendung von § 513 Abs. 2 ZPO im schriftlichen Verfahren nach § 128 Abs. 3 ZPO ausgeführt, daß eine solche Lösung "von Verfassung wegen ... nahe" läge. Später hat es dann festgestellt[47], daß dieser Analogieschluß dem Recht entspreche. Auch hier stand zum Zeitpunkt dieser Entscheidung in Rechtsprechung und Literatur nicht fest, ob nach der Auslegung von § 513 Abs. 2 ZPO eine analoge Anwendung bei Verletzung von Art. 103 Abs. 1 GG möglich ist[48].

(3) In einigen Entscheidungen ist das Bundesverfassungsgericht zudem davon ausgegangen, daß Gegenvorstellungen auch gegen unanfechtbare und nicht abänderbare Beschlüsse zulässig seien, wenn diese Beschlüsse auf der Verletzung von Art. 101 Abs. 1 Satz 2 GG bzw. 103 Abs. 1 GG beruhen[49]. Hierzu beruft sich das Gericht einmal auf die besondere Bedeutung von Art. 101 Abs. 1 Satz 2 GG und 103 Abs. 1 GG. Zum anderen führt es aus, daß die Korrektur von Verstößen gegen die Verfahrensgrundrechte nach der *grundgesetzlichen* Kompetenzverteilung zunächst den Fachgerichten obliege. Nach dieser Argumentation aber hätten die Fachgerichte nach der grundgesetzlichen Kompetenzverteilung *jeden* Grundrechtsverstoß zu beseitigen. Denn die Kompetenzverteilung unterscheidet nicht zwischen Art. 101 Abs. 1 Satz 2 GG und anderen Grundrechten. In diesen Fällen eröffnet die Verletzung von Art. 103

---

46 Beschluß vom 2.3.1982 (BVerfGE 60, S. 96 ff. = NJW 1982, S. 1454); im Anschluß daran Beschluß vom 7.7.1982 (BVerfGE 61, S. 78 ff. = NJW 1982, S. 2368); vom 28.9.1982 (BVerfGE 61, S. 119 ff, 122); vom 14.6.1983 (BVerfGE 64, S. 203 ff.); vom 8.1.1985 (BVerfGE 68, S. 376 ff.): Hier kam die Unsicherheit über die Berechnung des Rechtsmittelstreitwerts hinzu; vom 23.5.1985 (NJW 1985, S. 2250 f. Verweis auf Rechtsweg).

47 So der Beschluß vom 14.6.1983 (BVerfGE 64, S. 203 ff.); zurückhaltender dann der (Kammer)Beschluß vom 21.1.1991 (NJW 1991, S. 2622).

48 Siehe dazu unten § 2 I 1 und 2.

49 Beschluß vom 12.1.1983 (BVerfGE 63, S. 77 ff.); vom 12.1.1983 (BVerfGE 63, S. 77): Gegenvorstellung bei Verletzung von Art. 101 Abs. 1 Satz 2 GG; in Anschluß daran Beschluß vom 28.3.1985 (BVerfGE 69, S. 233 ff.); vom 18.6.1985 (BVerfGE 70, S. 180 ff.: Gegenvorstellung bei Verletzung von Art. 103 Abs. 1 GG); vom 11.10.1966 (BVerfGE 20, S. 276 f. zu § 156 Abs. 2 KostO) und vom 9.7.1980 (BVerfGE 55, S. 1 ff.: Nach § 152 Abs. 1 S. 1 VwGO sei zwar kein Rechtsmittel mehr gegeben und das erlassende Gericht sei grundsätzlich an seine Entscheidung gebunden. Die Bindung bestehe nach Teilen der Lehre und Rechtsprechung aber dann nicht, wenn ein Beschluß im offensichtlichen Widerspruch zum Gesetz steht. "Gegenvorstellungen der Beschwerdeführer, mit denen sie die mit der Verfassungsbeschwerde geltend gemachten Verfassungs und Verfahrensverstöße rügen, könne daher nicht von vornherein ein möglicher Erfolg abgesprochen werden. Dies um so mehr, als die angegriffene Entscheidung ohne Anhörung der Beteiligten ergangen sein soll".

Abs. 1 GG zwar nicht die Instanz, ermöglicht aber die *außerordentliche* Überprüfung von Entscheidungen[50].

Diese Rechtsprechung des Bundesverfassungsgerichts wird von der Literatur zum Teil heftig kritisiert[51] - wenn auch in unterschiedlichem Umfang[52]. Der Kritik ist zuzugeben, daß die Entscheidungen nur dann richtig sind, wenn die Verletzung von Art 103 Abs. 1 GG die vorhandene Instanz eröffnet. Denn das Bundesverfassungsgericht kann nur dann die Auslegung von einfachgesetzlichen Verfahrensvorschriften zur einzig richtigen Auslegung erklären, wenn diese Auslegung verfassungsrechtlich geboten ist. Ein kleiner Teil der Literatur meint denn auch, daß das Bundesverfassungsgericht mit dieser Rechtsprechung von dem Grundsatz abweiche, daß die Verletzung von Art. 103 Abs. 1 GG die Instanz *nicht* eröffne[53]. Aber der überwiegende Teil der Lehre schließt aus diesen Entscheidungen nicht, daß sich die Auffassung des Bundesverfassungsgerichts in der Sache geändert haben könnte. Es wird

---

50 Dies ist in den Grenzen des Instanzenzugs mit der Eröffnung einer vorhandenen Instanz vergleichbar. Siehe dazu § 3.

51 So befürwortet *Zuck*, JZ 1985, S. 925 das Eingreifen des Gesetzgebers statt einer "Selbsthilfe durch Richterrecht", bei der die Gefahr sachfremder Argumente bestehe oder so stellt Maunz/*Schmidt-Aßmann*, GG, Art. 103 Rz., 161, daß die "Ansätze der Rechtsprechung ... zur Zeit ... den Eindruck eines Experimentierfeld" bieten.

52 Vgl. *Henschel*, Rechtswegerschöpfung, S. 168, der zwar die Rechtsprechung zu § 513 Abs. 2 ZPO noch billigt, aber die Rechtsprechung zur Gegenvorstellung als "Einbruch" qualifiziert, der "die Praxis vor kaum überwindbare Schwierigkeiten stellt". Teilweise zustimmend, aber kritisch auch *Henschel*, FS Faller, S. 168 f.: Diese Auffassung erzeuge Rechtsunsicherheit, entlaste nicht und sei nicht aus dem Gedanken der Prozeßökonomie abzuleiten. Vgl. schließlich *Waldner, Diss.*, S. 282: Das BVerfG begebe sich weit außerhalb seiner Kompetenz, denn ein Gericht, das sich durch ZPO gehindert sieht, einen Verstoß gegen Art. 103 Abs. 1 GG zu beseitigen, verletze nicht Art. 103 Abs. 1 GG; *Seibert*, FS Hirsch, S. 508; *Stürner*, JZ 1986, S. 528; 533; *Werner*, NJW 1991, S. 20; *Schumann*, BVerfG, S. 8; *Bender*, AöR 112, S. 169 ff., 178; *Benda/Klein*, Lehrbuch, Rz. 528, 537; *Krauss*, Diss., S. 70.

53 *Hermann Weber* in Anm. zum Beschluß des BVerfGs vom 12.1.1983, JuS 1984, S. 57; *Meyer*, FS Kleinknecht, S. 284; *Henschel*, FS Faller, S. 167, spricht von "... weiteren Lockerungen ... ". *Zuck*, JZ 1985, S. 922: "damit wird freilich schon deutlich, daß der gegebene Verfahrensstand kaum die Grenze für die Geltendmachung der Rüge des Art. 103 Abs. 1 GG bleiben kann: wenn es eine verfassungsrechtliche Verpflichtung für effektiven Rechtsschutz bei Verstößen gegen den Grundsatz des rechtlichen Gehörs gibt, kann dieser nicht von der einfachrechtlichen Verfahrensgestaltung abhängen." Anders aber *Waldner, Diss.*, S. 290: noch kein Bruch mit dem Grundsatz, daß Art. 103 Abs. 1 GG nicht Rechtsmittelzug eröffnet; etwas kritischer *Seetzen*, NJW 1982, S. 2337 ff., 2242.
Wenn *Meyer*, FS Kleinknecht, S. 279 f ausführt, die vom BVerfG gewählte Auslegung verstoße gegen Art. 101 GG, so übersieht er, daß nach richtiger Auslegung entweder die Fachgerichte tatsächlich zuständig sind, so daß Art. 101 GG nicht verletzt ist, oder schon aus anderen Gründen die Auslegung nicht richtig ist. Die vom BVerfG gewählte Auslegung kann jedenfalls nicht wegen Art. 101 GG falsch sein.

bei der Kritik der Entscheidungen nur vermutet, daß hinter diesen Urteilen des Bundesverfassungsgerichts keine dogmatische, sondern nur eine pragmatische Begründung stehe. Alleiniger Beweggrund dieser Rechtsprechung sei, das Bundesverfassungsgericht vor Überlastung zu bewahren und die Beseitigung der Grundrechtsverletzungen soweit wie möglich auf die Fachgerichte zu verlagern. Das Gericht nähme dabei keine Rücksicht darauf, ob die Auslegung der einfachgesetzlichen Verfahrensvorschriften dies ermögliche.

Dieser Qualifizierung der Rechtsprechung des Bundesverfassungsgerichts ist allerdings entgegenzuhalten, daß auf der anderen Seite die Bereitschaft der fachgerichtlichen Rechtsprechung gering sein wird, die Verfahrensvorschriften so auszulegen, daß die Verletzung von Art. 103 Abs. 1 GG zur Anfechtung führt. Daher läßt sich hier auch die Fachgerichtsbarkeit von dem Bestreben zur eigenen Entlastung leiten.

dd) Angesichts dieser Rechtsprechung des Bundesverfassungsgerichts besteht jedenfalls Anlaß, die Meinung, daß die Verletzung von Art. 103 Abs. 1 GG die Überprüfung einer gerichtlichen Entscheidung nicht erfordere, noch einmal zu überdenken.

II. Eingrenzung des Problems

Die Frage, ob die Verletzung von Art. 103 Abs. 1 GG nach dem geltenden Verfahrensrecht die Instanz eröffnet, muß genauer eingegrenzt werden:

1. Keine Schaffung weiterer Instanzen

Zunächst ist klarzustellen, daß es bei der Auslegung des geltenden Verfahrensrechts nicht darum gehen kann, den Instanzenzug durch die Schaffung von weiteren Instanzen zu erweitern[54]. Das kann nur der Gesetzgeber. Selbst ihm sind dabei Grenzen gesetzt, da es keinen Instanzenzug ad infinitum geben kann. Das Problem läßt sich daher auch gesetzgeberisch nicht dadurch lösen, daß in jedem Fall eine weitere Instanz zur Verfügung gestellt wird. Dies ist angesichts der Wiederaufnahmeklage auch nicht nötig.

---

54 So auch *Braun*, NJW 1981, S. 427; *Lorenz*, Rechtsschutz, S. 245.

Bei der Auslegung des geltenden Verfahrensrechts kann es sich also nur um die Eröffnung einer Instanz handeln, die zwar vorhanden, aber für die konkrete Entscheidung verschlossen ist.

2. Überprüfung nur bei "Kausalität" der Verletzung von Art. 103 Abs. 1 GG

Es kann außerdem bei der Auslegung des geltenden Verfahrensrechts nur darum gehen, die Anfechtung gegen eine Entscheidung zuzulassen, die das Bundesverfassungsgericht wegen Verletzung von Art. 103 Abs. 1 GG als verfassungswidrig aufheben müßte. Eine Verletzung von Art. 103 Abs. 1 GG liegt aber nur dann vor, wenn das Recht auf richterliches Gehör verletzt worden *und* nicht auszuschließen ist, daß die Entscheidung auf dieser Verletzung *beruht*[55]. Art. 103 Abs. 1 GG schützt den Anspruch auf Gehör vor dem Richter nur insoweit, als es um rechtserhebliches Vorbringen geht. Es geht also nur dann um die Frage einer außerordentlichen fachgerichtlichen Überprüfung der Entscheidung, wenn die Partei neben dem Vortrag der Verletzung des Rechts auf richterliches Gehör auch darlegen kann, daß das, was sie bei Gewährung des Gehörs vorgetragen hätte, zu einer anderen Entscheidung geführt haben würde. Dieser Gedanke ist zwar selbstverständlich, wird aber durch die Gerichte nicht immer beachtet, wie sich bei der Darstellung der einzelnen Entscheidungen zeigen wird.

3. Unterscheidung zwischen Streit- und Nichtstreit-Verfahren

Außerdem ist zu beachten, daß nicht jede Entscheidung eines Gerichts, die ohne Gewährung richterlichen Gehörs erlassen worden ist, Art. 103 Abs. 1 GG verletzt. In streitigen Verfahren ist das Gehör zwar vor Erlaß der Entscheidung zu gewähren, so daß eine Entscheidung also immer schon dann Art. 103 Abs. 1 GG verletzt, wenn vor ihrem Erlaß kein Gehör gewährt worden ist. In Nichtstreit-Verfahren wie in den Verfahren des ersten Zugriffs in der Zwangsvollstreckung oder in Eilverfahren der freiwilligen Gerichtsbarkeit aber kann das Gehör nachgeholt werden, so daß eine Entscheidung ohne Gehör nicht Art. 103 Abs. 1 GG verletzt, sondern die Gewährung von Gehör

---

55 *Leibholz/Rinck/Hesselberger*, Art. 103 Rz. 17; Stein/Jonas/*Leipold*, ZPO, vor § 128, Rz. 40.

nur gegebenfalls nachzuholen und bei erheblichem Vorbringen die Entscheidung abzuändern ist[56].

4. *Zum Entlastungseffekt der Eröffnung der Instanz*

Auch wenn die Verletzung von Art. 103 Abs. 1 GG durch die Fachgerichtsbarkeit selbst zu beseitigen ist, sofern eine Instanz vorhanden ist, wird das Bundesverfassungsgericht dadurch nicht völlig von der Prüfung von Verfassungsbeschwerden befreit, die die Verletzung von Art. 103 Abs. 1 GG rügen. Eine wirkliche Entlastung des Bundesverfassungsgerichts wird einmal für den Bereich der "Panneniudikatur" zu erreichen sein und zum anderen bei Divergenzen in der fachgerichtlichen Rechtsprechung. Außerdem ist zu erwarten, daß sich potentielle Beschwerdeführer durch eine Entscheidung der Obergerichte davon abhalten lassen, Verfassungsbeschwerde einzulegen. Im übrigen müssen die Beschwerdeführer zunächst den kostenpflichtigen Instanzenzug durchlaufen, bevor sie Verfassungsbeschwerde erheben. Auch davon ist eine Abschreckungswirkung zu erwarten.

Eine weitere Überprüfung durch die Fachgerichtsbarkeit hätte außerdem den Vorteil, daß zum einen innerhalb des Instanzenzugs nicht nur "Pannen", sondern auch falsche Rechtsauffassungen der Untergerichte korrigiert werden würden, und zum zweiten, daß die oberen Fachgerichte die Möglichkeit hätten, im konkreten Fall zum Anwendungsbereich des Art. 103 Abs. 1 GG noch einmal grundsätzlich Stellung zu nehmen. Letzteres trägt einem Zweck der Subsidiarität der Verfassungsbeschwerde Rechnung.

5. *Beschränkung auf das Zivilprozeßrecht*

Die Untersuchung des Problems beschränkt sich auf das Gebiet des Zivilprozeßrechts. Im Strafverfahrensrecht ist das Problem durch die Einführung der §§ 33 a und 311 a StPO entschärft. In den übrigen Verfahrensordnungen eröffnet die Verletzung des Rechts auf richterliches Gehör nach den gesetzlichen Regelungen die Revision[57].

56 Siehe dazu auch *E. Peters*, ZZP Bd. 90 (1977), S. 145-156.

57 §§ 138 Nr. 3 VwGO, § 150 Ziff. 2, 162 Abs. 1 Ziff. 2 GG und § 119 Nr. 3 FGO. Daher werden Entscheidungen aus diesen Gerichtszweigen im folgenden nur vereinzelt herangezogen. *Lorenz*, Rechtsschutz, S. 246, sieht in dieser neuen Gesetzgebung ein Zeichen dafür, daß der Gesetzgeber die Bedeutung der Kontrollen des Verfahrens erkannt hat. In der Verwaltungsgerichtsbarkeit entspricht es außerdem der h.M., daß § 579 Abs. 1 Nr. 4 ZPO

III. Ansatzpunkte der Untersuchung

Es bleibt zu überlegen, woraus sich ergeben könnte, daß die Verletzung des Rechts auf richterliches Gehör bereits die Überprüfung der darauf beruhenden Entscheidung durch die Fachgerichtsbarkeit erfordert.

1. Bedeutung des Gehörs durch den Richter für das Verfahren der Rechtsprechung und für die Rechtskraft von Entscheidungen

Eine Verletzung des Rechts auf Gehör kann materiell nur dann eine außerordentliche Überprüfung der darauf beruhenden Entscheidung erforderlich machen bzw. rechtfertigen, wenn das Recht auf Gehör eine besondere Bedeutung für die Entscheidung und die Wirkung der Entscheidung hat.

a) Verfassungsrechtlicher Ansatz

Die Bedeutung des Rechts auf richterliches Gehör ergibt sich zum einen daraus, daß das Grundgesetz neben dem in Art. 101 normierten Recht auf den gesetzlichen Richter in Art. 103 das Recht auf Gehör als objektivrechtliches Verfahrensprinzip für ein Verfahren der Rechtsprechung i.S. des Grundgesetzes konstituiert. Zum anderen stattet das Grundgesetz das Verfahren der Rechtsprechung mit einer besonderen Folge aus, nämlich der Unanfechtbarkeit.

Es gilt also zu überlegen, ob sich daraus ergibt, daß das Recht auf Gehör als Verfahrensprinzip für das Verfahren der Rechtsprechung nicht nur wesentlich oder besonders wichtig[58], sondern konstitutiv und unabdingbar ist - und

---

analog bei Verletzung von Art. 103 Abs. 1 GG angewendet werden kann; vgl. *Eyermann/Fröhler*, VwGO, § 153, Rz. 2.

58 Es sind sich alle darüber einig, daß das richterliche Gehör für das Verfahren der Rechtsprechung wesentlich ist. Siehe *Waldner, Diss.*, S. 14: Gebot der gerechten und richtigen Entscheidung; *Schwab/Gottwald*, Verfassung, S. 49 ("magna charta des Verfahrens); *Stern*, FS Ule, S. 364, 371 (das Recht auf Gehör ist "fundamental für jede Gerichtsbarkeit"; es dient "der Verwirklichung des materiellen Rechts"). Leibholz/Rinck/*Hesselberger*, GG, Art. 103, Rz. 1 (das Recht auf Gehör ist für das gerichtliche Verfahren im Sinne des GG konstitutiv und grundsätzlich unabdingbar). Vgl. auch *Mes*, Diss., S. 69, 72 f.; *Kopp*, AöR 106 (1981), S. 606; *Blomeyer*, Zivilprozeß, S. 73; *Baur*, AcP 153, S. 402 (mit Hinweis darauf, die Beiträge von Parteien erfahrungsgemäß nicht immer zur Klarheit des Streitstoffes beitragen, daß aber Inhalt des Rechts auf Gehör die "Unrechtsabwehrtendenz sei); Stein/Jonas/*Leipold*, ZPO, vor § 128, Rz. 12: Zentrale verfassungsrechtliche Garantien der Verfahrensgerechtigkeit mit "Unrechtsabwehrtendenz" - wie bei *Baur*; *Benda/Weber*, Landesbericht, S. 16: Grundpfeiler des rechtsstaatlichen Verfahrens.

zwar in einer Weise, daß ein Verfahren ohne richterliches Gehör keine Rechtsprechung i. S. von Art. 19 Abs. 4 GG und somit die Entscheidung nach Art. 19 Abs. 4 GG anfechtbar ist.

b) Zivilprozessualer Ansatz

Ein weiterer Ansatzpunkt ergibt sich aus der Überlegung, daß die Frage nach der außerordentlichen Anfechtung von Urteilen zivilprozessual ein Problem der Rechtskraft ist, da die außerordentliche Anfechtung die Rechtskraft des Urteils aufhebt. Das Gesetz regelt die Aufhebung der Rechtskraft im Wiederaufnahmeverfahren. Die außerordentliche Anfechtung tritt damit neben dieses Verfahren. Ihre Voraussetzungen sind daher an denen des Wiederaufnahmeverfahrens zu messen.

Im Wiederaufnahmeverfahren wird ein neues Verfahren trotz bestehender Rechtskraft nur zugelassen, wenn die Fehler des ersten Verfahrens eine bestimmte Qualität haben. Es stellt sich damit die Frage, ob nach den zivilprozessualen Regelungen auch die Verletzung des Rechts auf richterliches Gehör eine derartige Fehlerqualität hat, daß sie die Rechtskraft der Entscheidung beseitigen kann.

2. Verfassungsprozessuale Regelung der Zuständigkeit für die Beseitigung der Verletzung von Art. 103 GG

Bei dem Problem, ob eine Verletzung des Rechts auf Gehör eine vorhandene Instanz eröffnet, geht es nicht nur um die Frage, ob die Verletzung von Art. 103 GG wegen der Bedeutung des Rechts auf Gehör die Anfechtung der Entscheidung verlangt. Es geht vielmehr auch um den Umfang der Zuständigkeit der Fachgerichtsbarkeit für die Beseitigung von Grundrechtsverletzungen im Verhältnis zu der Zuständigkeit des Bundesverfassungsgerichts. Es stellt sich also die verfahrensrechtliche *Frage, welche* der beiden *Gerichtsbarkeiten* in welchem Umfang für den Grundrechtsschutz *zuständig ist.*

Hier ist Ansatzpunkt, daß nach allgemeiner Meinung Zweifel an der Zuständigkeit des Bundesverfassungsgerichts für die "Panneniudikatur" und damit generell für die Verletzung von Art. 103 Abs. 1 GG durch Untergerichte bestehen[59]. Es fällt auf, daß man aus diesem Zweifel bisher keine weiteren

Konsequenzen gezogen hat. Wenn man aber annimmt, daß es an sich nicht Aufgabe des Bundesverfassungsgerichts ist, versehentliche Verletzungen von Art. 103 GG durch die Untergerichte zu beseitigen, dann muß sich diese Erkenntnis, wenn sie richtig ist, aus der bestehenden *gesetzlichen* Regelung der Zuständigkeiten des Bundesverfassungsgerichts herleiten lassen. Es ist daher zu prüfen, ob die Zuständigkeit des Bundesverfassungsgerichts für die Beseitigung von Verstößen gegen Art. 103 Abs. 1 GG beschränkt ist. Wenn sich dabei aus der bestehenden Regelung ergeben sollte, daß das Bundesverfassungsgericht für die Fälle der "Panneniudikatur" und die damit verbundenen Verletzungen von Art. 103 Abs. 1 GG sachlich nicht zuständig ist, stellt sich die weitere Frage, ob die "Panneniudikatur" nicht schon dadurch zu einer Aufgabe der Fachgerichtsbarkeit wird. Denn wenn das Bundesverfassungsgericht nach der vorhandenen gesetzlichen Regelung für die "Panneniudikatur" nicht zuständig ist, ergibt sich im Zivilprozeßrecht eine Rechtsschutzlücke, die durch eine entsprechende Auslegung des Verfahrensrechts zu schließen sein könnte.

Es ist also zu untersuchen, ob sich die Zweifel an der Zuständigkeit des Bundesverfassungsgerichts für die "Panneniudikatur" und die Rüge der Verletzung von Art. 103 Abs. 1 GG an den gesetzlichen Regelungen verifizieren lassen.

3. Gang der Darstellung

Im folgenden wird zunächst der Meinungsstand in Rechtsprechung und Literatur zu der Frage dargestellt, ob ein Rechtsbehelf gegen eine Entscheidung allein deshalb zulässig ist[60], weil die Entscheidung auf einem Verfahren beruht, in dem die Partei, die nun den Rechtsbehelf einlegt, in ihrem Recht aus Art. 103 Abs. 1 GG verletzt worden ist (§§ 2 und 3). Obwohl sich dieses Problem bei Urteilen und bei Beschlüssen in gleicher Weise stellt,

59 Siehe oben Fn. 11. Unberücksichtigt bleibt dabei, ob es sinnvoll ist, eine derartige Auslegung verfassungsrechtlich vorzuschreiben, da Urteile des BVerfGs wegen § 31 BVerfG die Gefahr mitbringen, daß sie eine Rechtsprechung versteinern, siehe *Krauss*, Diss., S. 70 ff.

60 Es geht hier also nur um die *außerordentliche* Anfechtung bzw. anderweitige Abänderung von Beschlüssen, die sonst unanfechtbar und unabänderlich sind. Dagegen geht es nicht um die Frage, ob die formelle Rechtskraft von Beschlüssen eine erneute Antragsstellung (vgl. zu diesem Problem Bruns/*Peters*, ZwV, § 14 VII 4 und schon *E. Peters*, ZZP 90 (1977), S. 145 ff.) oder eine Gegenvorstellung (vgl. nur BL/*Albers*, ZPO, Übers., § 567, Anm. 1 C mit Nachweisen) erlaubt.

unterscheiden Rechtsprechung und Literatur bei seiner Behandlung zwischen Entscheidungen zur Anfechtung von *Urteilen*, bei denen die für die Einlegung des Rechtsmittels gesetzlich vorgesehene Beschwer bzw. Zulassung nicht vorliegt (§ 2), und Entscheidungen zur Anfechtung von *Beschlüssen*, bei denen eine Beschwerde ausgeschlossen ist (§ 3). Daher wird sich auch die folgende Darstellung an dieser Unterscheidung orientieren, zumal Rechtsprechung und Literatur bei Beschlüssen eine "außerordentliche Anfechtung"[61] in weiterem Umfang zulassen als bei Urteilen. Die §§ 2 und 3 werden daher die Argumente der verschiedenen Meinungen zu beiden Problembereichen getrennt zusammenfassen und erörtern.

Dieser Darstellung folgt dann eine Analyse von Entscheidungen und theoretischen Ansätzen, die sachliche Kriterien dazu erarbeitet, ob die Verletzung des Rechts auf richterliches Gehör die Instanz eröffnet (§§ 4 und 5). Diese Analyse beginnt mit der Rechtsprechung zur außerordentlichen Anfechtung von Beschlüssen (§ 4). Diese wird darauf untersucht, ob und welche Fehler, die nach der *gegenwärtigen Rechtsprechung* eine außerordentliche Anfechtung rechtfertigen, eine gemeinsame besondere Qualität haben. Die anhand dieser Analyse gewonnenen Kriterien für die Qualität der Fehler, die eine außerordentliche Anfechtung rechtfertigen könnten, müssen dann mit dogmatischen Konzepten verbunden werden, die erkennen lassen, was diese außerordentliche Anfechtung im *Zusammenhang* des geltenden Rechtes rechtfertigt (§ 5).

Da die Frage der Eröffnung der Instanz wie dargestellt nicht nur ein Problem der materiellen Bedeutung des Rechts auf Gehör ist, sondern auch die verfahrensrechtliche Regelung der Zuständigkeit von Verfassungs- und Fachgerichtsbarkeit für die Beseitigung von Verletzung von Art. 103 GG betrifft, wird dann die verfassungsprozessuale Regelung der Zuständigkeit des Bundesverfassungsgerichts unter dem Thema untersucht, in welchem Umfang das Bundesverfassungsgericht für den Schutz von Art. 103 Abs. 1 GG zuständig ist und wieweit die Fachgerichtsbarkeit (§ 6). Abschließend sind dann die Ergebnisse darzustellen, zu denen diese Auslegung des geltenden Rechts führt (§ 7).

---

61 Vgl. nur BGH Beschluß vom 5.7.1989, NJW 1989, S. 2758: "Greifbare Gesetzeswidrigkeit" nur bei Beschlüssen.

1. Kapitel

Die außerordentliche Anfechtung gerichtlicher Entscheidungen wegen Verletzung des Rechts auf richterliches Gehör

§ 2 Zur außerordentlichen Anfechtung von Urteilen

I. Der Meinungsstand in der Rechtsprechung

Das Bundesverfassungsgericht[1] hat in den letzten Jahren die Instanzgerichte wiederholt aufgefordert, einen Verfassungsverstoß bereits im Instanzenzug zu beseitigen, wenn die Auslegung der einschlägigen Verfahrensvorschriften dies erlaubt, um einen Umweg über das Bundesverfassungsgericht zu vermeiden. Auf diese Aufforderungen hat die Fachgerichtsbarkeit in mehreren Urteilen unterschiedlich reagiert.

1. Analoge Anwendung von § 513 Abs. 2 ZPO im schriftlichen Verfahren

Einige Instanzgerichte haben bei Verstößen gegen Art. 103 Abs. 1 GG in analoger Anwendung des § 513 Abs. 2 ZPO die Berufung gegen ein im schriftlichen Verfahren nach § 128 Abs. 3 ZPO ergangenes Urteil auch dann zugelassen, wenn die Berufungssumme nicht erreicht war[2]. Andere Instanzge-

---

1 Beschluß vom 30.6.1976 (BVerfGE 42, S. 243 ff.); vom 19.10.1977 (BVerfGE 46, S. 185 ff.); vom 1.2.1978 (BVerfGE 47, S. 182 ff.); vom 10.10.1978 (BVerfGE 49, S. 252 ff.).

2 LG Wuppertal Beschluß vom 21.6.1985 (NJW 1985, S. 2653); LG Kiel Urteil vom 21.6.1984 (AnwBl 1984, S. 502 f.); LG Frankfurt Urteil vom 29.8.1984 (NJW 1985, S. 1171). LG Freiburg Beschluß vom 3.1.1986 (NJW-RR 1986, S. 616 - mit ausdrücklicher Beschränkung auf schriftliche Verfahren).

Das KG ließ in dem Beschluß vom 26.3.1987 (NJW-RR 1987, S. 1203) die Berufung entgegen § 512a ZPO zu, da das Untergericht seine örtliche Zuständigkeit unter Verletzung von Art. 103 Abs. 1 GG bejaht hatte.

richte haben diese Analogie dagegen abgelehnt[3]. Der Bundesgerichtshof hat zwar bisher noch keine Entscheidung auf diesen Analogieschluß gestützt, ihn aber obiter als möglich akzeptiert[4]. Das Bundesverfassungsgericht hat diese Analogie bestätigt und als von Verfassung wegen gefordert bezeichnet[5].

2. *Analoge Anwendung von § 513 Abs. 2 ZPO im mündlichen Verfahren*

Das LG Dortmund[6] hat über das schriftliche Verfahren hinaus in analoger Anwendung des § 513 Abs. 2 ZPO die Berufung in einem Fall zugelassen, in dem das Gericht im mündlichen Verfahren einen nachgelassenen Schriftsatz nicht berücksichtigt und damit das Recht auf Gehör verletzt hatte. Das Landgericht war hier der Meinung, daß diese Situation mit der im schriftlichen Verfahren gleichzusetzen sei.

Schließlich hat auch das OLG Schleswig[7] bei Verletzung von Art. 103 Abs. 1 ZPO eine analoge Anwendung von § 513 Abs 2 ZPO für das mündliche Verfahren bejaht. Seine Entscheidung wurde jedoch vom Bundesgerichtshof[8] aufgehoben, der es ablehnte, außerhalb des schriftlichen Verfahrens in analoger Anwendung von § 513 Abs. 2 ZPO Berufungen zuzulassen, wenn die Berufungssumme nicht erreicht wird.

---

3 So LG Bonn Beschluß vom 27.4.1984 (NJW 1985, S. 1170 f.); LG Köln Urteil vom 16.7.1986 (MDR 1986, S. 63). Dagegen LG Flensburg Beschluß vom 31.1.1989 (NJW-RR 1990, S. 127).

4 Urteil vom 19.10.1989 (NJW 1990, S. 838, S. 839f).

5 Siehe Einleitung Fn. 46.

6 Beschluß vom 15.8.1985 (NJW 1986, S. 2959); ähnlich in Anschluß daran LG Hannover Urteil vom 22.9.1988 (NJW-RR 1989, S. 382).

7 Beschluß vom 11.6.1987 (NJW 1988, S. 67 f.); ebenso LG Frankfurt Urteil vom 27.7.1987 (NJW 1987, S. 2591); LG Münster Urteil vom 7.10.1988 (NJW-RR 1989, S. 381 f.).

8 Urteil vom 19.10.1989 (NJW 1990, S. 838).

3. Nichtigkeitsklagen wegen Verletzung des Art. 103 Abs. 1 GG

Das OLG Hamm[9] sowie der VGH Kassel[10] haben die Vorschrift des § 579 Abs. 1 Nr. 4 ZPO dahingehend ausgelegt, daß eine Nichtigkeitsklage auch in Fällen zulässig ist, in denen das angegriffene Urteil auf einem Verfahren beruht, in dem das Recht auf richterliches Gehör verletzt worden ist.

Fazit:

In der Rechtsprechung hat sich in der Frage, ob im schriftlichen Verfahren nach § 128 Abs. 3 ZPO analog § 513 Abs. 2 ZPO eine Berufung möglich ist, noch keine einheitliche Meinung herausgebildet[11]. Die wohl vordringende Meinung bejaht jedoch eine solche Analogie. Für das mündliche Verfahren dagegen lehnt die überwiegende Rechtsprechung die analoge Anwendung des § 513 Abs. 2 ZPO ab. Lediglich zwei Landgerichte haben die analoge Anwendung von § 513 Abs. 2 ZPO über das schriftliche Verfahren hinaus erweitert, zum einen für den Schriftsatznachlaß und zum anderen für das mündliche Verfahren. Letzteres hat wiederum der Bundesgerichtshof explizit abgelehnt. Bei der Revision ist die Eröffnung der Instanz wegen Verletzung des Rechts auf Gehör vereinzelt geblieben.

II. Zur Argumentation der Entscheidungen

Es geht hier wie bereits ausgeführt (§ 1 I 3e) allein um die Frage nach einem *allgemeinen* Grundsatz, aufgrund dessen die Verletzung des Rechts auf richterliches Gehör bei vorhandenem Instanzenzug die Überprüfung der Entscheidung durch die Fachgerichtsbarkeit verlangt. Daher kann sich die Untersuchung der Argumente der Rechtsprechung bei der Erörterung des Problems exemplarisch auf die Entscheidungen über die analoge Anwendung des § 513 Abs. 2 ZPO beschränken.

---

9 Urteil vom 9.3.1979 (MDR 1979, S. 766).

10 Urteil vom 28.11.1984 (NJW 1986, S. 209 f.). Der VGH führt aus, daß eine analoge Anwendung jedenfalls dann geboten sei, wenn es einer Partei nicht möglich war, ihren Sachvortrag und ihre Rechtsansichten überhaupt zur Geltung zu bringen.

11 Wobei zu erwarten ist, daß sich die Rechtsprechung nach dem Urteil des Bundesverfassungsgericht (vgl. Fn. 5) und des Bundesgerichtshofs (vgl. Fn. 4) einheitlich auf eine analoge Anwendung festlegen wird.

1. Argumente für einen allgemeinen Grundsatz auf Eröffnung der Instanz

Die Entscheidungen berufen sich zunächst auf Gesichtspunkte, die entweder generell für oder gegen eine Anfechtbarkeit der Entscheidung sprechen.

a) Prozeßökonomie und Überlastung

So beziehen sich die Entscheidungen bei ihrer Argumentation auf den Gesichtspunkt der Prozeßökonomie und/oder den der Überlastung der Gerichte. Die Gerichte, die eine analoge Anwendung befürworten, verweisen darauf, daß die Verfassungsbeschwerde ein Umweg und somit zu vermeiden sei. Die Gerichte, die eine Analogie ablehnen, befürchten dagegen eine Überlastung der Fachgerichtsbarkeit, wenn man die Anfechtbarkeit von Entscheidungen allein aufgrund der Verletzung des Rechts auf richterliches Gehör bejaht.

b) Verweis auf die Rechtsprechung des Bundesverfassungsgerichts

Die Meinung, die eine Analogie ablehnt, verweist daneben auf die Rechtsprechung des Bundesverfassungsgerichts[12]. Danach verlangt Art. 103 Abs. 1 GG nicht, daß ein Rechtsmittel an ein Gericht höherer Instanz gegen eine gerichtliche Entscheidung gegeben sein muß, wenn einem Prozeßbeteiligten das Gehör versagt worden ist[13]. Der Beschwerte kann vielmehr auf die Verfassungsbeschwerde verwiesen werden.

2. Auslegung von § 513 Abs. 2 ZPO

Die Diskussion über die Auslegung der konkreten Anfechtungsvorschriften dreht sich in einem weiteren Schritt um die Frage, ob in der Regelung der Berufung im schriftlichen und auch mündlichen Verfahren eine Lücke vorliege, die dann bei Verletzung des Rechts auf richterliches Gehör durch eine analoge Anwendung des § 513 Abs. 2 ZPO zu schließen wäre.

a) Argumente gegen das Vorliegen einer Gesetzeslücke

Die Gerichte[14], die es ablehnen, § 513 Abs. 2 ZPO auch im schriftlichen Verfahren analog anzuwenden, gehen dabei davon aus, daß keine Gesetzes-

---

12 Siehe § 1 I 3e Fn. 40.

13 Beschluß vom 10.10.1978 (BVerfGE 42, S. 252 ff.).

14 Vgl. oben Fn. 3.

lücke vorhanden und damit keine Analogie möglich sei[15]. Denn der Gesetzgeber habe in der Beschleunigungsnovelle gleichzeitig § 511 a ZPO und das schriftliche Verfahren geregelt. Er habe also bewußt davon abgesehen, im schriftlichen Verfahren einen Einspruch zuzulassen.

Dazu kommen dann noch einige Argumente zur Sache: So meint man, daß man ein Versäumnisurteil nicht mit einem streitigen Endurteil vergleichen könne, das aufgrund eines schriftlichen Verfahrens ergangen sei. Die analoge Anwendung des § 513 Abs. 2 ZPO im schriftlichen Verfahren liefe auch § 511 a ZPO zuwider. Denn § 513 Abs. 2 ZPO sei eine Ausnahmevorschrift. § 511 a ZPO sei eingeführt worden, um die Möglichkeit der Berufung bis zu einem bestimmten Streitwert auszuschließen. Damit ließe sich die Zulassung der Berufung für den Fall der Verletzung des Rechts auf richterliches Gehör nicht vereinbaren.

b) Argumente für die Lückenhaftigkeit der Regelung des schriftlichen Verfahrens

Die Gerichte[16], die im schriftlichen Verfahren § 513 Abs. 2 ZPO analog anwenden, halten die Regelung des schriftlichen Verfahrens dagegen für lückenhaft: Sie sehe nämlich nicht wie das Versäumnisverfahren die Möglichkeit des Einspruchs vor, obwohl das schriftliche Verfahren mit dem Säumnisverfahrens vergleichbar sei. Denn in beiden Verfahren bestehe eine erhöhte Gefahr von Pannen, wenn aufgrund der Verletzung des Rechts auf richterliches Gehör keine ausreichende Möglichkeit bestanden habe, die Aufhebung des schriftlichen Verfahrens zu beantragen. In diesem Fall müsse man daher § 513 Abs. 2 ZPO analog heranziehen. Denn man könne das Risiko, das durch die Entscheidung ohne mündliche Verhandlung mit einem Verfahren nach § 128 Abs. 3 ZPO verbunden sei, nur auffangen, wenn ausreichend Gelegenheit bestehe, die Aufhebung des schriftlichen Verfahrens zu beantragen[17].

---

15 So fordern eine Lücke als Voraussetzung einer Analogie *Canaris*, Lücken, S. 17, 21, 37 mit Nachw.; *Bydlinsky*, Methodenlehre, S. 472 ff.; *Larenz*, Methodenlehre, S. 370 ff.; vgl. dagegen *Pawlowski*, Methodenlehre, Rz. 455 ff.; zweifelnd auch *Fikentscher*, Methoden, S. 718 ff.

16 Vgl. oben Fn. 2, 4 und 6.

17 Bundesverfassungsgericht Beschluß vom 14.6.1983 (NJW 1983, S. 2493 f).

c) Argumente für eine Analogie auch außerhalb des schriftlichen Verfahrens

Einige Gerichte[18] wollen außerhalb des Versäumnisverfahrens § 513 Abs. 2 ZPO nicht nur im schriftlichen Verfahren analog anwenden, sondern darüberhinaus auch bei besonderen Gestaltungen des mündlichen Verfahrens. § 513 Abs. 2 ZPO sei nämlich *erst recht* in den Fällen anzuwenden, in denen die mangelnde Anhörung durch den Richter nicht nur auf ein entschuldigtes Handeln der Partei zurückzuführen sei wie im Versäumnisverfahren, sondern auf ein verfassungswidriges Verhalten des Gerichts. Sie berufen sich außerdem darauf, daß das Fachgericht, soweit es nicht um die Auslegung von Art. 103 Abs. 1 GG gehe, das sachnähere Gericht sei.

d) Argumente gegen eine Analogie außerhalb des schriftlichen Verfahrens

Demgegenüber wenden die Gerichte, die eine analoge Anwendung des § 513 Abs. 2 ZPO auf bestimmte Gestaltungen des mündlichen Verfahrens ablehnen, z.T. ein, daß im mündlichen Verfahren aufgrund der mündlichen Verhandlung keine erhöhte Gefahr von Pannen gegeben sei. Daher sei es auch nicht zu rechtfertigen, in diesen Fällen § 513 Abs. 2 ZPO analog anzuwenden.

Der Bundesgerichtshof beruft sich schließlich noch darauf, daß § 513 Abs. 2 ZPO eine Ausnahmevorschrift sei. Ihr liege der Gedanke zugrunde, daß eine Entscheidung einen Rechtsstreit nicht abschließend regeln könne, wenn eine Partei vor dem Gericht nicht aufgetreten sei, ohne das ihr das vorzuwerfen sei. Damit sei vergleichbar, wenn im schriftlichen Verfahren eine Partei schuldlos oder nur scheinbar den Zeitpunkt nicht eingehalten hat, der dem Schluß der mündlichen Verhandlung entspricht. Der mit der Situation der Säumnis vergleichbare Verstoß im schriftlichen Verfahren entspreche aber nicht der Verletzung des Rechts auf richterliches Gehör im mündlichen Verfahren. Denn in § 513 Abs. 2 ZPO sei nur der Sonderfall der Säumnis geregelt. Die Vorschrift basiere nicht auf der grundsätzlichen Wertung, daß ein Verstoß gegen Anhörungsgrundsätze bereits für sich allein die Berufung ermöglichen soll.

---

18 Vgl. oben Fn. 7.

3. "Greifbare Gesetzeswidrigkeit"

Im Anschluß an die Auslegung des § 513 Abs. 2 ZPO erörtert der Bundesgerichtshof[19] dann noch die Frage, ob im Falle der Verletzung des Rechts auf richterliches Gehör eine "greifbare Gesetzeswidrigkeit" vorliege, die die Anfechtung zulasse, und verneint dies.

III. Diskussion

Im folgenden ist nun die Stichhaltigkeit der Argumente zu untersuchen:

1. Argumente zur grundsätzlichen Eröffnung der Instanz

a) Prozeßökonomie und Überlastung der Fachgerichtsbarkeit

Zunächst ist festzustellen, daß man gegen eine erweiternde analoge Anwendung des § 513 Abs. 2 ZPO nicht auf Gesichtspunkte der Prozeßökonomie und insbesondere nicht auf die Gefahr der Überlastung der Fachgerichtsbarkeit verweisen kann. Denn die Justiz darf zum einen den Rechtsschutz nicht unter Berufung auf die Prozeßökonomie verkürzen, zum anderen bietet der Hinweis auf die Gefahr der Überlastung der Gerichtsbarkeit für sich allein genommen kein dogmatisches Argument. Da man sich aber in der Diskussion auf diese Gesichtspunkte bezieht, sollen sie auch hier näher untersucht werden:

Wer sich darauf beruft, daß bei einer Eröffnung einer weiteren Instanz bei Verletzung des Rechts auf richterliches Gehör eine Überlastung der Fachgerichtsbarkeit drohe, übersieht, daß eine Überlastung des Bundesverfassungsgerichts erheblich schwerer ins Gewicht fällt als eine Überlastung der Fachgerichtsbarkeit. Im übrigen ist bei dieser Argumentation zu berücksichtigen, daß man in diesen Fällen die Belastung der Fachgerichtsbarkeit mit der Beseitigung von verfassungsrelevanten Verfahrensfehlern nicht verhindert, sondern nur verschiebt: Im Erfolgsfalle weist das Bundesverfassungsgericht, das über die Grundrechtsverletzung entscheidet, die Sache nämlich später zur erneuten Entscheidung an das Ausgangsgericht zurück. Dabei muß man in Rechnung stellen, daß sich die Belastung der Gerichte in den meisten Fällen nicht bei der Aufhebung der Entscheidung ergibt, sondern bei der erneuten Durchfüh-

---

19 Vgl. oben Fn. 8.

rung des Verfahrens. Denn den Verfahrensfehler selbst kann man meist (wie z.B. in den "Pannenfällen")[20] ohne weiteres feststellen. Die *neuen* Verfahren muß immer die Fachgerichtsbarkeit durchführen.

Im Hinblick auf die Arbeitserleichterung der Fachgerichte ist es sogar sinnvoll, daß das übergeordnete Fachgericht entscheidet. Denn die Entscheidung des Bundesverfassungsgerichts wird angesichts der Belastung dieses Gerichts später erfolgen, als es bei einer fachgerichtlichen Entscheidung der Fall wäre. Das entscheidende Gericht muß sich dann in den Fall einarbeiten[21]. Der Gesichtspunkt der Prozeßökonomie spricht also für eine analoge Anwendung von § 513 Abs. 2 ZPO, der Gesichtspunkt der Überlastung der Fachgerichtsbarkeit nicht gegen eine solche Anwendung: Denn die Gefahr einer Überlastung des Bundesverfassungsgerichts wiegt schwerer als die Gefahr der Überlastung der Fachgerichtsbarkeit[22].

b) Zur Rechtsprechung des Bundesverfassungsgerichts

Beide Seiten berufen sich schließlich auf die Rechtsprechung des Bundesverfassungsgerichts. Diese scheint zunächst gegen das Vorliegen einer "Lücke" zu sprechen: So führt das Bundesverfassungsgericht, wie dargelegt[23], aus, daß die Verfassung nicht die Eröffnung einer weiteren Instanz gegen Entscheidungen erzwinge, die auf einem Verstoß gegen Art. 103 Abs. 1 GG beruhen. Darin ist zum einen die Aussage enthalten, daß der Gesetzgeber keine weiteren Instanzen schaffen muß, *und* zum anderen, daß der vorhandene Instanzenzug verfassungsgemäß ist. Dem entspricht es, daß Art. 19 Abs. 4 GG keinen Instanzenzug garantiert. Die Meinung, daß die Verletzung von Art. 103 Abs. 1 GG in jedem Fall eine weiteren Instanz eröffne, würde auch zu der absurden Konsequenz führen, daß es einen unbegrenzten Instanzenzug geben müßte.

---

20 Vgl. die Beispiele in § 1 Fn. 7.

21 An dieser Stelle mag eingewandt werden, daß es zu einer Aufhebung und Rückverweisung durch das Bundesverfassungsgericht nicht kommen müsse, da das Bundesverfassungsgericht die Annahme der Verfassungsbeschwerde mangels schweren Nachteils abwehren könne. Dazu unten § 6 III 3 c.

22 Der Gefahr der Überlastung der Fachgerichtsbarkeit kann man im übrigen durch eine Erhöhung der Richterzahl entgegentreten.

23 Nachw. oben § 1 I 3e Fn. 43.

In dem Satz ist außerdem die Aussage enthalten, daß Art. 103 Abs. 1 GG nicht eine bestimmte Auslegung der Verfahrensvorschriften verlange, also nicht fordere, daß die vorhandenen Instanzen ausgeschöpft werden, wenn das Recht auf richterliches Gehör verletzt ist. Es hat sich aber bereits gezeigt, daß erhebliche Zweifel bestehen, ob sich das Bundesverfassungsgericht an diese Schlußfolgerung hält[24], und daß Anlaß besteht, die Aussage insoweit sachlich zu überprüfen. Dies um so mehr, als das Bundesverfassungsgericht die Fachgerichtsbarkeit ständig auffordert, die Verletzungen von Art. 103 Abs. 1 GG selbst zu beheben, soweit es die Verfahrensvorschriften erlauben. Da man diese Aufforderung nicht als Leerformel verstehen kann[25], muß die Fachgerichtsbarkeit darin eine Aufforderung sehen, die bisherige Rechtsprechung zur Anfechtbarkeit aufgrund einer Verletzung von Art. 103 Abs. 1 GG zumindest zu überdenken. Außerdem muß man davon ausgehen, daß das Bundesverfassungsgericht Möglichkeiten einer Änderung der bisherigen Auslegung des Verfahrensrecht sieht. Denn sonst liefe die Aufforderung leer.

Aus der Rechtsprechung des Bundesverfassungsgericht ergeben sich also keine zwingenden Argumente für oder gegen eine grundsätzliche Eröffnung der vorhandenen Instanz bei Verletzung des Rechts auf richterliches Gehör.

2. *Auslegung des einfachen Verfahrensrechts*

Die Argumentation der beiden Positionen bei der Auslegung des Verfahrensrechts dreht sich, wie dargestellt, um die Frage, ob die Regelungen des schriftlichen Verfahrens oder auch des mündlichen Verfahren Lücken aufweisen, die eine Analogie zu § 513 Abs. 2 ZPO rechtfertigen.

a) "Pannengefahr" als Anfechtungsgrund

Hier meinen die einen, daß das Urteil im schriftliche Verfahren mit dem Versäumnisurteil dadurch vergleichbar sei, daß eine erhöhte "Gefahr von Pannen" bestehe[26]. Dem ist mehreres entgegenzuhalten:

---

24 Dazu § 1 I 3e nach Fn. 45.

25 Wegen des Erfordernis der Rechtswegerschöpfung bei der Verfassungsbeschwerde ist es eine Selbstverständlichkeit, daß zunächst die Rechtsbehelfe der Fachgerichtsbarkeit auszunutzen sind.

26 Die erhöhte Pannengefahr aufgrund der Ausgestaltung des Verfahrens ist ein Argument, daß auch immer wieder auftaucht, wenn die Frage erörtert wird, ob die Verletzung von Art. 103 Abs. 1 GG im Beschlußverfahren anders als im Urteilsverfahren einen Anfechtungsgrund bietet.

Einmal mag es sich in der Regel bei der Verletzung des Rechts auf richterliches Gehör im schriftlichen Verfahren um eine "Panne" handeln und nicht um eine fehlerhafte Auslegung der Verfahrensvorschriften. Die Gefahr aber, daß das Gericht einen Fehler macht, ist in allen Verfahrensarten gleich groß. Die Besonderheit im schriftlichen Verfahren besteht lediglich darin, daß sich die Panne des Gerichts gegebenenfalls so auswirken kann, daß die Partei gar kein Gehör vor dem Richter findet, und daß insoweit das Endurteil im schriftlichen Verfahren mit einem Versäumnisurteil vergleichbar ist[27].

Außerdem rechtfertigt *nicht die Gefahr einer Panne* die Möglichkeit, die Entscheidung anzufechten; nur allein die Panne selbst kann die außerordentliche Anfechtung rechtfertigen. Denn sachlich kann nicht die Gefahr eines Fehlers, sondern allein die Art eines Fehlers die Eröffnung der Instanz rechtfertigen. So begründet auch im Versäumnisverfahren nicht das Nichterscheinen im Termin und der Erlaß des Versäumnisurteils die Zulässigkeit einer Berufung ohne Erreichen der Berufungssumme, sondern erst die *entschuldigte Säumnis*. Die Möglichkeit eines Einspruchs im schriftlichen Verfahren ist also nicht dadurch zu rechtfertigen, daß eine erhöhte "Gefahr von Pannen" besteht.

b) § 513 Abs. 2 ZPO als Ausnahmeregelung für die Säumnis

aa) Danach kann also allein die Art des Fehlers die Anfechtbarkeit begründen. Dementsprechend führt der Bundesgerichtshof zu diesem Punkt aus, daß allein die Verletzung des richterlichen Gehörs im schriftlichen Verfahren, die bewirkt, daß eine Partei gar nicht Gehör findet, mit der Säumnis vergleichbar sei. Andere Fälle der Verletzung des Rechts auf richterliches Gehör seien dagegen mit der Säumnis nicht vergleichbar und unterfielen daher nicht der Regelung des § 513 Abs. 2 ZPO. Diese Bestimmung sei vielmehr als Ausnahmevorschrift zu betrachten, die nur den Fall der Säumnis regele. Da es Gerichten nicht zustehe, eine Analogie entgegen dem Willen des Gesetzgebers zu bejahen, dürfe man diese Bestimmung nicht ausdehnend anwenden. Dahinter steht die Überlegung, daß im schriftlichen Verfahren anders als im mündlichen Verfahren ohne eine analoge Anwendung von § 513 Abs. 2 ZPO der Fall der *Säumnis* nicht geregelt wäre. Säumnis kann im schriftlichen Verfahren mangels mündlichen Termin nur eine Schriftsatzversäumnis sein.

---

27 So wohl auch der BGH in NJW 1990, S. 838, Urteil vom 19.10.1989.

bb) Es mag richtig sein, daß der Gesetzgeber bei der Regelung des § 513 Abs. 2 ZPO lediglich an den Fall der Säumnis gedacht hat und keine generelle Regelung der Verletzung von Anhörungsvorschriften treffen wollte. Der Gesetzgeber hat aber auch bei der gleichzeitigen Regelung von schriftlichem Verfahren und § 511 a ZPO den Anwendungsbereich von § 511 a ZPO nicht für das schriftliche Verfahren ausgeschlossen bzw. eine analoge Anwendung von § 513 Abs. 2 ZPO angeordnet. Auf dieses Vorgehen des Gesetzgebers beruft sich auch die eine Analogie generell und damit auch im schriftlichen Verfahren ablehnende Meinung[28].

Die analoge Anwendung des § 513 Abs. 2 ZPO im schriftlichen Verfahren entspricht aber den Regelungen der Zivilprozeßordnung. Denn der schuldlos Säumige hätte bei einem Streitwert unterhalb der Berufungssumme ohne diese Analogie im schriftlichen anders als im mündlichen Verfahren keine Möglichkeit, sein Recht durchzusetzen[29]. Ein solches Ergebnis widerspräche dem Grundsatz der Zivilprozessordnung, der in § 513 Abs. 2 ZPO zum Ausdruck kommt: Niemand kann rechtskräftig verurteilt werden, ohne daß ihm das Gesetz die Möglichkeit gibt, sich Gehör vor dem Richter zu verschaffen. Im übrigen gibt es keinen sachlichen Grund, die Säumnis im schriftlichen und mündlichen Verfahren unterschiedlich zu behandeln. Es ist also eine Analogie geboten, obwohl die Annahme einer Lücke aus Sicht des Gesetzgebers zumindest sehr fraglich ist.

cc) Nebenbei sei in diesem Zusammenhang bemerkt, daß es unverständlich ist, daß man nur die Möglichkeit einer Analogie zu § 513 Abs. 2 ZPO diskutiert, dagegen nie die Möglichkeit einer eingeschränkten Anwendung von § 511 a ZPO[30].

c) Fazit

Insgesamt zeigt sich also, daß die überwiegende Rechtsprechung die Frage, ob eine Lücke im Gesetz vorliegt, für das schriftliche Verfahren zu Recht vom Ergebnis her beantwortet und nicht danach, ob diese nach den Vorstellungen des Gesetzgebers vorliegt. Dafür spricht übrigens auch, daß es die

---

28 Vgl. oben Fn. 3.

29 Dabei ist zu berücksichtigen, daß das schriftliche Verfahren in der Regel bei niedrigen Streitwerten gewählt wird.

30 Wobei sich nicht die Frage nach dem Vorhandensein einer *Lücke* stellen würde.

sog. verfassungskonforme Auslegung[31] in diesen Fällen nahelegt, eine Lücke zu bejahen, denn ohne die Möglichkeit der Berufung wäre der schuldlos säumigen Partei die Möglichkeit genommen, sich Gehör zu verschaffen. Der Streit um die Gesetzeslücke erweist sich insoweit als Scheingefecht. Das heißt im Ergebnis auch, daß man sich gegenüber der Forderung nach einer außerordentlichen Anfechtung bei Verstößen gegen Art. 103 Abs. 1 GG nicht einfach darauf berufen kann, daß Art. 103 Abs. 1 GG nicht die Eröffnung einer sonst nicht gegebenen Instanz verlange[32]. Entscheidend kann vielmehr nur sein, ob sich aus dem Verhältnis von Fachgerichten und Verfassungsgericht die Feststellung ergibt, daß die Fachgerichte diese Verstöße möglichst selbst korrigieren.

3. "Greifbare Gesetzeswidrigkeit" der Entscheidung wegen Verletzung des Rechts auf richterliches Gehör

Im Anschluß an die Auslegung von § 513 Abs. 2 ZPO prüft der Bundesgerichtshof dann noch, ob durch die Verletzung des Rechts auf richterliches Gehör eine "greifbare Gesetzeswidrigkeit"[33] gegeben sei und verneint dies. Die Rechtsprechung hat das Institut der "greifbaren Gesetzeswidrigkeit" in Fällen entwickelt, in denen sich die Frage der außerordentlichen Anfechtung von fehlerhaften, unanfechtbaren *Beschlüssen* stellt. Die Rechtsprechung bejaht die Anfechtbarkeit von unanfechtbaren Beschlüssen, wenn sie die Entscheidung als "greifbar gesetzeswidrig" qualifiziert. Dabei bezeichnet die Rechtsprechung eine Entscheidung dann als "greifbar gesetzeswidrig", wenn sie "dem Gesetz inhaltlich fremd" ist.

Fazit:

Die Rechtsprechung zu der Frage, ob die Berufung gegen ein Urteil, das auf einer Verletzung des Rechts auf richterliches Gehör beruht, trotz Nicht-

---

31 Die verfassungskonforme Auslegung verlangt nicht, daß eine Lücke vorliegt. Denn im Wege der verfassungskonformen Auslegung wird der Wille des Gesetzgebers korrigiert, der - hypothetisch - bei der Frage nach der Lücke gerade berücksichtigt werden soll.

32 Das Bundesverfassungsgericht hat zwar mehrfach erklärt, daß Art 103 Abs 1 GG nicht die Eröffnung einer sonst nicht gegebenen Instanz verlange (vgl. die Nachw. oben § 1 I 3e, Fn. 40 ff.). Diese Feststellung hält es aber nicht davon ab, immer dringlicher zu fordern, daß die Instanzgerichte alle Möglichkeiten wahrnehmen sollten, Verstöße gegen Art. 103 Abs. 1 GG selbst zu bereinigen (vgl. § 1 I 3e, Fn. 45 ff.).

33 Zur "greifbaren Gesetzeswidrigkeit" siehe unten § 3 II 1.

Erreichens der Berufungssumme zulässig ist, beschäftigt sich ausführlich mit der Auslegung der einschlägigen Norm. Dabei erweist sich die Diskussion um die Frage, ob eine Gesetzeslücke eine Analogie ermöglicht, als Scheingefecht. Die Frage, ob es einen allgemeinen Grundsatz gibt, daß die Verletzung des Rechts auf richterliches Gehör eine vorhandene Instanz eröffnet, wird nur kurz mit dem Verweis auf die Rechtsprechung des Bundesverfassungsgericht verneint, was heute nicht mehr ausreicht (vgl. oben zu Fn. 31 ff.).

IV. Zum Meinungsstand in der Literatur

Zu der Frage, ob die außerordentliche Anfechtung von Urteilen zulässig ist, wenn die Verletzung des Rechts auf richterliches Gehör behauptet wird, hat auch die Literatur Stellung genommen.

1. Anhörungsrüge de lege lata

So hat *Seetzen*[34] explizit die Frage erörtert, wie bei *Urteilen* bereits die Fachgerichtsbarkeit die Verletzung des Rechts auf richterliches Gehör beseitigen könne. Er hält schon de lege lata[35] eine befristete Anhörungsrüge gegen Urteile bei Verletzung von Art. 103 GG für zulässig. Denn in einem Rechtsstaat stelle das Fehlen einer gesetzlichen Regelung, die eine Beseitigung der Verletzung des Rechts auf richterliches Gehör ermögliche, einen verfassungswidrigen Zustand dar, den nicht nur der Gesetzgeber, sondern auch der Richter beseitigen könne. Nach dem den §§ 33 a, 311 a StPO zugrunde liegenden Gedanken und der Rechtsprechung des Bundesverfassungsgerichts zur nachträglichen Anhörung bei Zwangsmaßnahmen im strafgerichtlichen Verfahren[36] sei die Lücke durch eine nachträgliche Anhörung zu schließen. Dem widerspreche nicht, daß das Gericht nach § 318 ZPO an ein Urteil gebunden ist, wie schon die Rechtsprechung zur fehlenden Bindungswirkung von Verweisungs- und anderen Beschlüssen bei Verletzung des Rechts auf richterliches Gehör zeige. Nach seiner Auffassung steht auch die Rechtskraft einer Anhörungsrüge nicht entgegen. Denn die Entscheidung führe angesichts der

34 *Seetzen*, NJW 1982, S. 2337 ff., 2343 f. und NJW 1984, S. 347 ff.

35 Für eine Anhörungsrüge de lege ferenda *Schumann*, NJW 1985, S. 1134 ff., 1139f und *Mußgnug*, NJW 1978, S. 1358 f.

36 Beschluß vom 8.1.1959 (BVerfGE 9, S. 89 ff)

Möglichkeit der Verfassungsbeschwerde keine endgültige Klärung der Rechtslage herbei und könne daher keine uneingeschränkte materielle Rechtskraft beanspruchen.

Die Zulässigkeit einer Anhörungsrüge bei Urteilen de lege lata wird ansonsten nicht vertreten[37]. Eine Reihe von Autoren hat jedoch, wie bereits unter § 1 I 2d ausgeführt, die gesetzliche Einführung einer Anhörungsrüge befürwortet.

2. *Die analoge Anwendung von § 513 Abs. 2 ZPO*

Eine Reihe von Autoren tritt bei erstinstanzlichen Urteilen, die auf einer Verletzung des Rechts auf Gehör beruhen, wenn die Erwachsenheitssumme nicht erreicht ist, für die analoge Anwendung von § 513 Abs. 2 ZPO ein. Dabei halten bisher allerdings nur wenige Autoren eine generelle Analogie zu § 513 Abs. 2 ZPO für zulässig[38]. Eine zunehmende Meinung in der Literatur legt aber § 513 Abs. 2 ZPO dahin aus, daß die Berufung im *schriftlichen* Verfahren nach § 128 Abs. 3 ZPO allein aufgrund der Verletzung des Rechts auf richterliches Gehör zulässig ist[39]. Die Versäumnis einer Schriftsatzfrist sei mit der Versäumnis eines Termins vergleichbar, denn in beiden Fällen sei es dem Säumigen nicht mehr möglich, seine Säumnis in derselben Instanz zu entschuldigen. Daher seien beide Fallgruppen gleich zu behandeln. Nur so sei ein kontradiktorisches Urteil zu rechtfertigen, obwohl eine Partei gar nicht gehört worden sei[40]. Im übrigen komme es im schriftlichen Verfahren beson-

---

37 Ausdrücklich dagegen z.B. Rosenberg/*Schwab*, ZPR, § 85 V 1, S. 485 Fn. 40; *Braun*, NJW 1983, S. 1403 ff.; 1984, S. 348 f.; Zöller/*Stephan*, ZPO, Vor § 128, Rz. 8.

38 Zöller/*Stephan*, ZPO, vor § 128, Rz. 5a; früher BL/*Albers*, ZPO, 34. Auflage 1976, § 511 a, Anm 2 B. Bei Verstößen gegen Grundpfeiler des Zivilprozesses, z.B. Versagung rechtlichen Gehörs, immer Berufung.

39 *Kahlke*, NJW 1985, S. 2231 ff., 2234; *Waldner, Diss.*, S. 289 f.; *Kramer*, NJW 1978, S. 1411 ff., 1416; Stein/Jonas/*Leipold*, ZPO, § 128 Rz. 123; BL/*Albers*, ZPO, § 511a, Anm. 7 - auch bei Versäumung einer Frist nach § 283 ZPO; *Thomas/Putzo*, ZPO, § 513, Anm. 2d, § 128 IV d; Zöller/*Stephan*, ZPO, § 128 Rz. 19; Zöller/*Schneider*, ZPO, § 513, Rz. 5; *Schumann*, NJW 1985, S. 1138 ff.; anders Rosenberg/*Schwab*, ZPR, § 138, I 3, S. 870 Fn. 2a. Siehe auch *Schlee*, AnwBl. 1985, S. 582; *Jauernig*, ZPO, § 30 III, nimmt nicht Stellung; *Zimmermann*, ZPO, § 128, Rz. 14, § 511 Rz. 18.

40 Dementsprechend sei auch die Rechtslage vor Inkrafttreten der Vereinfachungsnovelle nicht mit Art. 103 Abs. 1 GG vereinbar gewesen, als die Berufung gegen ein zweites Versäumnisurteil nur bei Erreichen der Berufungssumme möglich war. Eine endgültige Verurteilung ohne rechtliches Gehör widerspreche Art. 103 Abs. 1 GG - was dann auch zu der Neufassung des § 513 Abs. 2 S. 2 ZPO geführt habe.

ders leicht zu einer Verletzung des Rechts auf richterliches Gehör[41]. Außerdem entspreche diese Auslegung der Rechtsprechung des Bundesverfassungsgerichts zum Prinzip der Subsidiarität der Verfassungsbeschwerde und der Aufforderung zur Selbstkontrolle der Fachgerichtsbarkeit[42].

3. Revision und Wiederaufnahmeverfahren

Darüberhinaus fordert Waldner[43], daß im schriftlichen Verfahren auch in der Berufungsinstanz die Revision ohne Zulassung oder Annahme zulässig sein müsse, wenn die Verletzung des Rechts auf richterliches Gehör gerügt werde. *Braun*[44] hält bei Verletzung des Rechts auf richterliches Gehör in analoger Anwendung von § 579 Abs. 1 Nr. 4 ZPO eine Nichtigkeitsklage für zulässig[45], wobei er mit Gaul[46] anders als die h.M. davon ausgeht, daß die Nichtigkeitsgründe analogiefähig sind.

V. Diskussion

1. Zulässigkeit einer Anhörungsrüge de lege lata

Gegen die von *Seetzen* behauptete Zulässigkeit einer Anhörungsrüge de lege lata bestehen erhebliche Bedenken. Die außerordentliche Anfechtbarkeit von Urteilen, die auf einer Verletzung des Rechts auf richterliches Gehör beruhen, berührt die nach den gesetzlichen Regelungen gegebene Rechtskraft der Urteile. Die ZPO kennt das Verfahren der Wiederaufnahmeklage für den Fall, daß ein Urteil zwar rechtskräftig[47] ist, aber so fehlerhaft, daß es trotz Rechtskraft keinen Bestand haben soll. Bei Beschlüssen dagegen, ob rechts-

---

41 *Waldner, Diss.*, S. 289 f.

42 *Kahlke*, NJW 1985, S. 2231 ff., 2234.

43 *Waldner, Diss.*, S. 290.

44 *Braun*, NJW 1981, S. 428 und 1196; NJW 1983, S. 348 f. und 1404 ff.

45 Zustimmend *Waldner, Diss.* S. 297; dagegen *Seetzen*, NJW 1982, S. 2340, da die Gründe abschließend aufgezählt seien und das Wiederaufnahmeverfahren zu umständlich sei, und *Schneider*, NJW 1981, S. 1196; Rosenberg/*Schwab*, ZPR, § 85, V 1, S. 485; BL/*Hartmann*, ZPO, § 579, Anm. 5B; Zöller/*Schneider*, ZPO, § 579, Rz. 5.

46 *Gaul*, Wiederaufnahme, S. 102 ff.

47 *Waldner, Diss.*, S. 293, meint, daß die Anhörungsrüge de lege lata zwar nicht an der Rechtskraft, wohl aber an § 318 ZPO scheitere.

kraftfähig oder nicht, ist ein solches besonderes Verfahren nicht gesetzlich geregelt. Selbst wenn man daher mit *Seetzen* annimmt, daß bei der Verletzung des Rechts auf richterliches Gehör eine Lücke vorliege, die der Richter zu schließen habe, so stellt sich die Frage, ob diese Lücke mit der analogen Anwendung desjenigen Verfahrens geschlossen werden kann, das das Gesetz im strafverfahrensrechtlichen Bereich für Beschlüsse vorsieht - nämlich dem der Gegenvorstellung und Nachholung des richterlichen Gehörs[48]. Außerdem führt eine analoge Anwendung der §§ 33 a und 311 a StPO dazu, daß der Richter die Fehler der von ihm selbst erlassenen Entscheidung überprüft.

Ob die Anhörungsrüge gesetzlich eingeführt werden sollte, kann an dieser Stelle dahinstehen. Allerdings bestehen nach den obigen Ausführungen auch gegen die gesetzliche Einführung einer Anhörungsrüge Bedenken, da bei Urteilen die Beseitigung von Fehlern durch den iudex a quo dem System der ZPO fremd ist. Die von den Befürwortern bzw. Gegnern einer Anhörungsrüge de lege ferenda ausgetauschten Argumente über Vor- und Nachteile einer Anhörungsrüge und ihre Effektivität bei der Entlastung des Bundesverfassungsgerichts können übergangen werden[49].

2. *Verletzung des Rechts auf richterliches Gehör als Wiederaufnahmegrund*

Ebenso kann hier die Berechtigung des Einwands[50] dahinstehen, daß das Verfahren der Wiederaufnahme ein neues Verfahren nicht nur über die Verletzung des Rechts auf richterliches Gehör, sondern auch in der Sache selbst eröffne und daher zu umständlich sei. Er trifft nicht die vordringliche dogmatische Frage, welches Verfahren de lege lata für die Beseitigung der Rechtskraft bei Verletzung des Rechts auf richterliches Gehör zulässig ist.

Die Frage der Analogiefähigkeit der Wiederaufnahmegründe stellt sich dann nicht mehr, bzw. sie verliert an Bedeutung[51], wenn die Untersuchung zu dem Ergebnis kommen sollte, daß die Verletzung des Rechts auf richterliches

---

48 Siehe auch *Braun*, NJW 1983, S. 1403.

49 *Kahlke*, NJW 1985, S. 2231 ff., 2233; dagegen *Hübsch*, DRiZ 1980, S. 140.

50 *Kahlke*, NJW 1985, S. 2231 ff., 2233.

51 Die Frage nach der Analogiefähigkeit der Wiederaufnahmegründe stellt sich dann nur noch in den Fällen, in denen eine letztinstanzliche Entscheidung das Recht auf Gehör verletzt und keine Anfechtungsmöglichkeit durch eine erweiterte Anwendung der Vorschriften über das Versäumnisverfahren eröffnet werden kann.

Gehör eine Instanz eröffnet, und kann daher an dieser Stelle dahingestellt bleiben.

3. Zur analogen Anwendung des § 513 Abs. 2 ZPO auf Berufungen im schriftlichen Verfahren

Bezüglich der Frage der analogen Anwendung des § 513 Abs. 2 ZPO im schriftlichen Verfahren führt die Literatur keine neuen Argumente an. Daher ist auch keine weitere Auseinandersetzung nötig. Es verbleibt also bei der nach der Diskussion der Rechtsprechung (oben zu Fn. 31 ff.) getroffenen Feststellung, daß für die Ablehnung einer außerordentlichen Anfechtung wegen Verstößen gegen Art. 103 Abs. 1 GG der einfache Rückgriff auf die Rechtsprechung des Bundesverfassungsgerichts nicht mehr genügt.

§ 3 Die außerordentliche Anfechtung von Beschlüssen

I. Rechtsprechung

1. Der Meinungsstand

Es wurde bereits bemerkt (§ 1 III 3), daß zu erwarten ist, daß Rechtsprechung und Lehre eine *außerordentliche* Anfechtung[1] von Beschlüssen eher zulassen. Dennoch sind auch hier die Gerichte in der Minderheit, die bei einer Verletzung des Rechts auf richterliches Gehör eine außerordentliche Beschwerde bei gesetzlichem Ausschluß der Anfechtbarkeit oder nur beschränkter Anfechtbarkeit für zulässig[2] halten. Demgegenüber geht die überwiegende Rechtsprechung davon aus, daß die Verletzung des Rechts auf richterliches Gehör auch bei Beschlüssen die außerordentliche Beschwerde nicht

---

1 Es sei daran erinnert, daß es nicht um die Zulässigkeit einer erneuten Antragsstellung trotz formell rechtskräftiger Abweisung (vgl. zu diesem Problem Bruns/*Peters*, ZwV, § 14 VII 4 und schon *E. Peters*, ZZP 90, S. 145 ff) oder um die Zulässigkeit von Gegenvorstellungen (vgl. nur BL/*Albers*, ZPO Übers., § 567, Anm. 1 C mit Nachweisen) bei Beschlüssen ohne materielle Rechtskraft geht.

2 So aber SchlOLG Beschluß vom 12.2.1957 zu § 30 ZVG (SchlHA 1957, S. 160); Beschluß vom 16.11.1989 zu § 769 ZPO (FamRZ 1990, S. 303 f. - allerdings nur in einem obiter dictum); Beschluß vom 26.8.1986 (SchlHA 1987, S. 12 - ebenfalls obiter); OLG Düsseldorf Beschluß vom 7.4.1987 (NJW-RR 1987, S. 1200 f. = MDR 1987, S. 661 f.); und Beschluß vom 10.6.1964 zu § 156 KostO (RPfleger 1964, S. 277 f. = MDR 1964, S. 856); OLG Köln Beschluß vom 22.2.1984 (AnwBl. 1985, S. 318); OLG Neustadt Beschluß vom 30.4.1958 zu § 47 Abs. 2 GKG (MDR 1958, S. 702); OLG Frankfurt Beschluß vom 9.5.1979 (MDR 1979, S. 940) f.: In diesem Fall ging es um einen Beschluß nach § 46 Abs. 2 ZPO über ein Ablehnungsgesuch, der unter Verletzung des rechtlichen Gehörs zustande gekommen war. Dennoch kann nur die Verletzung von Art. 103 Abs. 1 GG und nicht die mögliche von Art. 101 Abs. 1 Satz 2 GG Grundlage der eröffneten Anfechtung gewesen sein: Denn die Verletzung von Art. 101 Abs. 1 Satz 2 GG war nur möglich, aber nicht dargelegt, die von Art. 103 Abs. 1 GG war dagegen auch dargelegt, da im Verfahren eine Partei nicht gehört und daher eine verfahrensrechtliche Richtigkeitsgarantie verletzt worden war; LG Saarbrücken Beschluß vom 2.9.1985 (DAVorm 1985, S. 87); OLG Köln Beschluß vom 15.2.1968 (JMBl NRW 1969, S. 69 ff.); OLG Düsseldorf Beschluß vom 26.11.1983 (JMBl. NRW 1984, S. 46 f. - zu § 80 OWiG). Das LG Zweibrücken Beschluß vom 30.1.1980 (MDR 1980, S. 675) hat außerdem bereits in seiner Entscheidung 30.1.1980 die sofortige Beschwerde gemäß § 341 Abs. 2 S. 2 ZPO zugelassen, obwohl die Berufungssumme nicht erreicht war, weil der den Einspruch verwerfende Beschluß auf einer Verletzung von Art. 103 Abs. 1 GG beruhte.

allgemein[3] eröffnet - so z.B. nicht, wenn die Beschwerde gesetzlich ausgeschlossen ist (wie bei den §§ 568 Abs. 3[4], 567 Abs. 1[5] und 3[6], 707 Abs. 2 S. 2[7], 620 c S. 2 ZPO[8], 63 a FGG[9], 74 a Abs. 5 S. 3 ZVG und 30, 30 b III 2, 30 c II, 30 d I 2 ZVG[10]) oder wenn sie an bestimmte Bedingungen

---

3 Wohl aber bei Verweisungsbeschlüssen und bei § 568 ZPO, dazu näher IV 1 und 2.

4 OLG Köln Beschluß vom 13.11.1985 (JurBüro 1986, Sp. 1103 f.); OLG Düsseldorf Beschluß vom 1.7.1970 (JurBüro 1970, Sp. 805 f, Sp. 806 = MDR 1970, S. 934).

5 OLG Bamberg Beschluß vom 14.5.1986 (FamRZ 1986, S. 1011 ff., S. 1012 f.): Das OLG läßt es dahinstehen, ob die Verletzung des Rechts auf richterliches Gehör in allen Fällen nicht die Instanz eröffne. Jedenfalls sei keine Beschwerdemöglichkeit gegeben, wenn die Verletzung des rechtlichen Gehörs nur "eine Nebenentscheidung von untergeordneter Bedeutung" betreffe und "die Folgen der Unanfechtbarkeit für die betreffende Partei noch hinnehmbar" seien. Diese Argumentation ist abzulehnen, da sie keine sachlichen Kriterien für eine Abgrenzung enthält.

6 BGH Beschluß vom 19.10.1977 (NJW 1978, S. 1585); OLG Köln Beschluß vom 13.11.1985 (JurBüro 1986, Sp. 1103 f.).

7 LAG Hamm Beschluß vom 18.8.1971 (MDR 1972, S. 362); SchlHOLG Beschluß vom 2.9.1974 (SchlHA 1975, S. 62 f.); s.a. LG Kiel Beschluß vom 23.3.1984 (SchlHA 1984, S. 164 f. = AnwBl 1984, S. 164 f.): Die Versagung des Rechts auf richterliches Gehör begründet keine außerordentliche Beschwerdemöglichkeit, es sei denn, sie beschränkt die Tatsachengrundlage für die Ermessensausübung. Dazu ist zu bemerken, daß diese Einschränkung lediglich bedeutet, daß die Verletzung des Rechts auf richterliches Gehör für die Entscheidung kausal gewesen sein muß. OLG Koblenz Beschluß vom 31.8.1989 (WRP 1990, S. 366); LG Saarbrücken Beschluß vom 2.9.1985 (DAVorm 1986, Sp. 87 f.); OLG Köln Beschluß vom 29.3.1988 (NJW-RR 1988, S. 1467): Die Verletzung des Rechts auf richterliches Gehör begründet keine außerordentliche Anfechtbarkeit, da das rechtliche Gehör jederzeit nachgeholt werden kann und das Gericht nicht an seine Entscheidung gebunden ist. Wie in der Einleitung ausgeführt ist diese Entscheidung insoweit richtig, da es an der Kausalität fehlt und zunächst die Überprüfung der Entscheidung in derselben Instanz unter Nachholung des richterlichen Gehörs beantragt werden muß. Erst nach Ablehnung dieses Antrags kann über die Eröffnung einer außerordentlichen Beschwerde nachgedacht werden. OLG Celle Beschluß vom 26.9.1985 (MDR 1988, S. 63), das zum Problem Stellung nimmt, daß die Entscheidung nicht in die nächste Instanz verlagert werden darf.

8 OLG Frankfurt Beschluß vom 29.10.1985 (NJW 1986, S. 1052): Das Gericht verneint das Vorliegen einer "greifbaren Gesetzeswidrigkeit" und damit die Möglichkeit der außerordentlichen Beschwerde wegen Verletzung des Rechts auf richterliches Gehör, weil die Möglichkeit einer Gegenvorstellung oder eines Abänderungsantrags nach § 620 b ZPO gegeben sei. Dazu ist zu bemerken, daß es einmal den allgemeinen Grundsätzen entspricht, wenn zunächst die gegebenen prozessualen Mittel ausgeschöpft werden, bevor auf ein richterrechtliches Institut wie das der "greifbaren Gesetzeswidrigkeit" zurückgegriffen wird. Zum anderen liegt in solchen Fällen, wie schon in der Einleitung (§ 1 II) ausgeführt, keine Verletzung des Rechts auf richterliches Gehör vor, das lediglich nachgeholt werden muß; bereits OLG Frankfurt Beschluß vom 18.9.1984 (FamRZ 1985, S. 193 f.).

9 OLG Hamm Beschluß vom 24.5.1972 (FamRZ 1972, S. 517 f.); dazu BGH Beschluß vom 16.4.1986 (NJW-RR 1986, S. 1263 f.).

10 OLG Hamm Beschluß vom 21.1.1964 (JMBl NRW 1964, S. 69); SchlOLG Beschluß vom 12.2.1957 (SchlHA 1957, S. 160).

geknüpft ist (wie bei den §§ 14 Abs. 3 S. 2 KostO[11], 100 PatG [§ 41 p a.F.][12], 24 LwVG[13] und 156 Abs. 2 S. 2 KostO[14])

2. *Argumente zur Ablehnung der außerordentlichen Beschwerde*

Die Gerichte, die eine Anfechtbarkeit verneinen, argumentieren unterschiedlich. Eine einheitliche dogmatischen Einordnung der verschiedenen Stufen der Untersuchung fehlt völlig.

a) Auslegung der jeweiligen Norm

Teilweise[15] legen die Gerichte die Vorschriften, die die Anfechtbarkeit des Beschlusses ausschließen oder von bestimmten Bedingungen abhängig machen, im einzelnen aus. Sie prüfen dabei, ob die jeweilige Norm eine außerordentliche Beschwerde bei Verletzung des Rechts auf richterliches Gehör zuläßt, d.h., ob sie eingeschränkt ausgelegt werden kann. Die Entscheidungen

---

11 OLG Hamm Beschluß vom 26.5.1965 (RPfleger 1965, S. 308 f.); OLG Düsseldorf Beschluß vom 1.7.1970 (JurBüro 1970, Sp. 805 f. = MDR 1970, S. 934) - wobei es nicht klar ist, auf welche Vorschrift sich die Entscheidung bezieht; anders dann: OLG Düsseldorf (NJW-RR 1987, S. 1200); vorher: OLG Düsseldorf Beschluß vom 10.6.1064 (RPfleger 1964, S. 277 = MDR 1964, S. 856); ebenso KG Beschluß vom 19.11.1971 (RPfleger 1972, S. 153 f.).

12 BGH Beschluß v. 3.12.1964 (BGHZ 43, S. 12 ff., S. 15) mit ausführlichen Erörterungen zur gesetzlichen Entstehungsgeschichte; Beschluß vom 19.8.1989 (MDR 1990, S. 240 f.); Beschluß vom 4.12.1990 (MDR 1991, S. 1058) unter Berufung auf den Willen des Gesetzgebers. Nur wenn von Gesetzes wegen zu beteiligende Partei gar nicht zugezogen, so BGH Beschluß vom 28.6.1983 (NJW 1984, S. 494) zu § 73 Abs. 1 GWB oder fehlende Ladung zum Termin BGH Beschluß 16.7.1965 (MDR 1966, S. 40).

13 BGH Beschluß vom 6.12.1960 (MDR 1961, S. 309 f.).

14 KG Beschluß vom 17.1.1966 (OLGZ 1966, S. 122 ff., 123 f.); BayObLG Beschluß vom 18.12.1985 (MDR 1986, S. 419); BayObLG Beschluß vom 23.9.1987 (NJW 1988, S. 872 f. = MDR 1988, S. 62 f.); SchlHOLG Beschluß vom 21.10.1983 (SchlHA 1984, S. 62). HansOLG Hamburg Beschluß vom 11.9.1962 (MDR 1962, 998). OLG Köln Beschluß vom 9.12.1987 (JMBL. NW 1988, S. 172 f.) weist auf die zunehmend bejahende Rechtsprechung hin, verneint aber, daß Art. 103 GG verletzt ist.

15 So OLG Hamm Beschluß vom 24.5.1972 (FamRZ 1972, S. 517 f.) und vom 21.1.1964 zu § 74 a ZVG (JMBl NRW 1964, S. 69); vgl. auch BGH Beschluß vom 16.4.1986 zu § 63 a FGG (NJW-RR 1986, S. 1263 f.); vom 3.12.1964 (BGHZ 43, S. 12 ff.) und vom 6.12.1960 (MDR 1961, S. 309 f.) zu § 24 LwVG; KG Beschluß vom 17.1.1966 zu § 156 Abs. 2 S. 2 KostO (OLGZ 1966, S. 122); OLG Köln Beschluß vom 13.11.1985 (JurBüro 1986, Sp. 1103 f.); KG Beschluß vom 9.11.1971 zu § 14 Abs. 3 KostO (RPfleger 1972, S. 153 f.); BayObLG Beschluß vom 18.12.1985 (MDR 1986, S. 419): Nach der apodiktischen Feststellung, daß die Verletzung des Rechts auf richterliches Gehör nicht die Instanz eröffne.

verneinen die Möglichkeit einer solchen Auslegung bei allen Normen. Einige Entscheidungen bleiben bei diesem Punkt der Prüfung stehen[16].

b) Verletzung eines Rechts mit Verfassungsrang

Die meisten Gerichte belassen es aber nicht bei der Auslegung der Norm bzw. führen sie erst gar nicht durch, sondern erörtern, ob die verfassungsrechtliche Garantie des Rechts auf Gehör in Art. 103 Abs. 1 GG die Eröffnung der außerordentlichen Beschwerde erfordert. Dabei stellen sie meist unter Berufung auf die Rechtsprechung des Bundesverfassungsgerichts (§ 1 I 3e) zwar fest, daß es keinen *allgemeinen* Rechtssatz gebe, aufgrund dessen die Verletzung des Rechts auf richterliches Gehör zur Anfechtbarkeit der darauf beruhenden Entscheidung führe[17]. Sie erörtern in diesem Zusammenhang die Frage, ob angesichts der verfassungsrechtlichen Garantie des Rechts auf Gehör die außerordentliche Anfechtung einer Entscheidung zu bejahen ist, wenn die Entscheidung auf einer Verletzung von Art. 103 Abs. 1 GG beruht, entweder ohne weitere Einordnung[18] oder neben der Prüfung, ob eine "greifbare Gesetzeswidrigkeit" vorliegt[19] oder auch unter dem Stichwort der "greifbaren Gesetzeswidrigkeit" selbst[20].

---

16 So z.B. OLG Köln Beschluß vom 13.11.1985 (JurBüro 1986, Sp. 1103 f.): Nach der Feststellung, daß man § 568 Abs. 3 ZPO anders als § 568 Abs. 2 2. Alt. ZPO nicht im Wege der verfassungskonformen Auslegung erweiteren könne, erörtert es nicht weiter, ob eine "greifbare Gesetzeswidrigkeit" vorliegt. Es ist allerdings nicht klar, ob nach Meinung des Gerichts die als Folgen einer greifbaren Gesetzeswidrigkeit gezogenen Schlüsse als verfassungskonforme Auslegung der jeweiligen Vorschrift anzusehen sind. Im übrigen ging das Gericht davon aus, daß eine Verletzung des Art. 103 Abs. 1 GG wahrscheinlich nicht vorlag.

17 So BGH Beschluß vom 16.4.1986 (NJW-RR 1986, S. 1263 f.) und vom 19.10.1977 (NJW 1978, S. 1585); KG Beschluß vom 17.1.1966 (OLGZ 1966, S. 122); BayObLG Beschluß vom 23.9.1987 (NJW 1988, S. 72 f. = MDR 1988, S. 62 f.); LAG Hamm Beschluß vom 18.8.1971 (MDR 1972, S. 362); vgl. auch OLG Düsseldorf Beschluß vom 1.7.1970 (JurBüro 1970, Sp. 805 f. = MDR 1970, 934), wo das OLG aus der Subsidiarität der Verfassungsbeschwerde folgert, daß eine Grundrechtsverletzung allein kein Rechtsmittel schafft. Es wird noch zu erörtern sein, ob dies eine zwingende Folgerung ist.

18 So z.B. BGH Beschluß vom 19.10.1977 (NJW 1978, S. 1585); KG Beschluß vom 17.1.1966 (OLGZ 1966, S. 122); BayObLG Beschluß vom 23.9.1987 (NJW 1988, S. 72 f. = MDR 1988, S. 62 f.); OLG Hamm Beschluß vom 21.1.1964 (JMBl NRW 1964, S. 69); LAG Hamm Beschluß vom 18.8.1971 (MDR 1972, S. 362).

19 So z.B. BayObLG Beschluß vom 23.9.1987 (NJW 1988, S. 72 f. = MDR 1988, S. 62 f.).

20 So z.B. OLG Hamm Beschluß vom 26.5.1965 (RPfleger 1965, S. 308 f.); LAG Hamm Beschluß vom 18.8.1971 (MDR 1972, S. 362).

c) Außerordentliche Anfechtbarkeit wegen "greifbarer Gesetzeswidrigkeit"

Einige Gerichte setzen sich darüber hinaus noch mit der Frage auseinander, ob die Verletzung des Rechts auf richterliches Gehör die Voraussetzungen einer "greifbaren Gesetzeswidrigkeit" erfüllt, wie sie die Rechtsprechung in anderen Fällen definiert hat. Die Prüfung führt zu der Feststellung, daß die Verletzung des Rechts auf richterliches Gehör zwar einen wesentlichen Verfahrensfehler darstelle, daß aber die daraufhin ergangene Entscheidung dadurch "nicht jeder gesetzlichen Grundlage entbehre" bzw. "nicht dem Gesetz fremd sei"[21]. Dabei weisen die Entscheidungen darauf hin, daß man nur in Ausnahmefällen feststellen könne, daß eine Entscheidung mit der Rechtsordnung "schlechthin unvereinbar" sei[22].

Die Gerichte treffen die Feststellung, daß eine "greifbare Gesetzeswidrigkeit" nicht vorliege, entweder apodiktisch oder begründen sie mit dem Argument, daß eine Unterscheidung zwischen leichten und schweren Fehlern nicht möglich sei und daher selbst ein schwerer Fehler wie die Verletzung des Rechts auf richterliches Gehör die Entscheidung nicht "greifbar gesetzeswidrig" machen könne[23].

3. Außerordentliche Beschwerde wegen Verletzung des Rechts auf richterliches Gehör

Die Gerichte, die trotz der angeordneten Unanfechtbarkeit der Entscheidung die Möglichkeit einer Beschwerde eröffnen, begründen dies entweder

---

21 So BayObLG Beschluß vom 23.9.1987 (NJW 1988, S. 72f. = MDR 1988, S. 62 f.); OLG Hamm Beschluß vom 26.5.1965 (RPfleger 1965, S. 308, S. 309); KG Beschluß vom 9.11.1971 zu § 14 Abs. 3 KostO (RPfleger 1972, S. 153 f.) und vom 17.1.1966 (OLGZ 1966, S. 122), wobei das KG im folgenden dann zwar nicht weiter ausführt, warum keine "greifbare Gesetzwidrigkeit" vorliegt, aber darlegt, daß die Beschwerde hier dem allgemeinen Interesse diene und nicht dem Schutz des Einzelnen.

22 Vgl. BayObLG Beschluß vom 23.9.1987 (NJW 1988, S. 72 = MDR 1988, S. 62); BGH Beschluß vom 14.12.1988 (NJW-RR 1989, S. 702 = FamRZ 1989, S. 265 ff., 266); vom 19.10.1977 (NJW 1978, S. 1585); vom 16.4.1986 (NJW-RR 1986, S. 1263 f.); OLG Düsseldorf Beschluß vom 1.7.1970 (JurBüro 1970, Sp. 805 f. = MDR 1970, 934); OLG Hamm Beschluß vom 21.1.1964 (JMBl NRW 1964, S. 69); Beschluß vom 10.1.1983 (FamRZ 1983, S. 515 f.); LAG Hamm Beschluß vom 18.8.1971 (MDR 1972, S. 362).

23 So BGH Beschluß vom 16.4.1986 (NJW-RR 1986, S. 1263 f.); BGH Beschluß vom 6.12.1960 (MDR 1961, S. 309 f.), wobei der BGH den Begriff greifbare Gesetzeswidrigkeit nicht erwähnt; ähnlich OLG Hamm Beschluß vom 26.5.1965 (RPfleger 1965, S. 308, S. 309).

durch eine restriktive Auslegung[24] der jeweiligen Vorschrift, die die Beschwerde ausschließe oder von besonderen Bedingungen abhängig mache, oder durch den Hinweis, daß die Entscheidung "greifbar gesetzeswidrig" sei. Sie verweisen darauf, daß das Recht auf richterliches Gehör eines der Fundamente der Rechtsprechung sei[25]. Sie betonen außerdem, daß man die Partei nicht auf die Verfassungsbeschwerde verweisen könne. Diese sei kein zusätzlicher Rechtsbehelf, sondern ein besonderes Rechtsschutzmittel[26], das im übrigen nur einen ungenügenden Rechtsschutz biete[27].

II. Diskussion

Der Rekurs auf die Rechtsprechung des Bundesverfassungsgerichts reicht, wie bereits oben[28] ausgeführt, nicht mehr aus, um die Zulässigkeit der außerordentlichen Beschwerde von vornherein abzulehnen. Es ist daher zu prüfen, welche weiteren sachlichen Argumente sich für oder gegen die Möglichkeit der außerordentlichen Beschwerde der Rechtsprechung entnehmen lassen.

Die Rechtsprechung erörtert das Problem der Anfechtung von Beschlüssen und jetzt auch von Urteilen[29] teilweise unter dem Stichwort "greifbare Gesetzeswidrigkeit". Einige Entscheidungen verwenden diesen Begriff selbst nicht, stellen aber Überlegungen an, die sonst unter dem Begriff erörtert werden. Die Gerichte sind sich nicht einig, ob die Frage der Zulässigkeit einer außerordentlichen Beschwerde unter dem Stichwort "greifbare Gesetzeswidrigkeit" zu prüfen ist. Eine allgemein anerkannte dogmatische Einordnung der Frage fehlt. Außerdem erfolgt die Begründung, warum die Verletzung des Rechts auf richterliches Gehör nicht die Instanz eröffnet bzw. keine "greifbare Gesetzeswidrigkeit" vorliegt, zum größten Teil nur formelhaft.

---

24 So OLG Hamburg Beschluß vom 11.9.1962 (MDR 1962, S. 998); LG Kiel (AnwBl 1984, S. 502).

25 So OLG Düsseldorf Beschluß vom 10.6.1964 (RPfleger 1964, S. 277 f. = MDR 1964, S. 856); SchlHOLG Beschluß vom 12.2.1957 (SchlHA 1957, S. 160).

26 So OLG Düsseldorf Beschluß vom 10.6.1964, (RPfleger 1964, S. 277 f. = MDR 1964, S. 856).

27 So mit ausführlicher Begründung OLG Köln Beschluß vom 15.2.1968 (JMBl NRW 1969, S. 69 ff., S. 70), mit der Einschränkung, daß eine Instanz gegeben sein müsse. Im übrigen verweist das OLG auf die Entlastungswirkung.

28 § 1 I 3e (6) zu Fn. 31 f.

29 Dazu zu § 3 Fn. 4.

Es muß daher untersucht werden, ob sich den Entscheidungen zur "greifbaren Gesetzeswidrigkeit" sachliche Kriterien für die gestellte Frage entnehmen lassen.

1. Die Entscheidungen zur "greifbaren Gesetzeswidrigkeit"

a) Begründung der außerordentlichen Anfechtung von Entscheidungen

Die Rechtsprechung hat mit dem Hinweis auf eine "greifbare Gesetzeswidrigkeit" bei fehlerhaften, aber unanfechtbaren Beschlüssen in einer Reihe von Fällen eine *außerordentliche*[30] Beschwerde zugelassen. Diese kann bei besonderen Fehlern eines Beschlusses eine einfache oder eine sofortige Beschwerde sein. Eine solche außerordentliche Beschwerde, die keinen Anknüpfungspunkt in der jeweiligen Vorschrift hat, kann nur dann zulässig sein, wenn eine *Rechtsschutzlücke* vorliegt, die in entsprechender Anwendung von Normen über die Anfechtung zu schließen ist.

Auch bei der Verletzung des Rechts auf Gehör vor dem Richter kann damit nur dann generell die außerordentliche Anfechtbarkeit bejaht werden, wenn eine aus der Verfassung oder der verfahrensrechtlichen Bedeutung des Rechts auf richterliches Gehör konstatierte Rechtsschutzlücke vorliegt. Es ist damit folgerichtig und notwendig, wenn die Rechtsprechung bei der Erörterung, ob die Verletzung des Rechts auf richterliches Gehör die außerordentliche Anfechtbarkeit einer Entscheidung begründet, die übrigen Entscheidungen zur "greifbaren Gesetzeswidrigkeit" heranzieht.

b) Richterliche Rechtsfortbildung

Der Hinweis auf eine "greifbare Gesetzeswidrigkeit" eröffnet Anfechtungsmöglichkeiten, die den einzelnen Normen nicht zu entnehmen sind. Die Anerkennung dieser Anfechtungsmöglichkeit ist ein Ergebnis richterlicher Rechtsfortbildung. Daß die Rechtsprechung mit diesem Hinweis eine *grundsätzliche* Aussage darüber treffen will, wann die außerordentliche Anfechtung einer Entscheidung zulässig ist, zeigt sich bereits darin, daß die Definitionen der Rechtsprechung allgemeiner Natur sind und nicht auf bestimmte Normen zugeschnitten. Bestimmte Fehler eröffnen also unabhängig von der jeweiligen Norm, die die Anfechtung im konkreten Fall ausschließt oder beschränkt, die Anfechtung.

---

30 Im Gegensatz zur gesetzlich normierten "ordentlichen" Beschwerde.

Die Gerichte versuchen allerdings in einigen Fällen[31], die außerordentliche Anfechtungsmöglichkeit im Wege der Auslegung der konkreten Norm zu begründen bzw. zu begründen, warum bei der konkreten Norm keine außerordentliche Beschwerde zulässig ist. Die Gerichte argumentieren insbesondere dann mit der konkreten Norm, wenn sie wie bei der Verletzung des Rechts auf Gehör vor dem Richter das Vorliegen einer "greifbaren Gesetzeswidrigkeit" verneinen. An diesem Vorgehen ist richtig, daß auch die konkrete Norm darauf überprüft werden muß, ob sie die Anfechtung ermöglicht. Denn wenn die Auslegung ergibt, daß eine Anfechtung möglich ist, dann bietet sich an, nicht auf ein richterrechtliches Institut zurückzugreifen, das zudem noch nicht dogmatisch geklärt ist. Mit der Anfechtung wegen "greifbarer Gesetzeswidrigkeit" hat die Auslegung der konkreten Verfahrensvorschrift aber nichts zu tun.

2. Sachliche Kriterien aus der Rechtsprechung zur "greifbaren Gesetzeswidrigkeit"

Es steht also fest, daß sich die Rechtsprechung zur "greifbaren Gesetzeswidrigkeit" mit der hier interessierenden Fragestellung beschäftigt. Daher ist weiter zu untersuchen, ob sich aus ihr Kriterien für die Frage ergeben, wann eine Rechtsschutzlücke vorliegt und außerordentliche Rechtsmittel bzw. Rechtsbehelfe zulässig sind. Dabei kann unberücksichtigt bleiben, daß die überwiegende Rechtsprechung bei Beschlüssen im Fall der Verletzung von Art. 103 Abs. 1 GG, wie dargestellt, das Vorliegen einer "greifbaren Gesetzeswidrigkeit" verneint und dementsprechend auch der Bundesgerichtshof bezüglich der außerordentlichen Anfechtung eines Urteils entschieden hat. Auch wenn die Prüfung ergeben sollte, daß diese Entscheidungen richtig sind. Sie können zunächst unberücksichtigt bleiben, da sie keine sachliche Begründung enthalten. Es soll gerade untersucht werden, ob sich aus dem allgemeinen Hinweis auf die "greifbare Gesetzeswidrigkeit" *sachliche Kriterien* für den Fall der Verletzung des Rechts auf richterliches Gehör ergeben.

a) Begründung der "greifbaren Gesetzeswidrigkeit" durch das Willkürverbot

Soweit die Rechtsprechung überhaupt eine Begründung für die Zulassung der außerordentlichen Anfechtung zu geben versucht, rekurriert sie auf das

---

31 BGH Beschluß vom 16.4.1986 (NJW-RR 1986, S. 1263 f.) zu § 63 a FGG; Beschluß vom 6.12.1960 (MDR 1961, S. 309 f.) zu § 24 LwVG.

verfassungsrechtliche Willkürverbot[32]. Danach ist eine Entscheidung "greifbar gesetzeswidrig", wenn sie willkürlich ist. Hier stellt sich die Frage, warum eine Verletzung von Art. 3 GG zur außerordentlichen Anfechtung von Entscheidungen führt, dagegen nicht eine Verletzung von anderen materiellen Grundrechten oder von Verfahrensgrundrechten. Wenn jede Entscheidung "greifbar gesetzeswidrig" ist, die gegen Art. 3 GG verstößt, dann ist kein sachlicher Grund ersichtlich, daß nicht auch die Verletzung anderer Grundrechte zur "greifbaren Gesetzeswidrigkeit" führt.

Es muß hier dahingestellt bleiben, ob und inwieweit das Willkürverbot eine tragfähige Begründung für die Zulassung einer außerordentlichen Anfechtung wegen einer "greifbaren Gesetzeswidrigkeit" bietet. Jedenfalls erklärt eine solche Begründung nicht, warum lediglich ein Verstoß gegen das verfassungsrechtliche Willkürverbot und nicht auch Verstöße gegen andere Grundrechte die außerordentliche Anfechtung rechtfertigen.

b) Sachliche Kriterien aus den Definitionen der "greifbaren Gesetzeswidrigkeit"

Sachliche Kriterien könnten sich aber aus den verschiedenen Definitionen der "greifbaren Gesetzeswidrigkeit" ergeben. Daher ist im folgenden zu prüfen, ob die einzelnen, von der Rechtsprechung verwandten Definitionen sachliche Kriterien beinhalten, die für das vorliegende Problem verwandt werden können:

aa) Die Rechtsprechung versteht eine Entscheidung als "greifbar gesetzeswidrig", die *"jeder gesetzlichen Grundlage entbehrt und inhaltlich dem Gesetz fremd ist"*[33]. Wenn die Gerichte die Verletzung des Rechts auf Gehör vor dem Richter unter diese Definition subsumieren, führen sie aus, daß das Gesetz eine Entscheidung, die auf einer Verletzung von Art. 103 Abs. 1 GG beruhe, *kenne* und daher keine "greifbare Gesetzeswidrigkeit" vorliege.

An dieser Argumentation ist richtig, daß das Gesetz die Verletzung von Art. 103 Abs. 1 GG als Fehler *kennt*, so z.B. wenn § 513 Abs. 2 ZPO die Berufung zuläßt, wenn keine Säumnis vorliegt. Das Gesetz kennt aber auch

---

32 Vgl. u.a. BGH Beschluß vom 24.6.1987 (NJW 1988, S. 49) oder OLG Köln Beschluß vom 27.5.1987 (ZIP 1987, S. 1066 f.): Eine Entscheidung, die sachlich unhaltbar ist, ist auch objektiv willkürlich.

33 Siehe z.B. BGH Beschluß vom 1.10.1985 (RPfleger 1986, S. 56; OLG Köln Beschluß vom 27.5.1987 (ZIP 1987, S. 1066 f., S. 1066).

keine das Verfahren endgültig abschließende Entscheidung, die ohne die Möglichkeit richterlichen Gehörs ergangenen ist. Denn jede gesetzliche Regelung, die eine solche Entscheidung zuließe, wäre angesichts der verfassungsrechtlichen Garantie des Rechts auf richterliches Gehör verfassungswidrig. Die Gerichte schließen also daraus, daß das Gesetz die Verletzung des Rechts auf Gehör in einigen Fällen als Fehler regelt, und somit die Verletzung also dem Gesetz "nicht fremd"[34] ist, darauf, daß ein solcher Fehler nicht mehr die außerordentliche Anfechtung rechtfertigen kann. Das aber bedeutet, daß derjenige Fehler nicht die außerordentliche Anfechtung rechtfertigen kann, den das Gesetz für so wichtig hält, daß es, jedenfalls für einen Teilbereich, eine Regelung trifft. Dagegen könnte jeder weniger bedeutsame Fehler, den das Gesetz wegen seiner fehlenden Wichtigkeit nicht erwähnt, die außerordentliche Anfechtung rechtfertigen. Dies kann aber nicht richtig sein. Die gesetzliche Regelung eines Fehlers kann lediglich unter dem Gesichtspunkt relevant sein, daß aus der gesetzlichen Regelung zu schließen sein könnte, daß der Fehler außerhalb der gesetzlichen Regelung nicht zur Anfechtung berechtigen soll. Dies wäre gegebenfalls zu prüfen.

Die Argumentation, daß das Gesetz die Verletzung des Rechts auf richterliches Gehör *kenne* und daher keine "greifbare Gesetzeswidrigkeit" vorliege, trägt demnach die Ablehnung einer außerordentlichen Anfechtung für den Fall der Verletzung von Art. 103 Abs. 1 GG nicht.

bb) Die Gerichte versuchen, die obige Definition der "greifbaren Gesetzeswidrigkeit" zu konkretisieren. So führen sie aus, daß nicht jeder Gesetzesverstoß eine Entscheidung "greifbar gesetzeswidrig" mache. Vielmehr sei nur eine Entscheidung "greifbar gesetzeswidrig"[35], die "*schlechthin*" keine Grundlage im Gesetz findet. Eine andere Formulierung lautet, daß ein "einfacher Fehler"[36] oder auch jeder eindeutige Verstoß gegen die anzuwendenden

---

34 Wobei hier dem Gesetz lediglich der Fehler der Versäumnis eines bestimmten Termins nicht fremd ist. Gerade nach Meinung der Rechtsprechung erfaßt § 513 Abs. 2 ZPO nicht alle Fälle der Verletzung von Art. 103 Abs. 1 GG.

35 Vgl. BGH Beschluß vom 1.10.1985 (MDR 1986, S. 222 = Rpfleger 1986, S. 56; = NJW-RR 1986, S. 738 = FamRZ 1986, S. 150); OLG Düsseldorf Beschluß vom 16.2. 1988 (JurBüro 1989, Sp. 863); OLG Hamm Beschluß vom 13.10.1986 (FamRZ 1986, S. 1234 f.).

36 So OLG Zweibrücken Beschluß vom 3.9.1982 (FamRZ 1983, S. 621 f.); OLG Hamm Beschluß vom 10.1.1983 (FamRZ 1983, S. 515 f.): Hier ging es um die Frage, ob im Verfahren der einstweiligen Anordnung nach § 620 ZPO zur Auskunftserteilung verpflichtet werden kann. Dagegen aber OLG Stuttgart Beschluß vom 27.5.1980 (FamRZ 1980, S. 1138): Die greifbare Gesetzeswidrigkeit bestehe darin, daß der Auskunftsanspruch nicht durch einstweilige

Rechtsvorschriften[37] nicht genüge oder auch nicht ein "grober Gesetzesverstoß"[38]. In diesen Formulierungen kommt zum Ausdruck, daß lediglich eine besondere Qualität des Fehlers die Entscheidung "greifbar gesetzeswidrig" machen kann.

Daran ist richtig, daß nicht jede fehlerhafte Entscheidung "greifbar gesetzeswidrig" sein und daher nur ein Fehler besonderer Qualität die außerordentliche Anfechtung rechtfertigen kann. Damit beschreibt die häufig verwandte Formulierung "wenn das Gericht gegen das Gesetz verstoßen hat"[39] die Voraussetzungen der "greifbaren Gesetzeswidrigkeit" nicht richtig. Allerdings ist auch die Formulierung, daß nur die Entscheidung "greifbar gesetzeswidrig" sei, die "schlechthin" keine Grundlage im Gesetz finden dürfe, den oben ausgeführten Bedenken ausgesetzt. Sie führt zumindest bei dem Fehler der Verletzung des Rechts auf richterliches Gehör in keine Richtung weiter.

cc) Einige Entscheidungen[40] konkretisieren die Qualität des Fehlers, der zur "greifbaren Gesetzeswidrigkeit" der Entscheidung führt, indem sie lediglich "offenkundige" Fehler genügen lassen. Nun kann aber auch ein Verstoß gegen Art. 103 Abs. 1 GG oder gegen andere Verfahrensgrundsätze offenkundig sein. Die Offenkundigkeit eines Fehlers allein verleiht dem Fehler nicht eine besondere Qualität, wenn es darum geht, ob die Entscheidung außerordentlich anfechtbar sein soll. Die Rechtskraft einer Entscheidung wird nicht schon bei offenkundigen Fehlern durchbrochen.

dd) Einige Entscheidungen versuchen die besondere Qualität der Fehler, die zur außerordentlichen Anfechtung führen, dadurch zu kennzeichnen, indem sie ausführen, daß lediglich *Ausnahmefälle* "greifbar gesetzeswidrig"

Anordnung geregelt werden könne und auch kein Regelungsbedürfnis bestehe; ebenso OLG Düsseldorf Beschluß vom 3.12.1982 (FamRZ 1983, S. 514): Der Auskunftsanspruch könne weder nach § 620 S. 1 Nr. 4 noch nach Nr. 6 ZPO geregelt werden; außerdem habe die Antragsstellerin keinen Anspruch, weil sie kein Auskunftsbedürfnis habe.

37 So OLG Frankfurt Beschluß vom 21.7.1988 (AnwBl. 1989, S. 102 f. = NJW-RR 1989, S. 6 = MDR 1988, S. 975).

38 So LAG Bremen Beschluß vom 10.9.1987 (AnwBl. 1988, S. 123 f.).

39 So OLG Karlsruhe Beschluß vom 20.12.1073 (MDR 1974, S. 407); OLG Celle Beschluß vom 16.6.1977 (JurBüro 1978, Sp. 128 f.): Wenn das Gericht die Voraussetzungen der von ihm angewendeten Vorschrift zu Unrecht als erfüllt oder nicht erfüllt angesehen hat.

40 OLG Hamm Beschluß vom 27.8.1984 (FamRZ 1985, S. 85 f.) spricht von "offenkundiger" Gesetzesverletzung.

sein könnten[41]. Damit begründet die Häufigkeit eines Fehlers, bzw. seine Seltenheit die außerordentliche Anfechtbarkeit und die damit vorausgesetzte Lücke im Gesetz. Die Quantität eines Fehlers aber ist kein sachlicher Grund dafür, daß der Fehler entgegen der Regel zur Anfechtbarkeit der Entscheidung führt. Allein die besondere Qualität eines Fehlers kann eine Ausnahme von der Regel rechtfertigen[42]. Denn nur sie betrifft die einzelne Entscheidung. Für die Art der Fehlerhaftigkeit der einzelnen Entscheidung ist es irrelevant, wie häufig der Fehler vorkommt.

ee) Der Bereich der "greifbaren Gesetzeswidrigkeit" wird enger bezeichnet, wenn einige Entscheidungen eine Entscheidung als "greifbar gesetzeswidrig" bezeichnen, die "nach Art, Inhalt und Zuständigkeit" nicht hätte ergehen dürfen[43].

Bei dieser Definition ist zumindest fragwürdig, ob die fehlende Zuständigkeit eines Gerichts eine Entscheidung "greifbar gesetzeswidrig" machen kann. Denn die Rechtsfolgen von Fehlern bei der Zuständigkeit sind durch Gesetz und Rechtsprechung abgeklärt. So berechtigen Fehler bei der örtlichen Zuständigkeit überhaupt nicht zur Anfechtung der Entscheidung[44]. Auch Fehler bei der sachlichen Zuständigkeit berechtigen nur dann zur Anfechtung, wenn ein niedrigeres Gericht statt eines höheren entschieden hat[45]. Lediglich

---

41 So BGH Beschluß vom 1.10.1985 (MDR 1986, S. 222 = Rpfleger 1986, S. 56 = NJW-RR 1986, S. 738 = FamRZ 1986, S. 150); OLG Düsseldorf Beschluß vom 16.2.1988 (JurBüro 1989, Sp. 863 f.); OLG Frankfurt Beschluß vom 21.7.1988 (AnwBl. 1989, S. 102 = NJW-RR 1989, S. 62 = MDR 1988, S. 975); BayObLG Beschluß vom 23.9.1987 (MDR 1988, S. 62 f.).

42 Wobei angesichts der Überlastung der Fachgerichtsbarkeit zu verstehen ist, daß man eine Ausnahme von Beschränkungen der Anfechtbarkeit möglichst begrenzen will.

43 So OLG Zweibrücken Beschluß vom 30.4.1986 (JurBüro 1987, Sp. 298); OLG Düsseldorf Beschluß vom 4.8.1980 (AnwBl. 1980, S. 507); OLG Karlsruhe Beschluß vom 27.4.1983 (MDR 1983, S. 943): auf unzulässige Weise ergangen; OLG Frankfurt Beschluß vom 19.10.1984 (FamRZ 1985, S. 723); an diese Definition knüpft OLG München Beschluß vom 11.1.1978 (FamRZ 1978, S. 360 f.) an, wenn es ausführt, daß die Entscheidung nicht "greifbar gesetzeswidrig" sei, weil sie nach "Art, Inhalt, Zuständigkeit und Verfahren" in den §§ 620 ff. ZPO geregelt sei.

44 Vgl. die §§ 512a, 549 II ZPO; anders nur, wenn es um die sog. internationale Zuständigkeit geht; vgl. BGHZ 4, S. 46 ff. (GS); Zöller/*Geimer*, ZPO, IZPR, Rz 281 m. Nachw.

45 Dies ergibt sich aus § 10 ZPO für die sachliche Zuständigkeit und ergibt sich daraus auch für die funktionelle Zuständigkeit (Zöller/*Schneider* §10 Rz. 4).

bei Verwaltungsakten kann das Überschreiten der Zuständigkeit zur Nichtigkeit des Verwaltungsaktes führen[46].

Es erscheint nicht richtig, außerhalb dieser geschlossenen Regeln Konsequenzen aus der fehlenden Zuständigkeit des entscheidenden Gerichts zu ziehen. Daher ist eine Entscheidung zumindest dann nicht "greifbar gesetzeswidrig", wenn sie durch ein anderes Gericht hätte erlassen werden können[47].

Die Beschreibung "Art und Inhalt" erinnert an die, bereits für den Fehler der Verletzung des Rechts auf richterliches Gehör verworfene Definition der "greifbaren Gesetzeswidrigkeit", daß es sich um Entscheidungen handele, die "das Gesetz nicht kennt".

ff) Der Großteil der Entscheidungen zur "greifbaren Gesetzeswidrigkeit" betrifft Entscheidungen, bei denen das Gericht sein Ermessen ausüben muß. Dabei handelt es sich insbesondere um Entscheidungen im Zwangsvollstreckungs- und Kostenrecht. Hier findet sich eine besondere Definition der "greifbaren Gesetzeswidrigkeit". Die überwiegende Meinung geht davon aus, daß im gewissen Umfang ein Fehler bei der Ausübung des Ermessens zur "greifbaren Gesetzeswidrigkeit" der Entscheidung führen kann[48]. Eine "greifbare Gesetzeswidrigkeit" liege dann vor, wenn das Gericht bei seiner Entscheidung gegen das Gesetz verstoßen oder die Voraussetzungen für die Ausübung seines Ermessens verkannt[49] bzw. die Grenzen seines Ermessens

---

46 Dazu nur *Maurer*, VwR., § 10, Rz. 32, S. 220 mit Nachw.; in der freiwilligen Gerichtsbarkeit problematisch: Für Nichtigkeit: BGH Beschluß vom 26.1.1959 (BGHZ 29, S. 223 ff., 228 f.); *Fr. Baur*, FGG, § 2, B V 1, S. 33; vorsichtig *Brehm*, FGG, S. 67 f. Lediglich Anfechtbarkeit: *Habscheid* FGG § 13 II; Rosenberg/*Schwab*, ZPR, § 11, III 1, S. 55 f.

47 So aber OLG Köln Beschluß vom 28.12.1987 (AnwBl. 1989, S. 51 f.); OLG Hamm Beschluß vom 27.8.1984 (FamRZ 1985, S. 85 f.): Eine einstweilige Regelung über den Unterhalt kann immer getroffen werden, es stellt sich nur die Frage, ob durch das Familiengericht.

48 KG Beschluß vom 7.12.1981 (MDR 1982, S. 329): Allgemein ohne nähere Erörterung zur "greifbaren Gesetzeswidrigkeit"; OLG München Beschluß vom 13.1.1988 (NJW-RR 1988, S. 1342 f.); OLG Bamberg Beschluß vom 18.1.1989 (JurBüro 1989, Sp. 874 f.); OLG Hamm Beschluß vom 19.1.1987 (FamRZ 1987, S. 499 f.); OLG Frankfurt Beschluß vom 20.1.1982 (FamRZ 1982, S. 73) und vom 6.7.1981 (FamRZ 1982, S. 622 f.). Anders aber z.B. OLG Frankfurt Beschluß vom 21.7.1988 (MDR 1988, S. 975 f. - Keine "greifbare Gesetzeswidrigkeit" bei fehlerhafter Ermessensausübung.

49 So OLG Karlsruhe Beschluß vom 20.12.1973 (MDR 1974, S. 407); a.A. OLG Frankfurt Beschluß vom 21.7.1988 (AnwBl. 1989, S. 102 = NJW-RR 1989, S. 62 = MDR 1988, S. 975); OLG Hamburg Beschluß vom 24.7.1978 (FamRZ 1978, S. 804 f.); OLG Düsseldorf Beschluß vom 16.2.1988 (JurBüro Sp. 863 f.); OLG München Beschluß vom 26.9.1985 (NJW-RR 1987, S. 767 f. - Verkennung der Voraussetzungen, des Umfangs und der Schranken des gesetzlich eingeräumten Ermessens).

überschritten habe[50]. Andere Entscheidungen lassen eine Anfechtung zu, wenn das Gericht bei seiner Entscheidung "die Grenzen seines Ermessens eindeutig verkannt oder ihm greifbare Gesetzesverstöße unterlaufen sind"[51]. Bei diesen Entscheidungen scheint der Ermessensverstoß neben den Fällen einer "greifbaren Gesetzeswidrigkeit" zu stehen.

Obwohl ein Großteil der Entscheidungen zur "greifbaren Gesetzeswidrigkeit" Ermessensentscheidungen betrifft, ergibt sich die "greifbare Gesetzeswidrigkeit" bei diesen Entscheidungen nur selten aus einem Fehler bei der Ausübung des Ermessens. In der Regel wird die "greifbare Gesetzeswidrigkeit" auch in diesen Entscheidungen wegen eines Gesetzesverstosses bejaht. So hat man bei der Bewilligung von Prozeßkostenhilfe eine "greifbare Gesetzeswidrigkeit wegen eines Fehlers bei der Ausübung des Ermessens" in einem Fall angenommen, in dem der Antragsteller sein Einkommen in einer Höhe angegeben hatte, in der keine Prozeßkostenhilfe mehr bewilligt werden durfte[52]; ebenso in einem Fall, in dem das Gericht bei Einstellung der Zwangsvollstreckung gegen Sicherheitsleistung einen relevanten Umstand bei Einschätzung des Sicherheitsbedürfnisses nicht erwogen hatte[53] bzw. davon ausgegangen war, daß ihm kein Ermessen zustand[54]. Dagegen stellt nach überwiegender Meinung die Fehleinschätzung der Erfolgsaussicht der Klage bei der Bewilligung von Prozeßkostenhilfe keine überprüfbare Ermessensentscheidung dar[55].

---

50 So OLG München Beschluß vom 11.1.1988 (JurBüro 1989, Sp. 270 f. = AnwBl. 1989, S. 51 f.); OLG Karlsruhe Beschluß vom 27.4. 1983 (MDR 1983, S. 943): Ermessensfehl- oder Nichtgebrauch; OLG Koblenz Beschluß vom 9.10.1980 (OLGZ 1981, S. 243 ff., S. 245 = VersR 1981, S. 541) und vom 24.5.1988 (JurBüro 1989, Sp. 267 ff., Sp. 270); OLG Zweibrücken Beschluß vom 3.4.1981 (FamRZ 1981, S. 698 f.); OLG Frankfurt Beschluß vom 19.10.1984 (FamRZ 1985, S. 723); LG Kiel Beschluß vom 27.11.1958 (SchlHA 1959, S. 22).

51 So OLG Koblenz Beschluß vom 14.12.1982 (Rpfleger 1983, S. 174 f.); OLG Hamburg Beschluß vom 17.1.1984 (FamRZ 1984, S. 922); LAG Düsseldorf Beschluß vom 9.4.1986 (JurBüro 1987, Sp. 297 f.).

52 So LAG Düsseldorf Beschluß vom 9.4.1987 (JurBüro 1987, Sp. 297 f.).

53 So OLG München Beschluß vom 26.9.1985, NJW-RR 1987, S. 767.

54 So OLG Koblenz Beschluß vom 15.9.1982 (FamRZ 1983, S. 939). OLG Koblenz Beschluß vom 9.7.1979 (FamRZ 1979, S. 938 f.).

55 So z.B. OLG München Beschluß vom 26.9.1985 (NJW-RR 1987, S. 767); LG Koblenz Beschluß vom 9.1.1987 (NJW-RR 1987, S. 507).

Im Zusammenhang mit Ermessensentscheidungen führen einige Gerichte aus, daß die Anfechtung einer Entscheidung wegen einer Verletzung des Rechts auf richterliches Gehör nur dann statthaft sei, wenn infolge der Verletzung die tatsächlichen Grundlagen der Ermessensentscheidung nicht voll ermittelt worden sind. Diese Einschränkung könnte allerdings lediglich bedeuten, daß die Verletzung für die Entscheidung kausal gewesen sein muß. Es ist den Entscheidungen nicht zu entnehmen, ob weitergehende Anforderungen als die selbstverständliche Kausalität der Verletzung von Art. 103 Abs. 1 GG gestellt werden.

Die Definition der "greifbaren Gesetzeswidrigkeit" bei Ermessensentscheidungen berücksichtigt, daß sich bei Ermessensentscheidungen die Frage stellt, inwieweit neben Gesetzesverstössen Ermessensfehler "greifbar gesetzeswidrig" sein können. Die Rechtsprechung beantwortet diese Frage mit Definitionen, die an die Überprüfung von Ermessensentscheidungen der Verwaltung durch die Verwaltungsgerichtsbarkeit und die Überprüfung von Gerichtsentscheidungen durch die Revision erinnert. Die überprüfende Instanz soll ihr Ermessen nicht an die Stelle des Ermessens der 1. Instanz setzen, sondern nur die Grenzen des Ermessens überprüfen. Eine weitere Parallelität zum Verwaltungsverfahren liegt darin, daß auch eine Überprüfung durch die Instanz möglich ist, die die Entscheidung erlassen hat, da das Gericht zur Abänderung seiner Entscheidung befugt ist. Die Ansicht der überwiegenden Rechtsprechung, daß im Falle von Ermessensentscheidungen eine weitergehende Überprüfung durch die außerordentliche Anfechtung möglich ist als in anderen Fällen, kann allerdings nur dann richtig sein, wenn für diese unterschiedliche Behandlung ein sachlicher Grund vorliegt.

Es kann dahingestellt bleiben, ob es einen rechtfertigenden Grund dafür gibt, Ermessensentscheidungen in einem besonderen Ausmaß der außerordentlichen Anfechtung zu unterwerfen. Denn die Entscheidungen zur "greifbaren Gesetzeswidrigkeit" bei Ermessensentscheidungen enthalten jedenfalls keine Kriterien dazu, ob nun die Verletzung des Rechts auf richterliches Gehör ein Fehler ist, der zur außerordentlichen Anfechtung der Entscheidung führt.

3. Konsequenzen

Es bleibt zu untersuchen, welche Folgerungen aus diesen Überlegungen für den Begriff der "greifbaren Gesetzeswidrigkeit" gezogen werden können und müssen, und ob die obigen Ergebnisse Kriterien für die Frage liefern, ob die Verletzung des Rechts auf richterliches Gehör die außerordentliche Anfechtung eröffnet.

a) " Offenkundigkeit" genügt nicht

Zum einen ergibt sich aus den Definitionen, daß eine Entscheidung nicht allein dadurch "greifbar gesetzeswidrig" ist, weil sie die Vorschriften des Gesetzes mehr oder weniger offensichtlich falsch anwendet.

Richtig sind daher die Entscheidungen, die eine "greifbare Gesetzeswidrigkeit" ablehnen, wenn ein Beschluß nach § 769 oder § 707 Abs. 2 ZPO keine Begründung enthält[56], und dies damit begründen, daß lediglich eine fehlerhafte Ermessensausübung den Beschluß "greifbar gesetzeswidrig" machen könne und die fehlende Begründung zwar für die Möglichkeit einer fehlerhaften Ermessensausübung spreche, dies aber nicht ausreiche[57]. Außerdem blieb richtigerweise die Einstellung der Zwangsvollstreckung aus einem Versäumnisurteil bzw. einem Vollstreckungsbescheid gegen Sicherheitsleistung[58] auch dann unanfechtbar, wenn das Versäumnisurteil entgegen der Ansicht des einstellenden Gerichts nicht in gesetzlicher Weise ergangen war. Denn ein Ermessensfehlgebrauch reicht für die "greifbare Gesetzeswidrigkeit" nicht aus.

Auch folgender Entscheidung lag lediglich eine fehlerhafte materiellrechtliche Ansicht zugrunde: Der Bundesgerichtshof[59] lehnte das Vorliegen einer

56 So OLG Karlsruhe Beschluß vom 30.11.1987 zu § 767 ZPO (FamRZ 1988, S. 634 f.); OLG Köln Beschluß vom 29.3.1988 zu § 707 ZPO (NJW-RR 1988, S. 1467); OLG Hamm Beschluß vom 13.10.1986 (FamRZ 1986, S. 1234); OLG Koblenz Beschluß vom 9.10.1980 (OLGZ 1981, S. 243 ff., 245 = VersR 1981, Sp. 541).

57 OLG Karlsruhe Beschluß vom 30.11.1987 zu § 767 ZPO (FamRZ 1988, S. 634) prüft dann die Entscheidung sachlich nach und kommt zum Schluß, daß sie nachvollziehbar sei.

58 Vgl. OLG Frankfurt Beschluß vom 21.7.1988 (AnwBl. 1989, S. 102 = NJW-RR 1989, S. 62 = MDR 1988, S. 975); ebenso OLG Köln Beschluß vom 29.2.1988 (NJW 1988, S. 1467 f.) für den umgekehrten Fall. Das LG hatte die Zwangsvollstreckung aus einem Vollstreckungsbescheid ohne Sicherheitsleistung eingestellt, obwohl nicht beide Voraussetzungen der Ausnahmebestimmung zu § 719 ZPO vorlagen. Dies entspricht der Rechtsprechung mehrerer OLGs.

59 Urteil vom 24.6.1987 (NJW 1988, S. 49); in seinem Beschluß vom 4.12.1974 (VersR 1975, S. 344) verneint der BGH das Vorliegen einer greifbaren Gesetzeswidrigkeit, weil die von der Vorinstanz vertretene rechtliche Ansicht allgemein anerkannt sei.

"greifbaren Gesetzeswidrigkeit" in einem Fall ab, in dem das Gericht einem Pfleger, der entgegen dem Willen seines Pfleglings Anträge gestellt hatte, in Verkennung der Regelung des § 53 ZPO als vollmachtslosem Vertreter die Kosten auferlegt hatte. Denn darin liege keine Willkür, sondern lediglich ein Rechtsirrtum. Außerdem werde die materiellrechtliche Meinung vertreten, daß der Grundsatz des § 119 S. 2 ZPO Ausnahmen zulasse. Das OLG habe die Voraussetzungen einer solchen Ausnahme bejaht. Aus dieser Entscheidung läßt sich ersehen, daß die Offenkundigkeit oder Evidenz des Gesetzesverstosses allein nicht ausreicht, um eine "greifbare Gesetzeswidrigkeit" zu begründen.

Nach überwiegender Rechtsprechung begründet auch die entgegen § 119 ZPO ausgesprochene Verweigerung von Prozeßkostenhilfe mangels Erfolgsaussicht in der 2. Instanz keine "greifbare Gesetzeswidrigkeit"[60].

Man kann allerdings auch feststellen, daß sich die Gerichte häufig nicht an die Erkenntnis halten, daß ein einfacher Gesetzesverstoß allein nicht ausreicht. Denn für sie besteht die verständliche Versuchung, offensichtliche Fehler zu korrigieren[61].

b) Zur Zulässigkeit von "Mindermeinungen"

Eine "greifbare Gesetzeswidrigkeit" liegt auch nicht schon dann vor, wenn das Gericht bei einer materiellrechtlichen Frage eine Mindermeinung vertritt bzw. die Entscheidung nach einer Mindermeinung richtig ist. Diese Eingrenzung ist zwar selbstverständlich und läßt sich den Definitionen der "greifbaren Gesetzeswidrigkeit" entnehmen. Die Gerichte halten sich aber nicht immer an ihre Erkenntnis[62]. Das führt dazu, daß einige Oberlandesgerichte

---

60 Vgl. BGH Beschluß vom 1.10.1985, S. 222 (NJW-RR 1986, S. 738 = FamRZ 1986, S. 150 = MDR 1985 = Rpfleger 1986, 56); OLG Hamm Beschluß vom 24.7.1982 (FamRZ 1982, S. 1094).

61 Vgl. OLG Karlsruhe Beschluß vom 17.1.1991 zu § 620 c ZPO (FamRZ 1991, S. 969 f.): Die Gesetzeslage hatte sich geändert und die Entscheidung entsprach zwar der alten, aber nicht mehr der neuen Regelung. Gegen die Entscheidung spricht, daß in anderen Fällen, in denen sich die gesetzliche Grundlage ändert, dieselbe Instanz durch einen Rücknahmeantrag (z.B. durch § 767 ZPO) entscheidet und nicht die übergeordnete Instanz.

62 Vgl. OLG Zweibrücken Beschluß vom 17.10.1979 (FamRZ 1980, S. 69 f.), das eine Abänderung eines Unterhaltsvergleichs durch eine einstweilige Anordnung für "greifbar gesetzwidrig" hielt, obwohl diese Frage strittig war; Vgl. auch OLG Hamm Beschluß vom

eine Entscheidung für richtig halten, andere aber die Entscheidung nicht nur für fehlerhaft, sondern sogar für "greifbar gesetzeswidrig".

4. Fazit

Aus diesen Eingrenzungen des Fehlers, der zur "greifbaren Gesetzeswidrigkeit" einer Entscheidung führen kann, ergeben sich keine Konsequenzen für die Frage, ob die Verletzung des Rechts auf richterliches Gehör eine Entscheidung "greifbar gesetzeswidrig" macht. Denn es hat sich gezeigt, daß die von der Rechtsprechung und Literatur zum Begriff der "greifbaren Gesetzeswidrigkeit" verwandten Definitionen und Argumentationen keine konstruktiven Kriterien für eine Abgrenzung zwischen Fehlern, die die außerordentliche Anfechtbarkeit rechtfertigen, und anderen Fehlern beinhalten. Es hat sich lediglich herausgestellt, daß nicht jede fehlerhafte Entscheidung "greifbar gesetzeswidrig" sein kann, sondern eine besondere Fehler-Qualität vorliegen muß. Außerdem hat sich erwiesen, daß die besondere Qualität eines Fehlers weder in seiner Offenkundigkeit noch in seiner Seltenheit liegt.

Die Entscheidungen zur außerordentlichen Anfechtung von Beschlüssen wegen Verletzung von Art. 103 GG enthalten als sachliches Argument also nur den Verweis darauf, daß die Verletzung von Art. 103 Abs. 1 GG nach der Rechtsprechung des Bundesverfassungsgerichts die darauf beruhende Entscheidung nicht anfechtbar mache. Daraus ergibt sich aber, wie bereits bemerkt (§ 2 III 3), allein kein Argument mehr. Dies gilt um so mehr, als es eine beachtliche Mindermeinung gibt, die die Verletzung des Rechts auf richterliches Gehör als "greifbare Gesetzeswidrigkeit" ansieht. Außerdem behandelt die Rechtsprechung in einer Reihe von Fällen die Verletzung des Rechts auf richterliches Gehör wie die Fehler, die unbestritten zu einer "greifbaren Gesetzeswidrigkeit" führen[63].

24.7.1978 (FamRZ 1978, S. 804); richtig aber in derselben materiellrechtlichen Angelegenheit OLG Düsseldorf Beschluß vom 25.1.1979 (FamRZ 1979, S. 320) mit dem Hinweis darauf, daß zunächst Antrag nach § 620 b Abs. 2 ZPO auf mündliche Verhandlung gestellt werden müsse.

Vgl. im übrigen OLG Düsseldorf Beschluß vom 3.7.1984 (FamRZ 1984, S. 1095): Der einen Antrag auf Prozeßkostenhilfe zurückweisende Beschluß ist greifbar gesetzeswidrig, wenn das LG mangels Erfolgsaussicht zurückgewiesen hatte, obwohl der Antrag nach der vom OLG vertretenden materiellrechtlichen Meinung richtig war - oder LG Marburg Beschluß vom 27.11.1987 (JurBüro 1988, Sp. 220 f.): Gewährung von Prozeßkostenhilfe für das Prozeßkostenhilfe-Prüfungsverfahren.

Aus der Anerkennung der außerordentlichen Anfechtung wegen einer "greifbaren Gesetzeswidrigkeit" kann aber jedenfalls der Schluß gezogen werden, daß es nach allgemeiner Meinung Fehler gibt, die die außerordentliche Anfechtung von Beschlüssen und Urteilen[64] begründen, auch wenn eine dogmatische Begründung für dieses Institut bisher fehlt. Daher ist anhand der einzelnen Entscheidungen, in denen die Rechtsprechung *im konkreten Fall* die außerordentliche Anfechtung bejaht oder verneint, zu untersuchen, ob sich aus der Rechtsprechung zur "greifbaren Gesetzeswidrigkeit" Kriterien für die außerordentliche Anfechtung bei Verletzung des Rechts auf richterliches Gehör gewinnen lassen (Dazu § 4).

III. Zur Argumentation in der Literatur

1. Der Meinungsstand

Die Literatur erörtert die Frage, ob unanfechtbare Beschlüsse, die auf einer Verletzung des Rechts auf richterliches Gehör beruhen, mit der außerordentlichen Beschwerde angreifbar sind, in der Regel unter dem Stichwort der "greifbaren Gesetzeswidrigkeit". Dabei geht sie wohl noch überwiegend[65] davon aus, daß die Verletzung von Art. 103 Abs. 1 GG nicht die außeror-

---

63 Siehe dazu im Einzelnen unten IV.

64 Siehe dazu § 4 I.

65 Vgl. Rosenberg/*Schwab*, ZPR, § 148, III 3 c, S. 953. *Schwab* bezieht sich zunächst auf die gängigen Definitionen der "greifbaren Gesetzeswidrigkeit" und führt dann aus, daß ein erheblicher Verfahrensverstoß nicht genüge, verweist dann aber in Fn. 16 ohne ablehnende Stellungnahme darauf, daß einige Entscheidungen die Verletzung von Art. 103 Abs. 1 GG genügen lassen.

Ähnlich auch BL/*Albers*, ZPO, § 567, Anm. 1 C: Nach einer Wiederholung der gängigen Definitionen folgt die Feststellung, daß eine Verletzung des rechtlichen Gehörs und anderer wesentlicher Verfahrensvorschriften nicht genüge, ebenso nicht die Verletzung von Grundrechten; dann folgen Beispiele. Vgl. allerdings BL/*Albers*, ZPO, § 620c, Anm 2: Beschwerde dürfte wegen "greifbarer Gesetzeswidrigkeit" bei Verletzung des rechtlichen Gehörs statthaft sein, wenn das Familiengericht dem Mangel nicht abhilft. Vgl. auch BL/*Hartmann*, ZPO, § 707, Anm. 4 B b, aa: Eine "greifbare Gesetzeswidrigkeit" liegt nicht schon bei Versagung des rechtlichen Gehörs, es sei denn" infolgedessen wäre keine abwägende Ermessensentscheidung möglich gewesen". Es ist nicht eindeutig, ob *Hartmann* damit die kausale Versagung des rechtlichen Gehörs meint; *Zimmermann*, ZPO § 567 Rz. 8. Vgl. auch Zöller/*Philippi*, ZPO, § 620 c, Rz. 12, 13: Wiederholung der gängigen Definitionen, nicht bei Verletzung des rechtlichen Gehörs.

Zu Einstellungsentscheidungen vgl. *Künkel*, MDR 1989, S. 309 ff.

dentliche Beschwerde ermöglicht[66]. Die zitierte Literatur beschränkt sich zum großen Teil darauf, die Definitionen der Rechtsprechung zu wiederholen. Sie nennt keine sachlichen Kriterien.

a) Henckel und Fenn: Zur außerordentliche Anfechtung von Beschlüssen bei Verstößen gegen Art. 103 Abs. 1 GG

Mit der Frage der außerordentlichen Anfechtung von Beschlüssen bei Verletzung des Rechts auf richterliches Gehör beschäftigen sich Henckel[67] und Fenn[68]. Sie erörtern die Frage nicht im direkten Zusammenhang mit dem Institut der "greifbaren Gesetzeswidrigkeit". Beide lehnen die Möglichkeit einer außerordentlichen Beschwerde ab.

Henckel führt dazu aus, daß zwar die zur Verfahrensbeschleunigung eingeführte Beschränkung der Rechtsmittel ihren Sinn verliere, wenn gegen eine Entscheidung eine begründete Verfassungsbeschwerde gegeben ist. Dies aber könne allein der Gesetzgeber berücksichtigen. Henckel beruft sich dafür auf die Rechtsprechung des Bundesverfassungsgerichts, nach der Art. 103 Abs. 1 GG nicht die Eröffnung der Instanz gebiete. Die obergerichtliche Rechtsprechung sei im übrigen nicht einheitlich. Eine Eröffnung der Instanz bei Verletzung des Rechts auf richterliches Gehör führe nur zur Rechtsunsicherheit[69].

Fenn begründet seine Meinung damit, daß das Gesetz bei einer wie auch immer gestalteten Beschränkung der Anfechtungsmöglichkeit klar zum Aus-

---

66 Anders *Blomeyer*, ZPO, § 195, II 2b; seine Stellungnahme ist allerdings etwas widersprüchlich. Er nennt zwar als Beispiel für die "greifbare Gesetzeswidrigkeit" die Versagung des rechtlichen Gehörs, läßt dann aber unter Verweis auf dementsprechende Rechtsprechung die Verletzung einer grundlegenden Verfahrensvorschrift nicht genügen. Zöller/*Stephan*, ZPO, Vor § 128, Rz. 5a: für die Verletzung von Grundrechten; Zöller/*Schneider*, ZPO, § 567, Rz. 41.

67 ZZP 77 (1964), S. 321 ff., 334.

68 Siehe *Fenn*, ZZP 79 (1966), S. 313, der eine Entscheidung des OLG Stuttgart ablehnte, die wegen Verletzung von Art. 103 Abs. 1 GG die außerordentliche Beschwerde gegen eine Kostenentscheidung trotz § 568 Abs. 3 ZPO zuließ. Die Verletzung von Art. 103 Abs. 1 GG - die zudem nicht vorliege - eröffne nicht die Instanz und begründe damit auch nicht die Möglichkeit einer außerordentlichen Beschwerde. Die Entscheidung des Gesetzes sei in solchen Fällen eindeutig.

69 Dieses Argument ist zwar verständlich, doch kann es nicht überzeugen. Die Gefahr einer unterschiedlichen Rechtsprechung der Obergerichte besteht bei jeder Auslegung, die nicht schon feste Rechtsprechung ist. Diese Fälle hat man bisher nie dem Gesetzgeber überlassen. Es ist vielmehr für den Gesetzgeber gerade sinnvoll abzuwarten, wie sich die Rechtsprechung verhält, und dann im Laufe der Zeit die Richtigkeit der Rechtsprechung zu überprüfen und gegebenenfalls gesetzgeberische Konsequenzen zu ziehen.

druck bringe, daß der Rechtsmittelzug mit der Entscheidung ende. Eine Auslegung, daß die Verletzung des Rechts auf richterliches Gehör die Anfechtung zulasse, sei daher nicht möglich. Nach der Rechtsprechung des Bundesverfassungsgerichts sei dies auch verfassungsgemäß. Im übrigen sei es für den Betroffenen irrelevant, wodurch die Entscheidung fehlerhaft sei.

b) Schneider: Rückgriff auf das Willkürverbot

Lediglich Schneider[70] versucht, über die gängigen Definitionen der "greifbaren Gesetzeswidrigkeit"[71] hinaus, ähnlich wie die Rechtsprechung, ein *sachliches* Kriterium aus dem aus Art. 3 GG abgeleiteten Willkürverbot zu gewinnen. Dabei stellt er fest, daß dann auch der Verstoß gegen Art. 103 Abs. 1 GG die außerordentliche Beschwerde eröffnen müsse, wenn dieser Verstoß zu einer willkürlichen Entscheidung führt. Da aber das Bundesverfassungsgericht nach *Schneiders* eigener Einschätzung bisher nur "zu verbalen Umschreibungen des Willkürverbots"[72] gekommen ist, dürfte aus dem Willkürverbot wenig für den konkreten Fall zu gewinnen sein. Eine solche Begründung läuft auf eine völlig einzelfallbezogene Wertung hinaus, die der Willkür Tor und Tür öffnet.

2. *Erörterung anhand konkreter Normen*

Im übrigen behandelt die Diskussion über die Zulässigkeit einer außerordentlichen Anfechtung wegen "greifbarer Gesetzeswidrigkeit" bisher jeweils nur einzelne Vorschriften, die die Anfechtbarkeit begrenzen.

a) Schneider: Zur außerordentlichen Anfechtung von Einstellungs- und Verweisungsbeschlüssen

So erörtert Schneider die Möglichkeit einer außerordentlichen Beschwerde bei Einstellungsbeschlüssen nach § 707, 717 und 769 ZPO[73]. Er meint, daß eine außerordentliche Beschwerde zulässig sei, wenn das Gericht den Gel-

---

70 Zöller/*Schneider*, ZPO, § 567, Rz. 41; ihm folgend Zöller/*Stephan*, ZPO, vor § 128, Rz. 5a; Zöller/*Stöber/Herget*, ZPO, § 707, Rz. 22; BL/*Hartmann*, ZPO, § 341 Anm. 3 B.

71 Bei denen er von "begrifflicher Unklarheit" spricht; Zöller/*Schneider*, ZPO, § 567, Rz. 41.

72 Ebenda.

73 *Schneider*, MDR 1980, S. 530 und MDR 1985, S. 548; siehe auch seine Anm. zu OLG Karlsruhe Beschluß vom 11.4.1986MDR 1987, S. 64 f.

tungsbereich des § 707 ZPO verkannt habe. Mit der Beschwerde könne dabei aber nicht das ausgeübte Ermessen überprüft werden. Die Beschwerde sei daher mit einer Rechtsbeschwerde vergleichbar. Der Begriff der "greifbaren Gesetzeswidrigkeit" diene dazu, zwischen Überprüfung des Ermessens und des Anwendungsbereichs zu unterscheiden. Daher sei nicht jeder Ermessensfehler eine "greifbare Gesetzeswidrigkeit", sondern nur eine "besonders schwere und somit "greifbare" Fehlerhaftigkeit"[74]. Bloße Verfahrensverstöße wie die Verletzung des Rechts auf richterliches Gehör und auch eine fehlende Begründung[75] könnten die "greifbare Gesetzeswidrigkeit" nicht begründen[76]. In diesem Zusammenhang sei zu berücksichtigen, daß das Gericht seine Entscheidung bei veränderter Sachlage abändern könne: Habe ein Gericht daher einer Partei kein Gehör gewährt, dann verändere deren nachträgliche Äußerung die Sachlage. Im übrigen knüpft *Schneider* nicht an die von der Rechtsprechung verwandten Begriffe der "greifbaren Gesetzeswidrigkeit" an, sondern hält nur eine "kasuistische Abgrenzung und Typenbildung"[77] für möglich. Die außerordentliche Beschwerde sei eine Rechtsbeschwerde für die Überprüfung "grober vorinstanzlicher Fehler"[78].

Daneben untersucht Schneider[79], ob eine außerordentliche Beschwerde gegen Verweisungsbeschlüsse bei Verletzung des Rechts auf richterliches Gehör zulässig ist. Dabei bejaht er zum einen, daß derartig fehlerhafte Verweisungsbeschlüsse dennoch Bindungswirkung für das Gericht haben, an das sie verweisen[80], und zum anderen, daß eine außerordentliche Beschwerde an das Gericht, das den Verweisungsbeschluß erlassen hat, zulässig sei. Es liege eine "greifbare Gesetzeswidrigkeit" vor[81].

---

74 MDR 1985, S. 548.

75 So auch in MDR 1985, S. 548.

76 MDR 1980, S. 530; etwas anders wohl in MDR 1985, S. 548.

77 Ebenda.

78 MDR 1985, S. 549.

79 DRiZ 1983, S. 24 ff.

80 Ebenda S. 26, aber keine Bindungswirkung im Verfahren nach § 36 Nr. 6 ZPO.

81 Ebenda S. 25. Dabei beruft sich *Schneider* auf die in der Rechtsprechung bestehende Tendenz, Verstöße gegen Art. 103 Abs. 1 GG bereits innerhalb der Fachgerichtsbarkeit zu korrigieren.

b) Seidel: Zur außerordentlichen Beschwerde gegen Beschlüsse nach § 348 ZPO

Seidel[82] untersucht die Voraussetzungen einer außerordentlichen Beschwerde wegen "greifbarer Gesetzeswidrigkeit" bei Beschlüssen nach § 348 ZPO, durch die die Sache auf den Einzelrichter übertragen wird. Eine solche Anfechtungsmöglichkeit müsse im Interesse der Parteien auch bei Beschlüssen nach § 348 ZPO angewandt werden, obwohl derartige Beschlüsse die Parteien nicht unmittelbar beschwerten. Ein Beschluß nach § 348 ZPO sei "greifbar gesetzeswidrig", wenn ein solcher z.B. mangels Mitwirkung aller Richter der Kammer gar nicht vorläge. Dies gelte dann, wenn der Beurteilungsspielraum oder das Ermessen des Gerichts bezüglich der Voraussetzungen so weit überschritten sei, daß die Entscheidung unter Würdigung der Umstände des Einzelfalls "schlicht unvertretbar und unverständlich"[83] erscheine. Als Beispiel nennt Seidel, daß der Beschluß die Durchführung der Beweisaufnahme auf den Einzelrichter überträgt. Die Verletzung von Art. 103 Abs. 1 GG begründe nicht die Zulässigkeit einer außerordentlichen Beschwerde.

c) Quack: Zur außerordentlichen Beschwerde gegen Beschlüsse nach § 73 Abs. 3 und 4 GWB

Quack[84] untersucht die Beschwerde wegen "greifbarer Gesetzeswidrigkeit" für Beschlüsse der Oberlandesgerichte in kartellverwaltungsrechtlichen Streitigkeiten, die nicht im Hauptverfahren ergangen und daher nach § 73 Abs. 3 und 4 GWB nur auf Zulassung überprüfbar sind. Er läßt eine solche Beschwerde im Grundsatz zu. Denn § 73 Abs. 3 und 4 GWB diene zwar der Entlastung der Obersten Gerichte, verfehle aber seinen Zweck nicht, wenn man in den begrenzten Fällen der "greifbaren Gesetzeswidrigkeit" eine außerordentliche Rechtsbeschwerde zulasse[85]. *Quack* nennt aber keine Kriterien dafür, wann eine "greifbare Gesetzeswidrigkeit" vorliegt und lehnt richtigerweise eine "greifbare Gesetzeswidrigkeit" für die von ihm untersuchten Fälle ab[86].

---

82 ZZP 77 (1986), S. 64 ff.

83 Ebenda S. 82.

84 *Quack*, FS Pfeiffer, S. 741 ff.

85 Ebenda S. 748.

86 In einem Fall ging es um eine falsche materiellrechtliche Ansicht, nach der eine Partei zu etwas ihr Unmöglichem verpflichtet wurde. In den beiden anderen Fällen ging es darum, daß

3. Fazit

Rechtsprechung und Lehre lassen auch bei *Beschlüssen* nach Verfahren, in denen der Richter eine Partei nicht oder nur unzulänglich Gehör gewährt hat, nicht *allgemein* eine außerordentliche Anfechtung zu. Es ist allerdings zu erkennen, daß die Tendenz bereits stärker ausgeprägt ist, gegen Beschlüsse die außerordentliche Anfechtung zuzulassen.

Bei der Beurteilung der oben dargestellten Rechtsprechung ist zu berücksichtigen, daß Rechtsprechung und Literatur bei einer Reihe von Beschlüssen und sogar Urteilen anerkennen, daß ein Verstoß gegen das Recht auf richterliches Gehör zu einer außerordentlichen Anfechtung oder zur Zulässigkeit einer Gegenvorstellung führt[87].

IV. Anerkannte Fallgruppen der außerordentlichen Überprüfung von Entscheidungen

1. Überprüfung von unanfechtbaren Verweisungsbeschlüssen

a) Rechtsprechung

aa) Bei *Verweisungsbeschlüssen* stellte sich die Frage, ob die nach § 281 Abs. 2 ZPO angeordnete Bindungswirkung, die dem Ausschluß der Anfechtung gleichkommt, auch dann besteht, wenn der Verweisungsbeschluß an schweren Fehlern leidet. Hierzu hat die Rechtsprechung[88] seit langem einhellig entschieden, daß Verweisungsbeschlüsse nicht binden[89], wenn sie auf ei-

---

im konkreten Fall eine oberstgerichtliche Entscheidung wegen der Bedeutsamkeit der Rechtsfrage wünschenswert war.

87 Siehe dazu unten IV.

88 Anders noch OLG Stuttgart Beschluß vom 6.6.1919 (JW 1919, S. 742 f.).

89 So BGH Beschluß vom 7.10.1981 (NJW 1982, S. 1000); Beschluß vom 29.9.1982 (NJW 1983, S. 285); Beschluß vom 30.11.1983 (FamRZ 1984, S. 162); Beschluß vom 15.3.1978 (BGHZ 71, S. 69 ff., 72): Die Verletzung des Anspruchs auf richterliches Gehör, eines elementaren, in der Verfassung verankerten Gebots für das Gerichtsverfahren, stelle einen so schwerwiegenden Mangel des ein unzuständiges Gericht bestimmenden Verweisungsbeschlusses dar, daß dieser Verfahrensfehler einem willkürlichen Rechtsverstoß gleichzuachten sei; ebenso BGH Beschluß vom 4.12.1991 (NJW-RR 1992, S. 258); BayObLG Beschluß vom 15.1.1985 (BayObLGZ 1985, S. 18); OLG Düsseldorf Beschluß vom 26.2.1973 (OLGZ 1973, S. 243 ff., S. 245); Beschluß vom 26.1.1876 (OLGZ 76, S. 475 ff.); Beschluß vom 2.10.1974

ner Verletzung des Rechts auf richterliches Gehör beruhen - oder auf anderen schwerwiegenden Fehlern[90].

bb) Die Rechtsprechung hat auch bei anderen unanfechtbaren und bindenden Beschlüssen bei Verletzung des Rechts auf richterliches Gehör oder wesentlicher Verfahrensvorschriften die Bindungswirkung verneint und entgegen den §§ 512, 512a und 548 ZPO[91] ihre Überprüfung in derselben Instanz oder der übergeordneten Instanz zugelassen. So ließ das OLG Schleswig entgegen § 512 ZPO die Überprüfung eines Beschlusses zu[92], durch den das Landgericht nach Durchführung eines zweiten Haupttermins den Rechtsstreit entgegen § 348 Abs. 3 ZPO auf den Einzelrichter übertragen hatte. Das OLG stellte hierzu fest, daß dieses Vorgehen Art. 101 Abs. 1 Satz 2 GG verletze und entschied, daß die Übertragungsbeschlüsse dann nicht unanfechtbar seien, wenn durch einen Verfahrensverstoß der Vorinstanz Verfahrens*grundrechte* verletzt worden seien[93]. Es begründete seine Ansicht damit, daß den Fachge-

---

(RPfleger 1975, S. 102); LG Kiel Beschluß vom 28.11.1983 (SchlHA 1984, S. 175). OLG Frankfurt Beschluß vom 18.12.1961 (NJW 1962, S. 449 f. - noch zu § 276 ZPO); dazu ablehnend *Dunz*, NJW 1962, S. 814 f. Dagegen lassen LG Stade Beschluß vom 5.7.1960 (MDR 1961, S. 152) und LG Mannheim Beschluß vom 16.7.1964 (MDR 1965, S. 582 f.) die Anfechtung von Verweisungsbeschlüssen (nach § 276 ZPO a.F.) zu.

90 Vgl. die Nachw. Fn. 93 und zur Begründung den Beschluß des BGH vom 18.11.1958 (BGHZ 28, 349 ff.; NJW 1959, S. 436 ff.): Das OLG hatte an ein Verwaltungsgericht verwiesen. Der BGH ließ die Revision gegen diesen Beschluß zu, da der Inhalt des Beschlusses die Unzulässigkeit des Rechtswegs zu den ordentlichen Gerichten betraf; die Nachprüfung sei auch deshalb möglich, weil die Verweisung nicht mehr im Rahmen des § 276 ZPO (oder des § 81 BVerwGG) liege.

Vgl. auch OLG Oldenburg Beschluß vom 27.12.1956 (Nds. RPfleger 1957, S. 72 f.): Bei Verfahrensfehlern entfalle zwar nicht unbedingt die Bindungswirkung, aber jedenfalls bestehe die Möglichkeit, den Beschluß mit der Beschwerde anzufechten, da er jeder gesetzlichen Grundlage entbehre.

Bei einer in einem *Urteil* ausgesprochenen Verweisung eines OLGs als 2. Instanz an das ArbG hielt der BGH eine Anfechtung dagegen nicht für zulässig (Beschluß vom 6.6.1951, BGHZ 2, S. 278). Denn die Bindungswirkung des verweisenden Urteils sei nur dann zu verneinen, wenn die die Verweisung aussprechende Entscheidung schlechterdings nicht als eine im Rahmen des § 276 ZPO getroffene Anordnung gesehen werden kann - was hier nicht der Fall war. Ähnlich BGH Beschluß vom 19.9.1979 (NJW 1980, S. 290) bei einer Verweisung wegen anderweitiger Rechtshängigkeit nach § 36 Nr. 6 ZPO; vgl. auch LG Tübingen Beschluß vom 30.5.1958 (MDR 1958, S. 926).

91 KG Urteil vom 26.3.1987 (NJW-RR 1987, S. 1203) für § 512 a ZPO für Urteil, das die örtliche Zuständigkeit bejahte. RG Urteil vom 17.4.1939 (RGZ 160, S. 157 ff., 160 f.); RG Urteil vom 26.6.1913 (RGZ 83, S. 1 ff., 3 für Beschluß über Zurückweisung eines Prozeßbevollmächtigten unter Berufung auf Versäumnisregelungen); BGH Urteil vom 17.9.1953 (LM Nr. 2 zu § 548 ZPO).

92 SchlHOLG Urteil vom 11.7.1986 (NJW 1988, S. 69).

richten nach dem "Grundsatz des effektiven Rechtsschutzes"[94] der "verfassungsrechtliche Auftrag" obliege, "durch eine verfassungskonforme Auslegung der Vorschriften der ZPO etwaige grundrechtsrelevante Verfahrensverstöße der Vorinstanz zu korrigieren".

Das OLG Düsseldorf[95] entschied, daß gegen einen unanfechtbarer Beschluß des Landgerichts die Beschwerde zulässig sei, wenn "die Unanfechtbarkeit zu einem anders nicht zu beseitigenden groben prozessualen Unrecht" führen würde. Es bejahte die Anfechtbarkeit bei Verletzung des Art. 101 Abs. 1 Satz 2 GG.

b) Literatur

Auch die Literatur[96] geht fast einheitlich[97] davon aus, daß ein Verweisungsbeschluß, der unter Verletzung von Art. 103 Abs. 1 GG ergangen ist, nicht bindend, zumindest aber anfechtbar ist. Insbesondere lassen Verstöße gegen Art. 101 oder 103 Abs. 1 GG die Bindungswirkung nach §§ 512, 512 a, 548 ZPO entfallen[98].

---

93 Das heißt aber auch, daß nicht nur das Berufungsgericht bei einer Berufung die Entscheidung überprüfen kann, sondern auch, daß gegen den Übertragungsbeschluß Beschwerde eingelegt werden kann.

94 Keine ausdrückliche Erörterung der "greifbaren Gesetzeswidrigkeit".

95 Beschluß vom 7.8.1979 (MDR 1980, S. 335 = DRiZ 1980, S. 110 f.) - allerdings in einem strafgerichtlichen Verfahren.

96 Vgl. nur Zöller/*Stephan*, ZPO, § 281, Rz. 14, 17: anfechtbar und keine Bindungswirkung bei offensichtlicher Willkür, Verletzung von Art. 101 Abs. 1 Satz 2 und 103 Abs. 1 GG; ebenso Rosenberg/*Schwab*, ZPR, § 39 II 2 e, S. 207 f.; BL/*Hartmann*, ZPO, § 281, Anm. 3 E b; *Merle*, Anm. zu OLG Karlsruhe Beschluß vom 13.1.1969 (NJW 1969, S. 1860 f.): trotz § 276 Abs. 2 ZPO muß sich Partei gegen Abgabe in andere Verfahrensart wehren können. Dies zeige der Vergleich mit den §§ 17 GVG, 41 VwGO, 48 a ArbGG).

97 Andere Ansicht nur *Schneider*, DRiZ 1983, S. 24; *Schumann*, BVerfG, S. 74, *Thomas/Putzo*, ZPO, § 281, Anm. 3 (Allerdings Anm. 4 b: keine Bindungswirkung), die aber davon ausgehen, daß der Beschluß anfechtbar ist, also auch eine außerordentliche Behandlung befürworten.

98 Vgl. die Nachw. bei *Waldner*, Gehör, S. 257; BL/*Albers*, ZPO, § 548, Anm. 1 B, deutlicher § 512, Anm. 2 B b; Zöller/*Schneider*, ZPO, § 512 a, Rz. 1: keine Bindungswirkung bei offensichtlicher verfahrenswidriger Übertragung auf den Einzelrichter in Anschuß an OLG Schleswig NJW 1988, S. 69.

c) Diskussion

Der Bundesgerichtshof hat nun festgestellt, daß zwischen dieser Rechtsprechung und der Meinung, daß die Verletzung des Rechts auf richterliches Gehör keine außerordentliche Beschwerde begründe, ein Widerspruch bestehen könne. Er verneint aber ausdrücklich, daß der Gedanke, der der Rechtsprechung zu den Verweisungsbeschlüssen zugrunde liege, auch bei der außerordentlichen Anfechtung anderer Beschlüsse zum Tragen kommen müsse[99]. Es handele sich zwar in beiden Fällen um die Möglichkeit, eine Entscheidung praeter legen zu überprüfen. Bei den Verweisungsbeschlüssen aber führe die Verletzung von Art. 103 Abs. 1 GG lediglich dazu, daß keine Bindung eintritt. Ein "neuer Instanzenzug" würde dagegen nicht bejaht.

Dem ist entgegenzuhalten, daß das Entfallen der Bindungswirkung bei Verweisungsbeschlüssen zur Folge hat, daß ein Gericht über den Streit entscheidet, das nach den gesetzlichen Regeln für diese Entscheidung möglicherweise nicht zuständig ist. Insofern hat die Rechtsprechung zur Bindungswirkung von Verweisungsbeschlüssen und anderen Beschlüssen dieselben Konsequenzen wie die Bejahung der Anfechtbarkeit einer ansonsten unanfechtbaren Entscheidung[100]. Beide führen dazu, daß ein anderer Richter über den Streit entscheidet[101]. Bei Verweisungsbeschlüssen entscheidet ein Richter derselben Instanz über den Streit, bei der außerordentlichen Anfechtung ein Gericht *höherer* Instanz. Die Entscheidung durch einen Richter höherer Instanz hat aber nur dann eine eigene Qualität, wenn dadurch *neue* Instanzen geschaffen werden müßten. Die außerordentliche Anfechtung kann aber, wie bereits § 1 II 1 bemerkt, nur dazu führen, daß bestehende Instanzen weiter ausgeschöpft werden. Neue Instanzenzüge dagegen können nicht praeter legem geschaffen werden.

---

99 Vgl. Fn. 91.

100 Man sollte bei diesen Entscheidungen außerdem beachten, daß dadurch ein anderer Richter für die Entscheidung zuständig ist, als der durch die gesetzlichen Regelungen vorgesehene, und dadurch praeter legem der gesetzliche Richter bestimmt wird.

101 Wobei in der Sache selbst wohl in der Regel zurückgewiesen wird.

2. *Gegenvorstellung bei Verletzung des Rechts auf richterliches Gehör*

a) Rechtsprechung

Die überwiegende Rechtsprechung bejaht bei Beschlüssen, die auf einer Verletzung des Rechts auf richterliches Gehör[102] oder auf der Verletzung anderer fundamentaler Verfahrensnormen[103] beruhen, die Zulässigkeit einer Gegenvorstellung. Die Rechtsprechung begründet die Zulässigkeit der Gegenvorstellung in diesem Fällen mit der fundamentalen verfahrensrechtlichen Bedeutung des Rechts auf richterliches Gehör, die den Vorrang vor der Bindung des Gerichts an die eigene Entscheidung beanspruchen könne[104]. Im übrigen sei es nicht einzusehen, warum die im Verfahren benachteiligte Partei

---

102 So OLG Hamm Beschluß vom 22.3.1976 (JurBüro 1976, Sp. 1120): Man könne einen Beschluß nach § 627 ZPO zwar wegen seiner materiellen Rechtskraft grundsätzlich nicht auf eine Gegenvorstellung hin abändern; bei Verletzungen des rechtlichen Gehörs sei aber eine derartige Abänderung ausnahmsweise zulässig.

Ähnlich OLG München Beschluß vom 13.9.1982 (AnwBl 1982, S. 532 f.): Gegen letztinstanzliche Beschlüsse im Kostenfestsetzungsverfahren sind grundsätzlich keine Gegenvorstellungen zulässig; eine Ausnahme besteht nur dann, wenn rechtliches Gehör verletzt worden ist; eben so OLG Nürnberg Beschluß vom 4.10.1978 (NJW 1979, S. 169); OLG Frankfurt Beschluß vom 9.11.1979 (AnwBl. 1980, S. 70).

Vgl. auch OLG Bremen Beschluß vom 7.10.1977 (JurBüro 1978, Sp. 601 f.): Die Beschwerdeentscheidung des OLG im PKH-Verfahren hatte eine erklärte Aufrechnung nicht berücksichtigt. Ähnlich OLG Düsseldorf Beschluß vom 18.10.1976 (MDR 1977, S. 235 f.); SchlOLG Beschluß vom 10.9.1987 (JurBüro 1987, Sp. 1695 f.); Beschluß vom 20.10.1983 (SchlHA 1984, S. 62): bei Verletzung des rechtlichen Gehörs zwar keine Beschwerde wegen greifbarer Gesetzeswidrigkeit, aber Gegenvorstellung analog § 33a StPO.

Die Beschlüsse des KG vom 5.11.1974 (FamRZ 1975, S. 103) und des OLG Stuttgart vom 14.3.1983 (JurBüro 1983, Sp. 1890) lassen diese Frage mangels Entscheidungserheblichkeit offen.

Siehe auch OLG Celle Beschluß vom 8.11.1989 (NdsRpfl 1990, S. 43): Das OLG eröffnet die Möglichkeit der Gegenvorstellung nur beschränkt. Es weist darauf hin, daß es sich einmal nicht immer um eine Verletzung des Rechts auf rechtliches Gehör handelt, wenn kein Gehör gewährt worden ist, weil das Gehör im Zwangsvollstreckungsverfahren nachgeholt werden kann, oder die Verletzung durch erneute Antragsstellung geheilt werden kann. Nur ausnahmsweise sei eine außerordentliche Beschwerde geboten, wenn die Einstellung ohne rechtliches Gehör grob ermessensfehlerhaft war.

Vergleichbar ist die Rechtsprechung dazu, daß bei Verwerfung eines Rechtsbehelfs oder Rechtsmittels als unzulässig aufgrund von falschen Tatsachen die Aufhebung diese Verwerfungsbeschlusses möglich ist; so BAG Beschluß vom 4.8.1969 (NJW 1969, S. 2221); OLG Frankfurt a.M Beschluß vom 8.12.1969 (NJW 1970, S. 715); bereits OLG Düsseldorf Beschluß vom 11.10.1926 (JW 1927, S. 395 f., Nr. 27 mit abl. Anm *Drucker*).

103 OLG Hamm Beschluß vom 11.12.1970 (NJW 1971, S. 1623 f.) im strafgerichtlichen Verfahren.

104 OLG Hamm Beschluß vom 22.3.76 (JurBüro 1976, Sp. 1120): das OLG begründet weiter, daß das rechtliche Gehör zumindest im Beschwerdeverfahren die Gegenvorstellung rechtfertige, in dem im Hinblick auf die zumeist schriftliche Entscheidung die Gefahr einer Verkürzung des rechtlichen Gehörs bestehe. Es ist bereits darlegt worden, daß die "Gefahr" der Verletzung des rechtlichen Gehörs nicht der Rechtfertigungsgrund für eine Ausnahme sein kann.

auf die Verfassungsbeschwerde verwiesen werden müßte, wenn das Beschwerdegericht den Mangel selbst beheben könne[105].

b) Literatur

Die Literatur beantwortet die Frage, ob eine Gegenvorstellung bei sonst unabänderlichen Beschlüssen dann zulässig ist, wenn das Recht auf richterliches Gehör verletzt ist, unterschiedlich.

Baumgärtel[106] behandelt die Frage, ob Gegenvorstellungen gegen letztinstanzliche Beschwerdeentscheidungen zulässig sind, und stellt dazu fest, daß verfahrensleitende Beschlüsse abänderbar sind, nicht aber - wegen ihrer materiellen Rechtskraft - Beschlüsse mit urteilsähnlichem Charakter. Ausnahmen läßt er nicht zu[107].

Die Zulässigkeit einer Gegenvorstellung gegen Beschlüsse lehnen grundsätzlich auch Grunsky[108], Ratte[109] und H. Schmidt[110] ab. Sie lassen jedoch

---

105 OLG Bremen Beschluß vom 7.10.1977 (JurBüro 1978, Sp. 601): bei Annahme lediglich formeller Rechtskraft; OLG München Beschluß vom 13.9.1982 (AnwBl 1982, S. 532): bei Annahme materieller und formeller Rechtskraft unter Vergleich mit den Vorschriften der Wiedereinsetzung. Es ist aber doch gerade die Frage, ob das Beschwerdegericht entgegen den allgemeinen Regeln den Fehler selbst beheben kann. Wenn das OLG Düsseldorf Beschluß vom 20.2.1991 (NJW 1992, S. 2434 f.) ausführt (für die weitere Beschwerde nach § 310 Abs. 1 StPO), daß der Zulässigkeit der weiteren Beschwerde über die normierten Tatbestände hinaus bei Verletzung von Grundrechten entgegenstünde, daß die Verfassungsbeschwerde an eine Monatsfrist gebunden sei, dagegen die weitere Beschwerde nicht - und auch nicht die Gegenvorstellung -, dann ist dem zu entgegnen, daß die Monatsfrist der Verfassungsbeschwerde der Entlastung des BVerfGs dient und nicht die Fachgerichte entlasten soll.

106 MDR 1968, S. 970 ff.

107 *Deubner*, NJW 1980, S. 263 ff., 267 hält eine Analogie zu § 33a StPO nur bei eindeutigen Verstößen gegen Art. 103 Abs. 1 GG für zulässig. Gegen eine außerordentliche Gegenvorstellung bei Verletzung des Rechts auf Gehör auch *Zimmermann*, ZPO, § 567, Rz. 34.

108 Stein/Jonas/*Grunsky*, ZPO, § 567 IV 5, Rz. 21: § 577 IV, Rz. 10 und Allg. Einl IV, Rz. 44.

109 *Ratte*, Wiederholung, S. 89, lehnt die Möglichkeit einer Wiederholung der Beschwerde generell ab, ebenso die einer Gegenvorstellung (Wiederholung, S. 109). Er läßt eine Wiederholung der Beschwerde lediglich zu, wenn die Beschwerde als unzulässig verworfen worden ist. Auf S. 16 Fn. 2 führt er aber dann aus, daß gegen Beschlüsse, die "jeder gesetzlichen Grundlage entbehren", ausnahmsweise eine - an sich nicht gegebene - Beschwerde zuzulassen ist, und subsumiert unter den Begriff der greifbaren Gesetzeswidrigkeit zunächst lediglich Verfahrensfehler, und hält insoweit eine Ausnahmebehandlung nicht für zulässig. Das Gericht sei nach Beschwerdeentscheidung nicht mehr zuständig.

110 *Schmidt*, Diss., insbes. S. 126 und RPfleger 1974, S. 177: *Schmidt* läßt bei auf sofortige Beschwerde ergangenen Beschlüssen wegen § 577 Abs. 3 ZPO nur bei Vorliegen von Wiederaufnahmegründen eine Abänderung zu. Er macht auch keine Ausnahme bei "greifbarer Gesetzeswidrigkeit". Auf einfache Beschwerde ergangene Beschlüsse hält er dagegen für aus-

eine Ausnahme für den Fall der "greifbaren Gesetzeswidrigkeit" des angegriffenen Beschlusses zu, zu dem sie allerdings die Verletzung des Rechts auf Gehör vor dem Richter nicht zählen[111].

Brüggemann[112], Weis[113], St. Werner[114], Waldner[115], E. Schumann[116] und M. Bauer[117] halten dagegen bei Verletzung des Rechts auf richterliches Gehör eine außerordentliche Gegenvorstellung für zulässig[118].

Die außerordentliche Zulässigkeit einer Gegenvorstellung hat nur dann Bedeutung, wenn man die Verletzung des Rechts auf richterliches Gehör nicht *nach allgemeinen Regeln* beseitigen kann. Denn nur in diesen Fällen ist es erforderlich, zur Abhilfe entgegen den allgemeinen Grundsätzen eine Gegenvorstellung zuzulassen. Das Problem stellt sich dagegen nicht, wenn ein neuer Antrag gestellt werden kann oder wenn der Beschluß nach allgemeinen Regeln anfechtbar oder nach allgemeinen Regeln eine Gegenvorstellung zulässig ist[119] oder war[120]. Das Problem stellt sich somit nach der Rechtsprechung

---

nahmslos abänderbar. Siehe auch *Schmidt*, JurBüro 1975, Sp. 1311 ff. - ohne Stellungnahme zur "greifbaren Gesetzeswidrigkeit".

Dagegen *Bruns/Peters*, ZwV, § 14 VII 3, S. 88 f.

111 Ebenso *Henschel*, FS Faller, S. 170 f., der vom strafgerichtlichen Verfahren ausgeht und dann auf den Zivilprozess kommt: Rechtsbehelfe dürfen nur den Instanzenzug verlängern, wenn sie vom Gesetzgeber geschaffen werden. *Henschel* bezweifelt auch, daß dadurch das Bundesverfassungsgericht entlastet wird; kritisch auch *Meyer*, FS Kleinknecht, S. 284.

112 In JR 1969, S. 361 ff., 369: Die §§ 33a, 311a StPO seien ein Ausdruck eines allgemeinen Rechtsgrundsatzes, der auch für die ZPO Gültigkeit habe.

113 NJW 1987, S. 1314 f.

114 NJW 1991, S. 79 ff.

115 *Waldner*, Gehör, S. 291. *Waldner* führt allerdings aus, daß die Gegenvorstellung weniger gut in das System der ZPO passt als eine Erweiterung des Instanzenzugs.

116 NJW 1985, S. 1138 ff.

117 Diss., insbes. S. 143 ff, und NJW 1991, S. 1711 ff.; ebenso *Benda*, NJW 1980, S. 2097 ff., 2102; *Thomas/Putzo*, ZPO, Vorbem. § 567, II 2a; Rosenberg/*Schwab*, ZPR, § 60, II 1 d, S. 358; *Berkemann*, JR 1980, S. 268 ff., 272; *Brüggemann*, JR 1969, S. 369; BL/*Albers*, ZPO, Übers § 567, 1 C a; Zöller/*Schneider*, ZPO, § 567, Rz. 22; Schönke/*Kuchinke*, ZPR, § 79 VI; *Zuck*, JZ 1985, S. 921 ff., 927.

118 So auch *Röhl*, NJW 1958, S. 1268 ff., 1269; *Peters* JZ 1953, S. 641.

119 Siehe z.B. ausführlich OLG Stuttgart Beschluß vom 9.4.1957 (JZ 1959, S. 445); OLG Hamm Beschluß vom 4.1.1974 (JR 1975, S. 25 ff.): Die Beschwerdeentscheidung des OLG sei zwar grundsätzlich nicht abänderlich, ausnahmsweise aber, wenn den Beschluß die gesetzliche Grundlage gefehlt habe oder der angestrebte Erfolg auf anderem verfahrensrechtlich zulässigen Weg nicht erreicht werden könne (nicht entscheidungserheblich). Dabei ist zu beachten, daß die Zulässigkeit einer Gegenvorstellung bei einigen Beschlüssen streitig ist.

nur bei unanfechtbaren letztinstanzlichen Beschwerdebeschlüssen der Oberlandesgerichte[121] sowie bei Entscheidungen der Landgerichte, gegen die man eine weitere Beschwerde nur aufgrund einer Zulassung einlegen kann. Dabei sollte man im Verhältnis zu der Frage, ob gegen einen Beschluß eine "außerordentliche Anfechtung" oder eine "außerordentliche Gegenvorstellung" zulässig ist, berücksichtigen, daß es sich hier um die Frage handelt, welche Instanz die Entscheidung überprüft. Grundsätzlich unterliegt die Überprüfung einer Entscheidung der nächsten Instanz, zumindest einem anderen Gericht.

3. Verletzung des Art. 103 Abs. 1 GG als selbständige Beschwer nach § 568 Abs. 2, 2. Alt. ZPO

a) Rechtsprechung

Die überwiegende Rechtsprechung legt außerdem § 568 Abs. 2 2. Alt. ZPO verfassungskonform[122] dahingehend aus, daß die Verletzung einer we-

---

120 Wenn gegen die Entscheidung eine Beschwerde befristete Beschwerde zulässig war, der Beschwerte aber die Frist versäumt hat, ist eine Anfechtung nur möglich, wenn Wiedereinsetzungsgründe vorliegen.

121 Bei diesen Beschlüssen verneint die überwiegende Rechtsprechung inzwischen die Abänderbarkeit und somit die Möglichkeit einer Gegenvorstellung: So OLG Düsseldorf Beschluß vom 6.8.1958 (NJW 1958, S. 1931 - für jede Beschwerdeentscheidung von OLGs); OLG Bamberg Beschluß vom 28.6.1965 (NJW 1965, S. 2407 - für Beschwerdeentscheidung des OLG auf einfache Beschwerde); OLG München Beschluß vom 19.11.1953 (MDR 1954, S. 237); OLG Stuttgart Beschluß vom 9.4.1957 (JZ 1959, S. 445). Es kann hier dahingestellt sein bleiben, ob diese Meinung richtig ist bzw. ob aus § 318 ZPO oder aus dem Rechtsmittelzug und § 577 Abs. 3 ZPO Abänderungsverbote abzuleiten sind, ob es eine formelle und materielle Rechtskraft von Beschlüssen gibt.

122 RG Beschluß vom 4.1.1887 (RGZ 17, S. 371 ff.); ? Beschluß vom 22.4.1898 (JW 1898, S. 355 Nr. 23); KG Beschluß vom 10.7.1912 (OLGZ 1925, S. 132); Beschluß vom 9.7.1931 (JW 1931, S. 3565); Beschluß vom 18.3.1977 (ZZP 90, S. 417 = RPfleger 1977, S. 219); Beschluß vom 15.7.1968 (NJW 1968, S. 2245 - mit Hinweis darauf, daß keine *neue* Beschwer vorliegt, wenn die Verletzung der Verfahrensvorschrift bereits der 1. Instanz unterlaufen ist); OLG Stuttgart Beschluß vom 25.10.1969 (ZZP 79, S. 305); OLG Hamm Beschluß vom 13.8.1959 (MDR 1960, S. 410 ff.); OLG Hamburg Beschluß vom 4.7.1956 (MDR 1956, S. 620) und Beschluß vom 4.6.1963 (MDR 1964, S. 423 - mit Hinweis darauf, daß die Entscheidung auf der Verletzung des rechtlichen Gehörs *beruhen* muß); OLG Köln Beschluß vom 5.9.1975 (RPfleger 1976, S. 441 f.); Beschluß vom 26.3.1975 (OLGZ 1975, S. 365 ff, S. 365 f. = Rpfleger 1975, S. 260 f.) in Auseinandersetzung mit den Zweifeln; Beschluß vom 21.5.1976 (MDR 1977, S. 58 f.); Beschluß vom 20.5.1987 (MDR 1987, S. 853 f.); Beschluß vom 11.3.1981 (ZIP 1981, S. 433 - bei Nichtbeachtung von Parallelentscheidungen); Beschluß vom 9.5.1987 (NJW 1988, S. 2805 - bei einer fehlenden Unterschrift); OLG Frankfurt Beschluß vom 1.8.1975 (RPfleger 1975, S. 442 f. - zu einer Entscheidung trotz fehlenden Antrages); OLG Saarbrücken (Beschluß vom 11.11.1965 (OLGZ 1966, S. 182 ff.) OLG Celle Beschluß vom 30.1.1953 (NJW 1953, S. 588 f.) - zu einer Entscheidung ohne vollständige Würdigung

sentlichen Verfahrensvorschrift durch das Beschwerdegericht auch bei einer sachlich gleichen Entscheidung die weitere Beschwerde eröffnet[123]. Dabei liegt den meisten Entscheidungen der Verstoß gegen Art. 103 Abs. 1 GG zugrunde[124]. Damit kann diese Rechtsprechung sich nicht darauf berufen, daß sonst ein Nichtigkeitsgrund vorliegen würde[125].

Die Rechtsprechung begründet ihre Auslegung von § 568 Abs. 2 2. Alt. ZPO[126] damit, daß dies die prozeßökonomisch allein sinnvolle Weise sei, den Verfahrensfehler zu beseitigen. Der Verweis auf die Verfassungsbeschwerde erübrige sich[127]. Dabei geht sie übereinstimmend davon aus, daß die Fachgerichtsbarkeit die Verfassungsverstöße zu beseitigen habe. Ein Argument für die Auslegung ist, daß ansonsten in Fällen der Verletzung des Rechts auf richterliches Gehör Verfassungsbeschwerde erhoben werden müßte.

---

des Vorbringens); OLG Hamm Beschluß vom 24.1.1972 (MDR 1972, S. 521) - bei einer Entscheidung unter Verstoß gegen die Ermittlungspflicht nach § 75 KO im Konkursverfahren).

Anders nur OLG Zweibrücken Beschluß vom 17.3.1971 (NJW 1971, S. 1273 f.) und OLG Schleswig Beschluß vom 13.8.1974 (NJW 1975, 319 f. = SchlHA 1977, S. 102 f.).

123 Vgl. BVerfG Beschluß vom 10.10.1978 (BVerfGE 49, S. 252 ff).

124 Vgl. RG Beschluß vom 4.1.1887 (RGZ 17, S. 471 ff.); Beschluß vom 20.8.1887 (RGZ 18, S. 425 ff.); OLG Hamburg Beschluß vom 4.7.1956 (MDR 1956, S. 620 - im konkreten Fall lag allerdings keine Verletzung rechtlichen Gehörs vor) und Beschluß vom 4.6.1963 (MDR 1964, 423 mit Hinweis darauf, daß die Entscheidung auf der Verletzung des rechtlichen Gehörs beruhen muß); KG Beschluß vom 15.7.1968 (NJW 1968, S. 2245 - dazu Fn. 66); OLG Hamm Beschluß vom 13.8.1959 (MDR 1960, S. 410); OLG Köln Beschluß vom 13.8.1988 (ZIP 1989, S. 131); Beschluß vom 9.5.1988 (NJW 1988, S. 2805 - zu fehlender Unterschrift unter dem Beschluß); Beschluß vom 20.5.1987 (MDR 1987, S. 853); Beschluß vom 1.6.1983 (MDR 1983, S. 761); Beschluß vom 16.11.1982 in MDR 1983, S. 325; Beschluß vom 17.12.1980 (JMBl NRW 1981, S. 101); Beschluß vom 5.9.1975 (RPfleger 1976, S. 441 f.); OLG Nürnberg Beschluß vom 3.5.1985 (WM 1985, S. 954); OLG Frankfurt Beschluß vom 21.12.1979 (Rpfleger 1980, S. 196); Beschluß vom 11.12.1980 (MDR 1981, S. 411); OLG Koblenz Beschluß vom 9.3.1978 (MDR 1979, S. 765).

125 Bemerkenswert ist hier die Entscheidung des OLG Zweibrücken Beschluß vom 21.5.1987 (NJW 1987, S. 2590): Das OLG schließt sich zwar der Meinung an, daß die Verletzung von Art. 103 Abs. 1 GG einen weiteren Beschwerdegrund darstellt. Ein materieller Grundrechtsverstoß - es handelte sich um die Verletzung des allgemeinen Persönlichkeitsrechts, das u.a. auch aus Art. 1 GG, also der Menschenwürde abgeleitet wird -, biete dagegen keinen weiteren Beschwerdegrund.

126 Man kann für die gestellte Frage dahingestellt sein lassen, ob es sich um eine Auslegung handelt oder um Richterrecht.

127 So OLG Frankfurt 1.8.1975 (RPfleger 1975, S. 442 f.); OLG Köln Beschluß vom 21.5.1976 (MDR 1977, S. 58); Beschluß vom 26.3.1975 (OLGZ 1975, S. 365 = Rpfleger 1975, S. 260); das KG Beschluß vom 18.3.1977 (ZZP 90, S. 417) verweist darauf, daß die Zulassung eines vom LG zu prüfenden außerordentlichen Rechtsbehelfs in Analogie zu den Vorschriften der Wiederaufnahme die Lücke nicht schließen könne, da etwa die Verletzung des Rechts auf richterliches Gehör nicht zu den gesetzlich aufgezählten Restitutions- und Nichtigkeitsgründen zählt.

Bettermann[128] hat dargelegt, daß diese Rechtsprechung nicht durch eine Auslegung von § 568 Abs. 2 2. Alt. ZPO zu begründen ist. Damit wird die Rechtsprechung für die hier gestellte Frage interessant, ob die Verletzung des Rechts auf richterliches Gehör eine außerordentliche Anfechtung begründet. Das OLG Hamm[129] lehnt dementsprechend in Anlehnung an Bettermann eine Auslegung des § 568 Abs. 2 2. Alt. ZPO ab, daß die Verletzung von Verfahrensvorschriften eine selbständige Beschwer darstelle, da nur eine Difformitätsbeschwerde zulässig sei, will aber die Beschwerde wegen Verletzung einer wesentlichen Verfahrensvorschrift als prozessuales Gewohnheitsrecht zulassen[130].

b) Literatur

Die überwiegende Meinung[131] bejaht die Zulässigkeit der weiteren Beschwerde bei Verletzung des Rechts auf richterliches Gehör. Dabei dringt die Meinung vor, daß § 568 Abs. 2 2. Alt. ZPO nur eine Difformitätsbeschwerde zuläßt[132], die Verletzung von Art. 103 Abs. 1 GG aber durch Richterrecht die außerordentliche Beschwerde begründe[133].

---

128 ZZP 77 (1964), S. 3 ff. und ZZP 90 (1977), S. 419 ff.

129 Beschluß vom 8.9.1978 (NJW 1979, S. 170 f.); vgl. bereits den Beschluß vom 11.2.1972 (MDR 1972, 521 ff. 523), der den schweren Verfahrensfehler als "richterrechtlich geschaffenen Beschwerdegrund" qualifiziert.

130 Ebenso KG Beschluß vom 10.10.1986 (NJW-RR 1987, S. 446) und Beschluß vom 20.5.1987 (NJW-RR 1987, S. 1152).

131 Vgl. *Schumann*, Bundesverfassungsgericht, S. 75, Rosenberg/*Schwab*, ZPR, § 149, VI 2c, S. 963, der sich zwar der Meinung von *Bettermannm* anschließt, aber für die Verletzung von Art. 103 Abs. 1 GG angesichts der Rechtsprechung des Bundesverfassungsgerichts die Zulässigkeit einer weiteren Beschwerde bejaht; Zöller/*Schneider*, ZPO, § 568, Rz. 16 als prozessuales Gewohnheitsrecht; *Wieczorek*, ZPO, § 568, Anm. 5 IV b1; *Zeiss*, § 84, Rz. 743; *Jauernig*, § 75 I.

132 Siehe *Bettermann* (Fn. 128). In Anschluß daran verneint Stein/Jonas/*Grunsky*, ZPO, § 568, Rz. 8 die Zulässigkeit der weiteren Beschwerde bei Verletzung von Verfahrensvorschriften.

133 Siehe Zöller/*Schneider*, ZPO, 568, Rz. 1; BL/*Albers*, ZPO, § 568, Anm. 2 B c.

4. Einspruch und Berufung bei Versäumnisurteilen

a) Meinungsstand in Rechtsprechung und Literatur zur Berufung gegen zweite Versäumnisurteile

Beim zweiten Versäumnisurteil befürworten Rechtsprechung und Literatur in unterschiedlichem Ausmaß, die Berufung nach § 513 Abs. 2 ZPO nicht nur mit der Behauptung zuzulassen, ein Fall der Säumnis habe im Einspruchstermin nicht vorgelegen. Sie ermöglichen damit, daß bereits die Fachgerichtsbarkeit Verletzungen des Rechts auf Gehör behebt.

So läßt der Bundesgerichtshof die Berufung gegen ein zweites Versäumnisurteil nach einem Vollstreckungsbescheid nach § 513 Abs. 2 ZPO mit der Behauptung zu, daß es der Klage bei Erlaß des Vollstreckungsbescheids an Schlüssigkeit[134] oder Zulässigkeit[135] fehle. Der Bundesgerichtshof begründet seine Meinung damit[136], daß § 513 Abs. 2 ZPO "ungeachtet seines Wortlauts" dahin auszulegen sei, daß "er die Überprüfung eines zweiten Versäumnisurteils auf das Vorhandensein sämtlicher Umstände ermöglicht, die der Einspruchsrichter zu prüfen hat." Ein Teil der Rechtsprechung[137] läßt darüber hinaus die Berufung gegen ein zweites Versäumnisurteil mit der Behauptung zu, daß das erste Versäumnisurteil mangels Schlüssigkeit der Klage nicht hätte ergehen dürfen.

Die Literatur stimmt der Rechtsprechung des Bundesgerichtshofs zu. Die überwiegende Meinung in der Literatur will darüber hinaus wie auch das

---

134 BGH Urteil vom 7.12.1978 (BGHZ 73, 87 ff., 91 f.); im Anschluß daran Urteil vom 19.11.1981 (NJW 1982, S. 888 f,). OLG Hamm, Urteil vom 11.9.1990 (NJW 1991, S. 1067) will aber die Berufung nach § 513 Abs. 2 ZPO nur dann zulassen, wenn überhaupt keine Schlüssigkeitsprüfung vorgenommen worden ist, eine falsche dagegen reiche nicht aus.

135 BGH Urteil vom 25.10.1990 (NJW 1991, S. 43): Mit der Berufung müsse das geprüft werden, das der Einspruchsrichter zu überprüfen hatte, d.h. Parallelität von Prüfungspflicht und Rechtsmittelfähigkeit. A.A. OLG Düsseldorf Urteil vom 5.3.1987 (MDR 1987, S. 769 f.) unter Verweis auf den eindeutigen Gesetzeswortlaut; OLG Stuttgart Urteil vom 19.6.1975 (MDR 1976, S. 51 f): Zwar allgemein für Klagen formuliert, aber im konkreten Fall lag ein Versäumnisurteil vor. Siehe auch BGH Beschluß vom 16.4.1986 (BGHZ 97, 341 ff): § 513 Abs. 2 ZPO nicht bei entschuldigter Säumnis im ersten Termin

136 Siehe Urteil vom 25.10.1990 (NJW 1991, S. 43).

137 So BAG Urteil vom 1.12.1970 (AP Nr. 3 zu § 345 ZPO); Urteil vom 18.1.1974 (AP Nr. 4 zu § 345 ZPO); LAG Hamm Urteil vom 15.11.1974 (BB 1975, S. 745 f); Urteil vom 10.9.1980 (AP Nr. 1 zu § 513 ZPO = NJW 1981, S. 887 f) Beschluß vom 27.6.1985 (MDR 1985, S. 962 f); LAG Hamm Beschluß vom 27.6.1985 (MDR 1985, S. 962 f); OLG Stuttgart Urteil vom 19.6.1975 (MDR 1976, S. 51); a.A. OLG Hamm Urteil vom 11.9.1990 (NJW 1991, S. 1067): keine Schlüssigkeitsprüfung.

Bundesarbeitsgericht die Berufung gegen ein zweites Versäumnisurteil analog § 513 Abs. 2 ZPO zulassen, wenn das erste Versäumnisurteil bei unzulässiger oder unschlüssiger Klage ergangen ist[138].

b) Meinungsstand in Rechtsprechung und Literatur zum Einspruch gegen zweite Versäumnisurteile

Außerdem bemüht sich die Rechtsprechung zur Säumnis in der Instanz[139], der säumigen Partei durch eine Auslegung der Verfahrensvorschriften entgegen der sonstigen Auslegung die Möglichkeit zum Einspruch und somit zur Überprüfung des Urteils in derselben Instanz ohne Einschränkung zu schaffen.

c) Diskussion

Die hier dargestellte Rechtsprechung und die auf sie bezogene Literatur zeigen, wenn auch in unterschiedlichem Ausmaß, die Tendenz, bei Versäumnisurteilen das Recht auf Gehör vor dem Richter und den Anspruch auf effek-

---

138 *Braun*, ZZP 93 (1980), S. 443 ff., insb. 456 ff stimmt lediglich dem BGH zu. Weitergehend *Hoyer* S. 128 ff, 149, 172; *Orlich*, NJW 1980, S: 1783 f; *Vollkommer*, ZZP 94 (1981) S. 91 ff. und Anm. zu BAG AP Nr. 3 zu § 345 ZPO: Rüge der verfahrensrechtlichen Unzulässigkeit des 1. Versäumnisurteils mit § 513 Abs. 2 ZPO möglich mit Berufung auf das Gebot des effektiven Rechtsschutzes; ausdrücklich in Anschluß daran *Schneider*, MDR 1985, S. 375 ff., 377; ; so auch *Fuchs*, NJW 1979, S. 1306: § 513 Abs. 2 ZPO analog, wenn das 1. Versäumnisurteil gesetzeswidrig ergangen ist, insbesondere die Klage nicht zulässig oder schlüssig war, mit Hinweis darauf, daß dann der dem Gesetz zugrundeliegende Vorwurf der Prozeßverschleppung nicht zuträfe; *Grunsky*, Anm zu BAG Urteil vom 18.1.1974 AP Nr. 4 zu § 345 ZPO; *E. Peters*, JZ 1986, S. 859 f.; *Bergerfurth*, JZ 1978, S. 300; Zöller/*Schneider*, § 513, Rz. 6; Zöller/*Stephan* § 345, Rz. 4 unter Berufung auf Art. 103 GG. Dagegen *Blunck*, NJW 1971, S. 2040; BL/*Albers* § 513, 2 B; *Marcelli*, NJW 1981, S. 2558 ff., *Prütting*, JuS 1975, S. 150; Rosenberg/*Schwab*, ZPR, § 108 V 4a; *Schwab*, ZZP 96 (1983), S. 561; *Jacobsen/Keim/Waas*, MDR 1977, S. 631 ff.; *Flieger*, MDR 1978, S. 375 f.; *Bergerfurth*, JZ 1978,S. 300.

Stein/Jonas/*Schumann*, ZPO, § 354, Rz. 7-9: Immer dann, wenn 1. Versäumnisurteil in gesetzwidriger Weise ergangen ist, kann Berufung nach § 513 Abs. 2 ZPO eingelegt werden.

139 BGH Urteil vom 4.4.1962 (BGHZ 37, S. 79 ff., 81 f.): Der Revisionsbeklagte war säumig. Das (gegen den Revisionsbeklagten erlassene Prozeß-)Urteil beruhte nicht auf den Folgen der Säumnis. Der BGH hätte nach der neueren Rechtsprechung daher ein unechtes Versäumnisurteil erlassen können. Damit wäre der säumigen Partei die Möglichkeit genommen, sich in der Instanz zu äußern. Der BGH folgert nun aus der Regelung der §§ 519b, 554a ZPO, daß aus der Möglichkeit, ohne mündliche Verhandlung streitig zu entscheiden, zu folgern sei, daß außerhalb dieser Regelung, also bei Geltung des Mündlichkeitsgrundsatzes, nur in den ausdrücklich geregelten Formen (Versäumnisurteil oder Urteil nach Lage der Akten, letztes war ausgeschlossen) entschieden werden könne: Weil sonst mit dem Erlaß des streitigen Urteil bei Säumnis entgegen § 251a Abs. 2 ZPO ein Urteil nach Lage der Akten ohne mündliche Verhandlung ergehe. Vgl. auch BGH Urteil vom 11.10.1978 (NJW 1979, S. 166): Anwendung des Gedankens von § 513 Abs. 2 ZPO auch bei der Revision gegen ein zweitinstanzliches Versäumnisurteil.

tiven Rechtsschutz schon innerhalb der Fachgerichtsbarkeit durchzusetzen. Diese Tendenz ist auch der Entwicklung zu entnehmen, die die gesetzliche Regelung des Versäumnisurteils genommen hat. Mit der Einführung der Erwachsenheitssumme im Jahr 1915 war es zunächst nicht mehr möglich, ein Versäumnisurteil unterhalb dieser Beschwer zu überprüfen. Diesem Zustand half § 513 Abs. 2 S. 2 ZPO ab. In dieselbe Richtung änderte sich das Verständnis der Rechtsprechung vom Begriff der Säumnis. Säumnis lag zunächst unabhängig vom Verschulden der Partei vor. Die Rechtsprechung machte die Säumnis aber praeter legem zunehmend vom Verschulden der Partei abhängig. Dieser Rechtsprechung trug dann die neue Formulierung des § 337 S. 1 ZPO Rechnung.

Aus der Entwicklung von Gesetz und Rechtsprechung bei den Versäumnisurteilen zeigt sich, daß die Gewährung von Gehör für die Entscheidung im Laufe der Zeit für immer wichtiger gehalten und entweder das Gesetz dementsprechend unabhängig von seinem Wortlaut von Rechtsprechung und Literatur ausgelegt oder vom Gesetzgeber neu gefaßt wurde.

5. *Fazit*

Rechtsprechung und Literatur kennen die außerordentliche Anfechtung von Beschlüssen, lehnen es aber in der Regel ab, eine derartige Anfechtung bei Verletzung des Rechts auf Gehör zuzulassen. Die Untersuchung der Entscheidungsgründe und Stellungnahmen der Literatur zeigt, daß die verwendeten Definitionen der Fehler, die eine außerordentliche Anfechtbarkeit rechtfertigen können, keine inhaltlichen Kriterien enthalten. Ihnen ist nicht zu entnehmen, warum der eine Fehler die außerordentliche Anfechtung rechtfertigt, ein anderer dagegen nicht. Die Analyse der verwendeten Definitionen ergibt nur, daß eine besondere Qualität des Fehlers vorliegen muß, um die außerordentliche Anfechtung zu rechtfertigen. Dadurch ist es bei einigen Entscheidungen möglich festzustellen, daß jedenfalls in diesem Fall der Fehler die außerordentliche Anfechtung nicht rechtfertigt. Es ist aber nicht erkennbar, welcher sachliche Gesichtspunkt die Unterscheidung zwischen Fehlern, die die außerordentliche Anfechtung rechtfertigen, und anderen Fehlern trägt. Daher ist es anhand der Definitionen der Voraussetzungen für die außerordentliche Anfechtung nicht möglich zu beurteilen, welche Entscheidung richtig ist und welche falsch. Man kann auch nicht feststellen, ob die überwiegende Rechtsprechung und die Literatur recht haben, wenn sie wegen der

Verletzung des Rechts auf Gehör vor dem Richter nicht die außerordentliche Anfechtung zulassen. Es bestehen sogar erhebliche Zweifel an der Richtigkeit dieser Meinung angesichts dessen, daß Rechtsprechung und auch Literatur auf verschiedene Art und Weise praeter legem ermöglichen, daß die Fachgerichte eine Verletzung des Rechts auf Gehör beseitigen, indem sie die Bindungswirkung eines Beschlusses oder Urteils entfallen lassen, die außerordentliche Gegenvorstellung oder weitere Beschwerde für zulässig erachten und im Versäumnisverfahren die Rechtsschutzmöglichkeiten erweitern.

Nur wenn ein sachlicher Grund[140] für die außerordentliche Anfechtung gefunden ist, läßt sich beurteilen, ob die Verletzung des Rechts auf Gehör die außerordentliche Anfechtung der darauf beruhenden Entscheidung rechtfertigt und verlangt. Es gilt also im folgenden, die Entscheidungen darauf zu untersuchen, ob der Fehler von besonderer Qualität ist und diese besondere Qualität die außerordentliche Anfechtung der Entscheidung rechtfertigt.

140 Es kann dahingestellt bleiben, ob es einen oder mehrere gibt.

2. Kapitel

Sachliche Kriterien für die außerordentliche Überprüfung gerichtlicher Entscheidungen

§ 4 Bestimmung von Kriterien durch Bildung von Fallgruppen

Im folgenden wird es darum gehen, die Entscheidungen zur "greifbaren Gesetzeswidrigkeit" in Fallgruppen zu gliedern und zu untersuchen, ob sich aus diesen Entscheidungen Kriterien für das Vorgehen bei Verletzungen des Art. 103 Abs. 1 GG ergeben. Dies erfordert weder eine abschließende Prüfung der Entscheidungen noch eine abschließende Stellungnahme zu den dogmatischen Grundlagen des Instituts der "greifbaren Gesetzeswidrigkeit". Es sind nur diejenigen Fallgruppen zu analysieren, die im Hinblick auf die Frage von Interesse sind, ob es sachliche Kriterien für die außerordentliche Anfechtung bei Verletzung des Rechts auf richterliches Gehör gibt. Dabei kann dahinstehen, ob und warum Entscheidungen "richtig" sind, wenn sie für das Thema der Arbeit nicht von Bedeutung sind und andere Themenkreise betreffen.

Es bietet sich an, die Fälle der "greifbaren Gesetzeswidrigkeit" nach der Art der Normen zu gliedern, gegen die das Gericht bei Erlaß der jeweiligen Entscheidung verstoßen hat. Danach teilen sich die Entscheidungen auf in Fälle, in denen das Gericht bei seiner Entscheidungsfindung gegen einfachgesetzliches materielles Recht verstoßen hat (I.), und Entscheidungen, die auf einem Verstoß gegen einfachgesetzliche oder verfassungsrechtliche Verfahrensvorschriften und materielle Grundrechte beruhen (II.).

I. Kein Unterschied zwischen Beschlüssen und Urteilen

Bevor die Entscheidungen zur "greifbaren Gesetzeswidrigkeit" auf Kriterien zur außerordentlichen Anfechtung untersucht werden, stellt sich die

Frage, ob Kriterien aus der Untersuchung der Entscheidungen zu Beschlüssen zur außerordentlichen Anfechtung auch die außerordentliche Anfechtung von Urteilen bestimmen können.

Die Rechtsprechung hat das Institut der "greifbaren Gesetzeswidrigkeit" zunächst anhand von Beschlüssen entwickelt. Der Bundesgerichtshof[1] hat noch in einer Entscheidung im Jahr 1989 bei der Prüfung, ob gegen ein Urteil ohne Tatbestand und Entscheidungsgründe eine außerordentliche Revision zulässig sei, abgelehnt, dieses Institut auf das Urteilsverfahren zu übertragen. Er hat dabei allerdings in der Sache erörtert, ob eine "greifbare Gesetzeswidrigkeit" vorliege. Denn er verwies darauf, daß § 551 Nr. 7 ZPO zeige, daß fehlende Urteilsgründe im Interesse der Rechtssicherheit hingenommen werden müßten. Inzwischen hat aber der Bundesgerichtshof auch in einem Urteilsverfahren[2] geprüft, ob eine "greifbare Gesetzeswidrigkeit" vorliege.

Dieser Entscheidung des Bundesgerichtshofs ist zuzustimmen. Es ist zwar theoretisch denkbar, daß bestimmte Fehler nur bei Beschlüssen zur außerordentlichen Anfechtung führen. Solange aber nicht feststeht, welche sachlichen Überlegungen die außerordentliche Anfechtung einer Entscheidung begründet, kann man nicht davon ausgehen, daß diese sachlichen Gründe lediglich bei fehlerhaften *Beschlüssen* vorliegen können, nicht aber bei fehlerhaften Urteilen. Wenn zum Beispiel die außerordentliche Anfechtung bei der Verletzung des Rechts auf Gehör wegen der Bedeutung des Rechts für das gerichtliche Verfahren und seiner Stellung als Verfahrensgrundrecht zulässig sein sollte, dann ist kein Grund ersichtlich, daß dies lediglich bei einem Beschluß und nicht auch bei einem Urteil gelten sollte.

II. "Greifbare Gesetzeswidrigkeit" bei Verstößen gegen anspruchsbegründende ("sachliche") Vorschriften

Es gilt zunächst, die Entscheidungen zu untersuchen, die bei Verstößen gegen Regelungen, die Ansprüche eines Beteiligten betreffen (also Regelungen des sachlichen Rechts), die "greifbare Gesetzeswidrigkeit" der Entscheidung

1 Beschluß vom 5.7.1989 (NJW 1989, S. 2758). Ein fehlender Tatbestand wäre aber ein Revisionsgrund, siehe BGH Urteil vom 24.4.1991 (NJW 1991, S. 3038).

2 Urteil vom 19.10.1989 (NJW 1990, S. 838).

bejahen bzw. verneinen. Dabei ist für das Thema interessant, ob sich aus diesen Entscheidungen ergibt, daß eine Entscheidung lediglich bei Verstößen gegen sachliches ("materielles") Recht als "greifbar gesetzeswidrig" qualifiziert werden kann. Dann könnte sich ein Verstoß gegen bloße Verfahrensvorschriften nicht als "greifbare Gesetzeswidrigkeit" darstellen. Dies erfordert keine abschließende Untersuchung aller Entscheidungen. Es sollen lediglich häufig entschiedene Fälle herausgegriffen werden.

1. Fälle "greifbarer Gesetzeswidrigkeit"

a) Im Verfahren des einstweiligen Rechtsschutzes

So haben die Gerichte im einstweiligen Verfügungsverfahren in folgenden Fällen das Vorliegen einer "greifbaren Gesetzeswidrigkeit" bejaht: Bei einer einstweiligen Anordnung auf Zahlung eines Prozeßkostenvorschusses für ein Verfahren, das keine Ehe- oder Folgesache war[3], und bei Verurteilung des Prozeßbevollmächtigten der Antragstellerin, an den Antragsgegner den von diesem gezahlten Prozeßkostenvorschuß zurückzuzahlen[4].

b) Im Prozeßkostenhilferecht

Im Prozeßkostenhilfeverfahren bejahten die Gerichte das Vorliegen einer "greifbaren Gesetzeswidrigkeit" bei rückwirkender Bewilligung von Prozeßkostenhilfe aufgrund eines nach Abschluß des Verfahrens gestellten Antrags[5] und bei rückwirkender Bewilligung von Prozeßkostenhilfe für die 1. Instanz, obwohl in der 1. Instanz noch kein prüfungsfähiger Antrag vorlegen hatte[6].

c) Im Zwangsvollstreckungsverfahren

Im Zwangsvollstreckungsverfahren bejahten Entscheidungen das Vorliegen einer "greifbaren Gesetzeswidrigkeit" bei einer Einstellung der Zwangsvollstreckung nach § 769 ZPO, obwohl richtigerweise nach den §§ 719, 707 ZPO hätte eingestellt werden müssen[7], außerdem bei einer unbedingten Anordnung

---

3 OLG Karlsruhe Beschluß vom 29.11.1989 (FamRZ 1990, S. 766).

4 OLG Düsseldorf Beschluß vom 4.8.1980 (AnwBl. 1980, S. 507).

5 LAG Bremen Beschluß vom 10.9.1987 (AnwBl. 1988, S. 123 f.).

6 OLG Hamm Beschluß vom 14.6.1984 (FamRZ 1984, S. 1121 f.).

7 OLG Celle Beschluß vom 16.6.1977 (JurBüro 1978, Sp. 128).

nach § 769 ZPO vor Zustellung der Klage[8]; auch bei Einstellung der Zwangsvollstreckung ohne Sicherheitsleistung, obwohl der Schuldner nur die Einstellung beantragt und dabei nicht behauptete hatte, daß er einen Nachteil erleiden würde, wenn sie gegen Sicherheitsleistung eingestellt werden würde[9], oder überhaupt kein Vortrag erfolgt war, daß ein Nachteil entstehen würde[10]; weiter bei Einstellung nach § 707 Abs. 1 ZPO, obwohl nicht der Schuldner, sondern der Gläubiger den Antrag gestellt hatte, so daß richtigerweise nach den §§ 718, 719 ZPO zu verfahren gewesen wäre[11], und zuletzt bei Einstellung der Zwangsvollstreckung in einem isolierten Prozeßkostenhilfeverfahren[12].

2. *Nicht "greifbar gesetzeswidrige" Entscheidungen*

Dagegen lehnten die Gerichte das Vorliegen einer "greifbaren Gesetzeswidrigkeit" ab bei fehlender Begründung einer Einstellung nach § 719 ZPO[13], bei Ablehnung von Prozeßkostenhilfe entgegen § 119 S. 2 ZPO mangels Erfolgsaussicht der Klage in der 2. Instanz[14], bei Formfehlern[15], bei Verwerfung der Beschwerde mangels Beschwer, die aber vorlag[16], und bei Einstellung der Zwangsvollstreckung ohne Sicherheitsleistung aus einem

---

8 KG Beschluß vom 13.11.1987 (FamRZ 1988, S. 313 f.).

9 LG Kiel Beschluß vom 27.11.1958 (SchlHA 1959, S. 22).

10 SchlHOLG Beschluß vom 2.9.1974 (SchlHA 1975, S. 62): keine "greifbare Gesetzeswidrigkeit" dann, wenn Vortrag zum Nachteil, der bei richtiger Würdigung nicht ausgereicht hätte, da die Ausübung des Ermessens nicht nachgeprüft werden solle.

11 OLG Hamm Beschluß vom 3.9.1948 (Rpfleger 1948/49, Sp. 119 f.).

12 SchlHOLG Beschluß vom 16.11.1989 (FamRZ 1990, S. 303). Diese Entscheidung nennt als Anfechtungsgrund auch den Verstoß gegen Art. 103 Abs. 1 GG, allerdings nur als obiter dictum.

13 OLG Zweibrücken Beschluß vom 30.4.1986 (JurBüro 1987, Sp. 298 f.).

14 So BGH Beschluß vom 1.10.1985 (FamRZ 1986, S. 150 = Rpfleger 1986, S. 56 = WM 1986, S. 178 = NJW-RR 1986, S. 738) unter Hinweis auf die Möglichkeit einer Gegenvorstellung, und Beschluß vom 14.12.1988 (NJW-RR 1989, S. 702 = FamRZ 1989, S. 265 ff.); ebenso OLG Bamberg Beschluß vom 12.2.1980 (FamRZ 1980, S. 617): allerdings mit der Begründung, daß die andere Beurteilung der Erfolgsaussicht auf einer anderen Rechtsmeinung beruhe und die Entscheidung daher nicht "greifbar gesetzeswidrig" sei.

15 OLG Hamm Beschluß vom 16.6.1981 (FamRZ 1982, S. 409 f., S. 410); OLG Zweibrücken Beschluß vom 3.9.1982 (FamRZ 1983, S. 621); OLG Frankfurt Beschluß vom 13.12.1982 (MDR 1983, S. 410).

16 BGH Beschluß vom 14.12.1989 (MDR 1990, S. 541).

Versäumnisurteil unter falscher Anwendung der §§ 719 Abs. 1 S. 2, 355 Abs. 2 Ziff. 4 ZPO[17].

3. Diskussion der Entscheidungen

a) Zur Unterscheidung zwischen "greifbar gesetzeswidrig" und "nur fehlerhaft"

Diese Rechtsprechung macht deutlich, daß die Entscheidung zwischen "greifbar gesetzeswidrig" und nicht "greifbar gesetzeswidrig" vielfach nicht nachvollziehbar ist: So ist unverständlich, daß die Einstellung der Zwangsvollstreckung einerseits anfechtbar sein soll, wenn sich das Gericht auf die §§ 707, 769 ZPO und nicht auf § 719 ZPO gestützt hat - und damit eventuell anders entschieden hätte -, dagegen nicht, wenn das Gericht zwar die richtige Norm anwendet, auf die sich die Einstellung zu stützen hat, aber falsch subsumiert. Denn es handelt sich in beiden Fällen um eine fehlerhafte Anwendung des sachlichen Rechts: der Fehler liegt nur im einen Fall schon bei der Auswahl der Norm, beim anderen dagegen erst bei deren Anwendung. Die Entscheidungen liefern im übrigen in der Regel auch keine weitergehenden sachlichen Begründungen.

b) Fehlerhafte Begründungen

Die wenigen sachlichen Begründungen lassen Zweifel an der Richtigkeit der jeweiligen Entscheidung aufkommen. So soll die Landeskasse nach überwiegender Rechtsprechung bei der Bewilligung von Prozeßkostenhilfe einen Beschluß, der Prozeßkostenhilfe bewilligt, trotz § 127 Abs. 2 ZPO wegen "greifbarer Gesetzeswidrigkeit" dann anfechten können, wenn das Gericht "die Grenzen seines Ermessen eindeutig verkannt oder ihm greifbare Gesetzesverstöße unterlaufen sind". Bei dieser Sachlage genieße die Prozeßkostenhilfe begehrende Partei keinen besonderen Vertrauensschutz[18]. Bei dem

---

17 OLG Frankfurt Beschluß vom 21.7.1988 (AnwBl. 1989, S. 102 = NJW-RR 1989, S. 62). Siehe auch OLG Zweibrücken Beschluß vom 8.8.1973 (OLGZ 1974, S. 247 ff., 248): keine "greifbare Gesetzeswidrigkeit", wenn bei formeller Rechtskraft eines Urteils auf einen Antrag auf einstweilige Anordnung gegen Unterhaltsvergleich das Verfahren eingestellt wurde, weil hier die Wiedereinsetzung möglich sei.

18 LAG Düsseldorf Beschluß vom 17.1.1985 (JurBüro 1985, Sp. 1266 f.): Der Kläger hatte, obwohl arbeitslos gemeldet, angegeben, über keinerlei Einkünfte zu verfügen. Vgl. auch OLG Koblenz Beschluß vom 14.12.1982 (Rpfleger 1983, S. 174 f.). OLG Celle Beschluß vom 18.10.1982 (NdsRpfl 1982, S. 251 f.).

Versuch, die außerordentliche Anfechtung zu begründen, wird also § 127 Abs. 2 ZPO einer teleologischen Reduktion unterworfen: Nach § 124 ZPO (wohl Nr. 3 ZPO) sei die Rücknahme der Bewilligung möglich, wenn die Voraussetzungen für die Bewilligung nicht vorgelegen hätten. Dieser Gedanke sei auch bei § 127 Abs. 2 ZPO anzuwenden. Wäre diese Begründung richtig, dann könnte die Landeskasse die Bewilligung von Prozeßkostenhilfe immer dann anfechten, wenn die Voraussetzungen der Bewilligung nicht vorgelegen haben. Das kann aber nicht richtig sein, da dann § 127 Abs. 2 ZPO leer liefe. Im übrigen spricht gegen den Verweis auf § 124 Nr. 3 ZPO, daß nach § 124 ZPO die Rücknahme der Bewilligung durch die bewilligende Instanz erfolgt. Der Ausschluß der Beschwerde nach § 127 Abs. 2 ZPO aber erfolgt gerade nicht unter den Einschränkungen von § 124 ZPO. Im übrigen ist kein Grund ersichtlich, der es rechtfertigt, entgegen dem Gedanken des § 127 Abs. 2 ZPO den Fiskus gegen falsche Bewilligungen von Prozeßkosten zu schützen[19].

Es zeigt sich also, daß nicht nur die Definitionen des Fehlers, der zur "greifbaren Gesetzeswidrigkeit" einer Entscheidung führt, den Begriff nicht zu klären vermögen. Auch bei den einzelnen Entscheidungen ist keine überzeugende Abgrenzung zwischen sachlichrechtlichen Fehlern, die die "greifbare Gesetzeswidrigkeit" einer Entscheidung begründen, und anderen zu finden.

III. "Greifbare Gesetzeswidrigkeit" bei Verletzung von Verfahrensvorschriften und Grundrechten

1. Zum ablehnenden Meinungsstand

Die überwiegende Rechtsprechung hat immer wieder festgestellt, daß die Verletzung von (bloßen) Verfahrensvorschriften keine "greifbare Gesetzeswidrigkeit" begründe. Dies gelte auch, wenn es sich um wesentliche Verfahrensvorschriften handelt wie bei der Verletzung des Rechts auf richterliches Gehör.

So hat es der Bundesgerichtshof abgelehnt, die Beschwerde gegen eine nicht beantragte Entscheidung wegen Verletzung einer wesentlichen

19 So auch OLG Düsseldorf Beschluß vom 29.9. 1982 (Rpfleger 1983, S. 39 f.).

Verfahrensvorschrift zu eröffnen[20]. Schon das Reichsgericht[21] hat bei einem nach Rechtskraft des Urteils in der Hauptsache ergangenen Beschluß, durch den einer Partei nach § 102 ZPO die Kosten auferlegt wurden, entschieden, daß der Verstoß gegen die Rechtskraft nicht die weitere Instanz eröffne. Anders als in den Fällen der §§ 157 Abs. 2 S. 2 ZPO oder § 707 Abs. 2 S. 2 ZPO gäbe es im Bereich der streitigen Gerichtsbarkeit bei § 567 Abs. 3 ZPO keine Beschwerdeinstanz[22]. Dieser Entscheidung ist angesichts der Erwägungen in der Einleitung zuzustimmen.

2. *"Greifbare Gesetzeswidrigkeit" bei Verletzung von Verfahrensvorschriften*

Nun fällt aber auf, daß die Rechtsprechung in einigen Entscheidungen, in denen der Fehler in der Verletzung eines Grundrechts oder einer wesentlichen Verfahrensvorschrift liegt, das Vorliegen einer "greifbaren Gesetzeswidrigkeit" zwar nicht ausdrücklich allgemein bejaht, aber im Ergebnis doch eine "greifbare Gesetzeswidrigkeit" annimmt.

a) Verstöße gegen grundlegende einfachgesetzliche Verfahrensprinzipien

So lag einigen Entscheidungen ein Verstoß gegen zwar einfachgesetzliche, aber grundlegende Verfahrensvorschriften zugrunde.

Das OLG Köln[23] nahm zum Beispiel an, daß die Wahl eines falschen Verfahrens eine Entscheidung "greifbar gesetzeswidrig" werden lasse, wenn sich die Verfahren in ihrer Ausgestaltung grundlegend unterscheiden. In dem

---

20 BGH Beschluß vom 8.10.1957 (LM Nr. 2 zu § 13 LwVG).

21 RG Beschluß vom 7.3.1934 (RGZ 144, S. 86 ff., 88 f.): der Beschwerdeführer hatte die Möglichkeit der Gegenvorstellung ausgeschöpft.

22 Der Beschluß des BGH vom 18.1.1957 (JZ 1957, S. 182) konnte diese Frage dahinstehen lassen, weil die Verletzung einer wesentlichen Verfahrensvorschrift nicht für das Verfahren gerügt wird, das der Sachentscheidung zugrunde lag. In dem Beschluß vom 4.12.1974 (VersR 1975, S. 344) schließt sich der BGH der vorstehenden Entscheidung des RG an.

23 Urteil vom 10.2.1971 (OLGZ 1971, S. 42 ff.): Das OLG führte dazu aus, daß eine falsche Form (Beschluß statt Urteil) die Entscheidung nicht "greifbar gesetzwidrig" mache; in dem zu entscheidendem Fall habe das Untergericht im ordentlichen Erkenntnisverfahren befinden müssen, tatsächlich aber nach § 627 b ZPO entschieden. Ähnlich auch die Beschlüsse des OLG Düsseldorf (vom 18.4.1984, MDR 1984, S. 763: Das Untergericht hatte durch Beschluß ohne mündliche Verhandlung entschieden) und des OLG Zweibrücken (vom 22.3.1983, FamRZ 1983, S. 717 f.: Das Familiengericht hatte sich ohne mündliche Verhandlung mit Beschluß für örtlich zuständig erklärt und einen Verweisungsantrag abgelehnt. Die Anfechtbarkeit dieser Entscheidung ergab sich allerdings bereits aus dem "Meistbegünstigungsgrundsatz").

betreffenden Fall hatte das Gericht ohne notwendige mündliche Verhandlung entschieden.

Das OLG Köln[24] hielt außerdem einen Kostenbeschluß im Konkursverfahren für "greifbar gesetzeswidrig", der dem Beschwerdeführer, gegen den die Sequestration angeordnet worden war, mit der Begründung die Kosten auferlegt hatte, daß ihm kein Gegner gegenüberstehe. Dabei hatte eine andere Firma die Sequestration beantragt[25].

Das OLG Koblenz[26] hielt die Einstellung der Zwangsvollstreckung aus einem Versäumnisurteil nach Ablauf der Einspruchsfrist, nach der das Hauptverfahren nicht mehr durchgeführt werden konnte, für "greifbar gesetzeswidrig". Das Untergericht war fehlerhaft davon ausgegangen, daß diese Frist nicht mit der Parteizustellung beginnt. Hier hätte eine Entscheidung des LG im Hauptverfahren, die der fehlerhaften Ansicht des LG folgen würde, nach § 580 Nr. 7a ZPO wegen der Rechtskraft des Versäumnisurteils im Wiederaufnahmeverfahren aufgehoben werden müssen. Ein Wiederaufnahmegrund liegt auch vor in der Entscheidung des OLG Karlsruhe[27] vor, das die Beschwerde gegen einen Einstellungsbeschluß zugelassen hatte, weil die Partei lediglich einen Antrag auf Prozeßkostenhilfe gestellt hatte, aber noch keinen Antrag im Hauptverfahren. Denn der Gegner war noch nicht beteiligt (§ 579 Abs. 1 Nr. 4 ZPO)

b) Verstöße gegen verfassungsrechtliche Verfahrensprinzipien

Nach einer Reihe anderer Entscheidungen führte ein Verstoß gegen verfassungsrechtliche Verfahrensprinzipien zur "greifbaren Gesetzeswidrigkeit":

So hielt das OLG Düsseldorf[28] eine Entscheidung für "greifbar gesetzeswidrig", mit der ein Prozeßbevollmächtigter verurteilt worden war, vorausgezahlte Prozeßkostenhilfe zurückzuzahlen, obwohl er nicht Partei war, so daß die Entscheidung gegen Art. 103 Abs. 1 GG verstieß.

---

24 Beschluß vom 27.5.1987, ZIP 1987, S. 1066 f.

25 Im Vorverfahren hatte das LG gegen Art. 103 Abs. 1 GG verstoßen, indem es den Antrag der Firma X auf Sequestration gegen die Firma L-Stahlbau als Antrag der Firma L-Stahlbau behandelt und antragsgemäß entschieden hatte. Herr L wandte im Wege der Beschwerde ein, daß es keine Fa. L-Stahlbau gäbe. Offenbar wurde die Sequestration gegen ihn vollzogen.

26 Beschluß vom 9.10.1980 (OLGZ 1981, S. 243 ff., 245 = VersR 1981, S. 541).

27 Beschluß vom 21.12.1983 (FamRZ 1984, S. 186 f.).

28 Beschluß vom 4.8.1980 (AnwBl. 1980, S. 507).

Das OLG Frankfurt[29] hielt einen Beschluß über ein Ablehnungsgesuch gegen einen Richter für "greifbar gesetzeswidrig", der Art. 101 Abs. 1 Satz 2 GG verletzte. Diese Entscheidung bezog sich ausdrücklich auf die Rechtsprechung des Bundesverfassungsgerichts und führte aus, daß eine Grundrechtsverletzung, die die Verfassungsbeschwerde eröffnet, den Senat "verpflichte", den Grundrechtsverstoß durch Zulassung der Beschwerde selbst zu beseitigen.

Von Interesse ist auch, daß mehrere Entscheidungen das Vorliegen einer "greifbaren Gesetzeswidrigkeit" von Beschlüssen bejahten, denen der Sache nach eine Rechtsschutzverweigerung zugrunde lag.

So hielt das OLG Karlsruhe[30] eine Beschwerde nach § 567 ZPO bei faktischem Ruhen des Verfahrens mit der Begründung für zulässig, daß das Ruhen des Verfahrens unter keinem Gesichtspunkt zu rechtfertigen sei. Es stelle daher als Versagung des Rechtsschutzes eine "greifbare Gesetzeswidrigkeit" dar. Nach Auffassung des OLG Frankfurt[31] konnte eine Beschwerde nach § 567 ZPO gegen eine nach allgemeiner Meinung nicht anfechtbare Terminsverfügung nach § 216 Abs. 1 ZPO für den Fall erhoben werden, daß der Verfügung "jede verständige Grundlage fehle" und sie folglich den Rechtsschutz schmälere[32].

---

29 Beschluß vom 9.5.1979 (MDR 1979, S. 94); ebenso OLG Frankfurt Beschluß vom 28.9.1987 (NJW 1988, S. 79); ähnlich auch OLG Düsseldorf Beschluß vom 25.1.1982 (MDR 1982, S. 518) im strafgerichtlichen Verfahren: Die Entscheidung spricht von "groben prozessualem Unrecht".

30 Beschluß vom 29.9.1983 (NJW 1984, S. 985), nachdem es sich mit der Frage auseinandergesetzt hatte, ob nach § 252 ZPO eine Anfechtungsmöglichkeit bestehe. Es stellt sich aber die Frage, ob die Einschränkung der Anfechtungsmöglichkeit - Überlastung als sachlicher Grund - richtig ist. Ähnlich auch OLG Zweibrücken Beschluß vom 6.10.1986, FamRZ 1986, S. 1229 f.).

31 Beschluß vom 22.2.1974 (NJW 1974, S. 1715 f.); ebenso OLG Köln Beschluß vom 23.6.1981 (NJW 1981, S. 2263 f.); OLG Stuttgart Beschluß vom 20.5.1964 (ZZP 78 (1965, S. 237 f.); OLG Celle Beschluß vom 17.3.1975 mit Hinweis auf Willkür (NJW 1975, S. 1231 f.) Anders aber OVG Bremen Beschluß vom 10.10.1983 (NJW 1984, S. 992 ff.) und VGH Mannheim Beschluß vom 25.1.1984 (S. 993 ebenda). Dabei erörtert das OVG Bremen nicht die Frage, ob mit dem Untätigbleiben der Rechtsschutz verweigert werde. Im Fall des VGH Mannheim lag eine Rechtsschutzverweigerung ersichtlich nicht vor. Siehe auch Stein/Jonas/*Leipold*, ZPO, § 227 Rz. 20.

32 Im Fall des OLG Frankfurt hatte ein Politiker Verleumdungsklage erhoben und das Gericht hatte den Termin auf einen Zeitpunkt nach der wichtigen Wahlveranstaltung gelegt. Das OLG befand, daß der Richter bei Ausübung seines Ermessen nicht alle Umstände berücksichtigt habe.

Im Fall des OLG Köln begehrte eine 83jährige Dame Unterhalt. Der Richter war davon ausgegangen, eine für Unterhaltsklagen unübliche späte Terminierung verfügen zu müssen, um einem vom Beklagten ausländischen Streitverkündeten Gelegenheit zu Stellungnahme zu geben.

c) Verstöße gegen materielle Grundrechte

Andere Entscheidungen qualifizierten einen Verstoß gegen materielle Grundrechte als "greifbar gesetzeswidrig"[33].

So hielt das OLG Zweibrücken[34] eine Entscheidung eines Familiengerichts für "greifbar gesetzeswidrig", in der das Gericht im Verfahren über das Umgangsrecht eines Kindes die Erhebung eines Sachverständigengutachtens entgegen § 8 Abs. 3 KostO von der Vorschußzahlung eines Beteiligten abhängig gemacht hatte. Darin liegt ein Verstoß gegen Art. 6 Abs. 2 S. 2 GG. Denn bei diesem Verfahren geht es um die Ausübung des Aufsicht über die elterliche Erziehung (Art. 6 Abs. 2 Satz 2 GG), die dem Schutz des Kindes, dem Kindeswohl diene. Das Sachverständigengutachten sei daher aus Gründen des öffentlichen Interesses einzuholen. Wenn das Gericht das Gutachten unter diesen Voraussetzungen von einer Vorschußzahlung abhängig mache, drohe ein Eingriff in das Persönlichkeitsrecht des Kindes.

3. Diskussion der Entscheidungen

Diese Entscheidungen zeigen, daß die Rechtsprechung bei Verletzung einfachgesetzlicher Vorschriften wie dem Mündlichkeitsgrundsatz, bei Vorliegen von Wiederaufnahmegründen und bei der Verletzung von verfassungsrechtlichen Verfahrensprinzipien wie der Gewährung von Rechtsschutz und dem Grundsatz des gesetzlichen Richters sowie bei der Verletzung von materiellen Grundrechten der Sache nach doch die außerordentliche Anfechtung eröffnet.

Im Gegensatz zu den Entscheidungen zur "greifbaren Gesetzeswidrigkeit" bei Verletzung von einfachgesetzlichem materiellen Rechts haben hier die Fehler, die den Entscheidungen zugrunde liegen, jedenfalls teilweise eine Qualität, deren Besonderheit die Rechtsordnung anerkennt. So erkennt die Rechtsordnung mit der Normierung der Wiederaufnahmegründe an, daß die Rechte, deren Verletzung durch Wiederaufnahme des Verfahrens zur Folge

---

Diese Überlegung lehnte das OLG ab, so daß die Terminierung ohne rechtfertigenden Grund später als üblich war.

33 Gegen die Annahme, daß Grundrechtsverletzungen zur außerordentlichen Anfechtung berechtigen, spricht nicht die Entscheidung OLG Karlsruhe Beschluß vom 29.7.1980 (FamRZ 1980, S. 1139), denn das Gericht mußte nach einer gesetzlichen Regelung einstweilen regeln.

34 Beschluß des OLG Zweibrücken vom 28.12.1981 (FamRZ 1982, S. 530).

hat, eine besondere Qualität haben. Die Rechtsordnung erkennt außerdem mit der Normierung von Rechten als materielle oder formelle Grundrechte bzw. mit dem Anspruch auf Rechtsschutz nach Art. 19 Abs. 4 GG an, daß diese Rechte von besonderer Qualität sind. Daher stellt sich auch bei den vorstehend dargestellten Entscheidungen die Zulassung der außerordentlichen Anfechtung *nicht* als willkürlich dar. Die Anfechtung ist hier im Gegenteil durch die besondere Qualität der Fehler gerechtfertigt. Wenn überhaupt eine außerordentliche Anfechtung wegen der besonderen Qualität von Fehlern möglich sein soll, dann erscheint es gerechtfertigt, jedenfalls *auch* Verletzungen von Grundrechten und Fehler, die zu Wiederaufnahme des Verfahrens berechtigen[35], genügen zu lassen.

Nun hält die Rechtsprechung allerdings auch die Verletzung von einfachgesetzlichen Verfahrensgrundsätzen für ausreichend, um die außerordentliche Anfechtung zu rechtfertigen. Hier kann der Unterschied zu jedem auch schweren Verstoß gegen anderes Verfahrensrecht nur darin liegen, daß es sich um Verfahrens*grundsätze* handelt. In diesen Fällen hat die besondere Bedeutung der Verfahrensregelung allerdings keine von der Rechtsordnung anerkannten Folgen. Das muß aber nicht näher untersucht werden, da das Recht auf Gehör ein verfassungsrechtlicher Verfahrensgrundsatz ist.

4. Fazit

Es hat sich bei der Analyse der Entscheidungen einerseits herausgestellt, daß aus den Entscheidungen, die eine "greifbare Gesetzeswidrigkeit" wegen Verletzung von *einfachgesetzlichem materiellen* Recht bejahen, *nicht* zu ersehen ist, daß die "greifbare Gesetzeswidrigkeit" eine *besondere materiellrechtliche Qualität* hat, aus der zu schließen wäre, daß eine Verletzung von Verfahrensvorschriften nicht zur "greifbaren Gesetzeswidrigkeit" einer Entscheidung führen kann. Vielmehr fällt gerade bei diesen Entscheidungen auf, daß sich die Qualität derjenigen materiellrechtlichen Fehler, die nach der Rechtsprechung die "greifbare Gesetzeswidrigkeit" begründen sollen, nicht von der anderer Fehler unterscheidet. Es fehlt diesen Entscheidungen an einem sachlichen Grund.

---

35 Dabei geht es bei derartigen Fehlern darum, zu welchem Zeitpunkt die Fehler behoben werden können, denn das Wiederaufnahmeverfahren steht in jedem Fall zur Verfügung.

Zum anderen hat sich gezeigt, daß die Rechtsprechung in der Sache entgegen ihrer ausdrücklichen Stellungnahme eine "greifbare Gesetzeswidrigkeit" doch annimmt, wenn materielles oder formelles Verfassungsrecht verletzt ist oder Wiederaufnahmegründe vorliegen. In diesen Fällen ist die besondere Qualität der Fehler durch die Rechtsordnung anerkannt. Doch allein aus der besonderen Qualität läßt sich noch nicht erkennen, *warum diese Fehler* die außerordentliche Anfechtung von Entscheidungen rechtfertigen. Eine außerordentliche Anfechtung von Entscheidungen kann nur dann gerechtfertigt sein, wenn ein bestimmter Zusammenhang zwischen Fehler und Anfechtbarkeit bzw. Unanfechtbarkeit besteht. Es muß eine sachliche Verbindung zu dem Fehler bestehen, eine Verbindung zwischen dem Grund der außerordentlicher Anfechtung und der außerordentlichen Anfechtung als Folge des Fehlers. Diese sachliche Verbindung macht dann die besondere Qualität der Fehler aus.

Angesichts der Themenstellung dieser Arbeit ist im folgenden diese sachliche Verbindung zwischen Fehler und außerordentlicher Anfechtung nur im Hinblick auf die Folgen von Verstößen gegen Art. 103 Abs. 1 GG zu untersuchen.

Bei der Verletzung des Rechts auf Gehör kann nur dann eine sachliche Verbindung zwischen Fehler Verletzung des Rechts auf richterliches Gehör - und Folge - außerordentliche Anfechtbarkeit - bestehen, wenn die Unanfechtbarkeit einer Entscheidung in diesem Verfahren unbedingt voraussetzt, daß der Richter den Parteien Gehör gewährt hat. D.h. wenn die Gewährung richterlichen Gehörs für das Verfahren von *konstitutiver* Bedeutung ist.

Ansatzpunkt für eine derartige Untersuchung ist zum einen, daß nach *Art. 19 Abs. 4 GG* lediglich Entscheidungen der Rechtsprechung unanfechtbar sein können (§ 5 I.). Denn Art. 19 Abs. 4 GG eröffnet den Rechtsweg gegen alle Akte der öffentlichen Gewalt, nicht aber gegen Entscheidungen der Rechtsprechung. Diese sind nach allgemeiner Lehre keine Akte der hoheitlichen Gewalt i.S. von Art. 19 Abs. 4 GG. Entscheidungen der Rechtsprechung müssen damit unanfechtbar sein können bzw. nur Entscheidungen der Rechtsprechung können unanfechtbar sein. Wenn aber nur Entscheidungen der Rechtsprechung unanfechtbar sind, stellt sich die Frage, wodurch sich die Sonderstellung dieser Entscheidungen rechtfertigt. Es ist daher zu prüfen, ob sich die besondere Stellung der Rechtsprechung durch ein besonderes Verfahren rechtfertigt und ob zu diesem Verfahren die Gewährung von Gehör vor dem Richter zu rechnen ist.

Ansatzpunkt der Untersuchung einer möglichen sachlichen Verbindung zwischen Gewährung von Gehör und Unanfechtbarkeit ist zum anderen, daß sich die Unanfechtbarkeit einer Entscheidung zivilprozessual als Rechtskraft darstellt (§ 5 II.). Es stellt sich daher die Frage, ob die Rechtskraft einer Entscheidung zivilprozessual voraussetzt, daß der Richter Gehör gewährt hat.

§ 5 Untersuchungen zur besonderen Qualität des Rechts auf Gehör vor dem Richter nach Art. 103 GG für die Unanfechtbarkeit von Entscheidungen der Rechtsprechung

I. Richterliches Gehör als Voraussetzung von Rechtsprechung i.S. von Art. 19 Abs. 4 GG (Smid)

Nach Art. 19 Abs. 4 GG liegt die Besonderheit von Rechtsprechung in der Unanfechtbarkeit ihrer Entscheidungen: Entscheidungen der Verwaltung müssen nach dem Grundgesetz anfechtbar sein, Entscheidung der Rechtsprechung dagegen nicht. Nun kann die sachliche Begründung für diese Unterscheidung nicht allein darin liegen, daß es keinen infiniten Rechtsweg geben kann[1] und daß Entscheidungen im Rechtsweg daher unanfechtbar sein müssen. Denn eine unterschiedliche rechtliche Behandlung von Tatbeständen setzt voraus, daß zwischen den Tatbeständen rechtlich relevante Unterschiede bestehen. Daher stellt sich die Frage, was die Unanfechtbarkeit von Entscheidungen der Rechtsprechung rechtfertigt.

---

1 Die h.L. geht davon aus, daß der Ausdruck "staatliche Gewalt" in Art. 19 Abs. 4 GG Verwaltung, Gesetzgebung und Rechtsprechung meint. Sie schließt dann die Rechtsprechung im Wege der teleologischen Reduktion mit der Begründung aus, daß Art. 19 Abs. 4 GG keinen infiniten Rechtsweg gewährleistet, was aber der Fall wäre, wenn unterschiedslos alle Akte der öffentlichen Gewalt der Rechtsweggarantie unterlägen und damit anfechtbar wären. Die h.L. begründet also die teleologische Reduktion mit einem argumentum ad absurdum.

Nach *Smid*, Rechtspr., S. 51 f., bedarf es bei der Auslegung des Art. 19 Abs. 4 GG dagegen nicht der teleologischen Reduktion. Denn diese würde voraussetzen, daß der Gesetzgeber zunächst auch den Rechtsweg gegen Akte der Rechtsprechung eröffnen *wollte*, was dann bei der Auslegung mit Hilfe von Zweckgesichtspunkten ausgeschlossen wird. Bei sachbezogener Auslegung ergebe sich direkt aus dem Text des Art. 19 Abs. 4 GG, daß er den Rechtsweg gegen Akte der Verwaltung eröffnet und nicht den Rechtsweg gegen den Rechtsweg. Bei dieser Auslegung erhebe sich dann aber sofort die Frage, was Rechtsprechung von Verwaltung unterscheidet.

1. Zur Rechtfertigung der Unanfechtbarkeit von Entscheidungen durch die überkommene Lehre: Formaler Begriff der Rechtsprechung

Die überkommene Lehre verstand Rechtsprechung zunächst als Streitentscheidung[2] mit entsprechenden materiellen Folgerungen für die Ausgestaltung des Verfahrens. So setzte Rechtsprechung nach ihrem Verständnis voraus, daß die Entscheidungen ein Verfahren abschließen, das Parteien streitig geführt hatten.

1967 stellte dann das Bundesverfassungsgericht fest, daß der Strafprozeß nach deutschen Recht *nicht* als Streitverfahren geregelt sei[3], daß die Verfassung ihn aber der Rechtsprechung zuweise. Damit ließ sich "Rechtsprechung" nicht mehr ohne weiteres *materiell* als Entscheidung eines Streites zwischen Parteien definieren. Die Lehre definiert seitdem den Begriff der Rechtsprechung vielmehr *formal* als "Entscheidung von Richtern". Danach ist Rechtsprechung jede Entscheidung, die ein Richter erläßt[4], unabhängig von der inhaltlichen Ausgestaltung des Verfahrens. Die Unanfechtbarkeit der Entscheidungen der Rechtsprechung rechtfertigt sich nur noch dadurch, daß sie von Richtern erlassen worden sind. Art. 19 Abs. 4 GG statuiert einen Richtervorbehalt.

Von einem derartigen formalen Begriff von Rechtsprechung her kann man die eingangs gestellte Frage, ob Rechtsprechung die Gewährung von Gehör voraussetzt, nur verneinen. Allein bei einem materiellen Begriff der Rechtsprechung könnte die Gewährung von Gehör Voraussetzung für Rechtsprechung sein.

2. Rechtfertigung der Unanfechtbarkeit durch verfahrensrechtliche Richtigkeitsgarantien: Materieller Begriff der Rechtsprechung

Ein Konzept für eine materielle Qualifizierung von Rechtsprechung in Abgrenzung zur Verwaltung bietet die Arbeit von Smid über "Rechtsprechung - Zur Unterscheidung von Rechtsfürsorge und Prozeß".

---

2 Siehe die Nachweise bei *Smid*, Rechtspr., S. 153 Fn. 1.

3 Beschluß vom 6.6.1967 (BVerfGE 22, 73 ff.).: Weil sich der Staatsanwalt nach unserem Recht nicht als Partei darstelle, weil das Geständnis des Angeklagten die Beweisaufnahme nicht überflüssig macht.

4 Dies läßt außer Acht, daß Justizverwaltungsakte unbestritten anfechtbar sind und sein müssen. Sie werden z.T. von Verwaltungsgerichten, z.T. vor Gerichten der freiwilligen Gerichtsbarkeit angefochten.

Smid behandelt die Frage, ob die unbestrittene Feststellung, daß bestimmte Verfahren der freiwilligen Gerichtsbarkeit materiell der Verwaltung zuzuordnen sind, angesichts der Rechtsweggarantie des Art. 19 Abs. 4 GG Auswirkungen auf die Anfechtbarkeit von Entscheidungen in diesen Verfahren hat. Er stellt konkret die Frage, ob die Akte materieller Verwaltung, die Richter in diesen Verfahren erlassen, Akte "hoheitliche Gewalt" i.S. von Art. 19 Abs. 4 GG und damit anfechtbar sind oder Akte der "Rechtsprechung" und damit verfassungsrechtlich nicht notwendig anfechtbar. Dazu muß Smid bestimmen, welche sachlichen Unterschiede zwischen Verfahren der Rechtsprechung und der Verwaltung bestehen, und weiter bestimmen, durch welche (Verfahrens-) Grundsätze sich Rechtsprechung konstituiert. Er kommt dabei zu dem Ergebnis, daß Rechtsprechung und Verwaltung Tätigkeiten seien, die sich nicht formal nach der Person ihres Entscheidungsträgers unterscheiden, sondern materiell nach der Art ihres *Verfahrens*. Eine der Voraussetzung für Rechtsprechung ist dabei nach Smid die Gewährung von Gehör durch den Richter.

Smid wendet zum einen gegen die formale Charakterisierung der Rechtsprechung als "Tätigkeit von Richtern" ein, daß sich danach das Rechtsprechungsmonopol des Art. 92 GG und der Richtervorbehalt des Art. 19 Abs. 4 GG als ein Standesprivileg für Richter darstellen[5]. Dagegen zeige zum einen die von seiner Fragestellung her notwendige Frage nach dem sachlichen Unterschied zwischen Rechtsprechung und Verwaltung, daß Rechtsprechung nicht lediglich formal als Tätigkeit des Richters definiert sein könne, sondern materiell *nach der Art der Tätigkeit* qualifiziert[6] werden

---

5 Was wohl niemand explizit vertritt. Allerdings macht man nicht deutlich, was denn nun die Sonderstellung des Richters begründet. Hierzu genügt nach *Smid* auch nicht etwa der Hinweis auf die Weisungsunabhängigkeit der Richters. Denn weisungsunabhängig seien auch eine Reihe von Entscheidungsträger in der Verwaltung, z.B. die Mitglieder von Rechnungshöfen oder Prüfungsämtern. Eine inhaltliche Dimension des Richtervorbehalts kann nach *Smid* auch nicht dadurch gewonnen werden, daß man dem Richter eine besondere rechtliche Kompetenz zuweist. Der Richter sei nicht der bessere Jurist. Auch der Verweis auf eine besondere Richterethik reiche nicht: Die unabhängige richterliche Stellung werde allein durch die Bindung des Richters an das Gesetz legitimiert .

6 *Smid* hebt hervor, daß in diese Richtung auch die Untersuchungen von *Benda/Weber* (Der Einfluß der Verfassung im Zivilprozeß), *Schwab/Gottwald* (Verfassung und Zivilprozeß. 1984) und *Lefringhausen* verweisen. Die Meinung, daß eine Unterscheidung zwischen Rechtsprechung und Verwaltung nicht möglich sei, sei unvertretbar, da die Verfassung in Art. 19 Abs. 4 GG einen Unterschied zwischen Verwaltung und Rechtsprechung macht. Dies erkenne auch die überkommene Lehre an, wobei sie eben nur auf einen formalen Unterschied abstellt.

müsse. Außerdem müßte sich die Tätigkeit des Richters bei der Überprüfung von Akten der hoheitlichen Gewalt von der Tätigkeit der Verwaltung unterscheiden. Denn wenn Art. 19 Abs. 4 GG den Rechtsweg gegen Akte der öffentlichen Gewalt eröffne, ergebe es keinen Sinn, wenn der Richter bei der Rechtsprechung lediglich dasselbe tun soll wie schon die Verwaltung[7]. Der Richter würde sich dann nicht von einer Widerspruchsbehörde unterscheiden[8].

Nach Smids Auffassung hat es auch keinen Sinn, die Rechtsprechung als gerichtlichen Rechtsschutz zu charakterisieren und demgemäß Art. 19 Abs. 4 GG als *Rechtsschutzvorbehalt* zu verstehen. Denn mit dem Begriff "Rechtsschutz" könne man die Rechtsprechung nicht von anderen staatlichen Tätigkeiten abgrenzen. So diene dem Schutz der Rechte des Bürgers nicht nur die Tätigkeit der Polizei, sondern auch die nochmalige Überprüfung der Verwaltungsentscheidung durch eine weitere Verwaltungsbehörde, die teilweise umfangreichere Prüfungskompetenzen habe als das Verwaltungsgericht. Daher würde nicht nur allein die richterliche Tätigkeit Rechtsschutz leisten.

3. Materielle und formelle Kriterien für die Richtigkeit von Verfahren

Wenn ein abschließender Akt der Rechtsprechung also nicht immer schon dann vorliegt, wenn ein Richter eine Entscheidung erlassen hat, sondern nur dann, wenn der Richter *in bestimmter Weise* eine Entscheidung erlassen hat, dann setzt Rechtsprechung zum einen voraus, daß der Richter bestimmte Verfahrensgarantien einhält. Zum anderen folgt daraus, daß die Rechtsweggarantie des Art. 19 Abs. 4 GG auch bei Entscheidungen von Richtern eingreifen kann: Wenn Verfahrensmängeln vorliegen, die die Richtigkeitsgarantien des Verfahrens betreffen. Dabei kann nicht schon jeder Verstoß gegen

---

7 *Smid* weist darauf hin, daß die formale Bestimmung von Rechtsprechung als "Tätigkeit eines Richters" es dem Gesetzgeber ermöglichen würde, Entscheidungen dadurch unanfechtbar zu machen, daß er sie durch den Richter erledigen läßt.

8 Nach Meinung *Smids* zeigen auch die verfassungsrechtliche Richtervorbehalte in Art. 104 und Art. 13 Abs. 2 GG, daß man Rechtsprechung nicht allein als Tätigkeit von Richtern qualifizieren kann. Die überkommenen Lehre Beschreibt zwar den Begriff der Rechtsprechung durch die Art. 104 und 13 Abs. 2 GG, da diese Regelungen nach ihrer Meinung neben Art. 92 GG den positivrechtlich normierten Bestand von Rechtsprechung enthalten. Nach dieser Meinung haben aber die Richtervorbehalte außerhalb von Art. 92 GG nur noch deklaratorische Bedeutung. Denn schon Art. 92 GG behält die gesamte Rechtsprechung den Richtern vor. *Smid* weist daher darauf hin, daß man die Richtervorbehalte nur dann als gesetzestechnisch sinnvolle Regelung verstehen kann, wenn ihr Inhalt nicht bereits durch Art. 92 GG erfaßt ist, also keine Rechtsprechung ist.

Vorschriften der Verfahrensordnungen die Qualität des Verfahrens als Rechtsprechung beseitigen und damit den Rechtsweg eröffnen. Die Qualität der Entscheidung als Rechtsprechung betreffen vielmehr nur Verstöße gegen Verfahrensvorschriften, die für den Rechtsprechungscharakter des Verfahrens *konstitutiv* sind.

a) Beschränkung des Verfahrens auf Rechtserkenntnis

Zu den materiellen Voraussetzungen von Rechtsprechung gehört nach Smid zunächst, daß sich das Verfahren nur auf die Rechtserkenntnis[9] richtet, also auf die Feststellung dessen, was zwischen den Parteien zum Zeitpunkt der Entscheidung Recht ist. Diese Beschränkung hat Konsequenzen für die Art und Weise des Verfahrens: Die Erkenntnis streitigen Rechts setzt einen unparteiischen Entscheidungsträger voraus[10]. Unparteilichkeit bedeutet dabei nicht nur keine persönliche Beteiligung am Streitgegenstand, sondern auch strukturelle Unparteilichkeit. Daher darf der Richter nach der Auffassung

---

9 Diese Beschreibung des Prozesses ist nicht neu, wie bereits in Fn. 2 f. bemerkt. *Smid* muß sich aber u.a. mit dem Einwand auseinandersetzen, daß sich der Strafprozeß nicht als Verfahren *streitiger* Rechtserkenntnis beschreiben lasse (vgl. Fn. 3). Dazu *Smid* legt dar, daß sich der Strafprozeß nur als Streit um die Schuld des Angeklagten darstellen lasse.

So hat auch das BVerfG festgestellt, daß sich die Rechtsprechungsqualität des Strafprozesses aus der Struktur des materiellen Strafrechts ergebe. Das systembildende Element des materiellen Strafrechts sei das Schuldprinzip, nach dem allein die Schuld des Angeklagten es rechtfertige, eine Kriminalstrafe zu verhängen. Danach geht es im Strafprozeß um die Feststellung der Schuld, die als Unwerturteil über die Person immer den Angeklagten als ganzen Menschen betreffe. Dieser dürfe dabei nicht Objekt des Verfahren sein, da sonst seine Menschenwürde verletzt werde. Über seine Schuld müsse immer *mit ihm* verhandelt werden. Insofern sei der Strafprozeß notwendig ein *streitiges* Verfahren. Unabhängig davon bestimmt das materielle Strafrecht , welche Folgen prozessuale Handlungen des Angeklagten wie ein Geständnis auf den Prozeß haben.

Ein weiterer Einwand gegen die Beschreibung von Rechtsprechung als streitige Rechtserkenntnis ist, daß Gestaltungsurteile nicht immer einen Streit voraussetzen würden. So müßten z.B. die Ehepartner auch bei Einverständnis über die Scheidung einen Antrag auf Scheidung einreichen. Hier zeigt *Smid*, daß wie auch im Strafprozeß bei Gestaltungsurteilen aus verschiedenen Gründen vom Gesetzgeber ein Streit *konstruiert* werde. Beim Scheidungsurteil liege dem die Aufgabe des Staates zugrunde, die Ehe im eigenen Interesse unabhängig vom Willen der Beteiligten zu schützen.

10 Demgegenüber fordert man in der neueren Lehre zwar teilweise, daß der Richter im Prozeß "für den Schwachen" Partei ergreifen solle oder müsse. Dies wäre aber nur richtig, wenn es bei dem Prozeß tatsächlich um "Rechtsschutz" gehen würde, also um die Hilfe bei der Durchsetzung des Rechts einer Partei, das vor dem Prozeß feststeht. Dementsprechend ergibt sich nach diesen Lehren die Gerechtigkeit aus dem materiellen Recht. Das Eigen des Urteil ist die effiziente Durchsetzung des Rechts. Demgegenüber entwickelt *Smid* in Anschluß an *Braun* (dazu im Text unter II.) ein Verständnis des Prozesses als dialogische Rechtserkenntnis, in dem das Recht erst festgestellt wird.

Smids neben dem Zweck der Rechtsprechung, also der Rechtserkenntnis, keine weiteren Zwecke verfolgen.

Smid verdeutlicht dies durch einen Vergleich mit der Verwaltung. Die Verwaltung habe sich bei ihren Entscheidungen an den Zwecken zu orientieren, die durch Gesetz und Dienstanweisungen vorgegeben sind. Ihre Zwecke sind Gefahrenabwehr und Daseinsvorsorge. Ein Entscheidungsträger, der bei seiner Entscheidung diese Zwecke zu verfolgen hat, kann seine Entscheidung nicht nur aufgrund des ihm vorliegenden abgeschlossenen Sachverhalt treffen. Sondern er hat dafür zu sorgen, daß seine Entscheidungen zu den Zielen führen, die er zu verfolgen hat. Die Verwaltung hat daher eine eigene Aufgabe zu erfüllen wie z.B. die Erhaltung der Umwelt, den Bau von Straßen. Die Orientierung an eigenen Zwecken bringt aber die Gefahr mit sich, daß die Verwaltung bei einem Widerstreit der Rechte von Beteiligten und eigenen Zwecken die Rechte der Beteiligten zu Gunsten dieser Ziele zurücksetzt.

Smid weist außerdem darauf hin, daß die Orientierung an den Folgen einer Entscheidung dazu führt, daß die Entscheidung abänderbar sein müsse. Denn da die Folgen einer Entscheidung nur prognostizierbar seien, müsse die Entscheidung änderbar sein, wenn sich herausstelle, daß sich die Verhältnisse anders entwickeln als erwartet.

b) Organisatorische Unabhängigkeit des Richters gegenüber Dritten und gegenüber den Parteien

Die strukturelle Unparteilichkeit des Richters als Entscheidungsträger, die für das Verfahren der Rechtsprechung konstitutiv ist und die abschließende Wirkung der Entscheidung begründet, wird nach Smid durch verschiedene Verfahrensvorschriften gewährleistet.

Rechtsprechung setzt zunächst voraus, daß der Entscheidende nicht an Weisungen Dritter gebunden ist[11]. Diese Unabhängigkeit ist außerprozessual durch die statusrechtliche Ausgestaltung der Stellung des Richters gesichert.

Daneben ist anerkannt, daß die ZPO mit den Befangenheitsregelungen innerprozessual die Unabhängigkeit des Richters gegenüber den Parteien garantiert.

---

11 Insoweit h.M., daß nur unabhängige Richter Rechtsprechung ausüben können.

c) Sachliche Unparteilichkeit

Von größerer Bedeutung für das Recht auf richterliches Gehör ist aber, daß nach Smid die Unparteilichkeit des Richters eine bestimmte Struktur des Verfahrens voraussetzt:

aa) So setzt die Unparteilichkeit des Richters voraus, daß sich im Prozeß zwei streitende Parteien gegenüber stehen. Das wird wie folgt begründet: Der Richter würde dann seine Unparteilichkeit verlieren, wenn er wie die Verwaltung mit seiner Entscheidung bestimmte Zwecke verfolgen würde. Er darf also mit seiner Entscheidung nur den Zweck verfolgen, nach geltendem Recht zu entscheiden. Nun hat aber jeder Prozeß einen sozialen Sinn, er wird nicht zwecklos geführt. Es bedarf daher der Parteien, um dem Prozeß seinen Sinn zu geben. Die Parteien sind diejenigen, die im Prozeß *ihre* Zwecke verfolgen.

Der Richter kann aber nur dann zweckfrei entscheiden, wenn mindestens und lediglich *zwei* Parteien am Prozeß beteiligt sind[12]. Denn der Richter kann nur dann ohne eigene Zwecksetzung entscheiden, wenn er zwischen einer Alternativen entscheiden muß, zwischen Recht und Unrecht. Diese Alternative wird ihm von den Parteien gestellt. Wenn mehr als zwei Parteien am Prozeß beteiligt sind, dann geht es nicht mehr um eine Alternative, sondern um mehrere Möglichkeiten. Da der Richter aber immer nur zwischen Recht und Unrecht entscheiden kann, muß er die verschiedenen Möglichkeiten zueinander in alternative Beziehungen setzen. In dieser selbständigen Formulierung von Alternativen aber liegt eine eigene Entscheidung des Richters, die über die über Recht und Unrecht hinausgeht. Denn er muß aufgrund eigener Präferenzen entscheiden, wie er die Alternativen bildet und welche Reihenfolge er wählt. Die Bildung einer solchen Präferenz setzt aber die Verfolgung eines eigenen Zwecks voraus.

bb) Von zwei Parteien kann man im übrigen nur sprechen, wenn die Verfahrensordnung die Waffengleichheit der Parteien im Prozeß garantiert. Denn nur das verhindert es, daß eine Partei durch ihre Dominanz in die Lage

---

12 *Smid* macht darauf aufmerksam, daß in einigen Fällen eine Partei von der Verfahrensordnung konstruiert wird, um einen Streit und damit Rechtsprechung zu ermöglichen. So werde z.B. im Ehenichtigkeitsverfahren, Entmündigungsverfahren der Staatsanwaltschaft oder einem Vertreter öffentlichen Interesses die Rolle einer Partei übertragen.

versetzt wird, in eigener Sache zu entscheiden, mithin nur eine Partei das Urteil bestimmt[13].

d) Zur Unparteilichkeit bei der Feststellung der Tatsachen

Die Unparteilichkeit des Richters ist nicht zuletzt auch zu bei der Feststellung der Tatsachengrundlage der Entscheidung zu gewährleisten. Die Unparteilichkeit wird zunächst dadurch gewährleistet, daß der Richter Tatsachen nur im Hinblick auf den ihm vorliegenden Streit feststellen kann und muß, nicht aber im Hinblick auf die Verfolgung anderer Zwecke, wie z.B. die Gefahrenabwehr[14]. Die Unabhängigkeit des Entscheidungsträgers im Bereich der Tatsachen wird zudem durch das Prinzip gewährleistet, daß der Richter den Sachverhalt über Ermittlungspersonen gewinnt. Der Richter ermittelt die Tatsachen nicht selbst, sondern über Auskunftspersonen.

aa) Diese Distanz des Richters zu den von ihm ermittelten Tatsachen zeigt sich bei den Befangenheitsregelungen. Diese lassen erkennen, daß der Richter seine Funktion der Rechtsprechung nicht ausüben kann, wenn er in den Streit der Parteien verwickelt ist (§ 41 Nr. 5 ZPO, § 22 Nr. 5 StPO) und wenn er Tatsachen nicht über Auskunftspersonen erfährt, sondern sie selbst unmittelbar wahrgenommen hat. Der vorinformierte und vorbefaßte Richter kann nicht mehr Rechtsprechung leisten. Darin zeigt sich, daß es nicht darauf ankommt, daß der Richter überhaupt Kenntnis vom Sachverhalts erhält. Sondern der Richter muß seine Kenntnis des Streitstoffes aufgrund eines bestimmten Verfahrens erhalten. Das führt einmal dazu, daß der Zeuge nicht Richter sein kann[15] - was den Befangenheitsregelungen zu entnehmen ist -, daß der Richter privates Wissen nicht verwenden darf, und daß die Stellung als Sachverständiger mit der Stellung als Richter unvereinbar ist (§ 41 Nr. 5 ZPO).

bb) Smid hebt dabei hervor, daß die unterschiedlichen Strukturierungen der Prozeßordnungen im Bereich der Feststellung des Sachverhalts durch die Prozeßmaximen (Untersuchungsgrundsatz, Verhandlungsgrundsatz) nicht dazu

---

13 Einlassung als Obliegenheit.

14 Die Beweisstation ist nach h.L ein notwendiger Bestandteil des nach Art. 19 Abs. 4 GG eröffneten Rechtswegs.

15 Dies leuchtet wohl jedem Richter ein, der sich an subjektiv richtige, aber unterschiedliche Zeugenaussagen über einen Sachverhalt erinnert.

führen, daß sich die Gewinnung des Streitstoffs strukturell unterscheidet[16]. Diese Prozeßmaximen gewährleisten im Gegenteil im Rahmen der jeweiligen Prozeßordnung die Waffengleichheit der Parteien: Im allgemeinen Zivilprozeß kann man von einer Gleichheit der Parteien ausgehen. Diese haben die gleiche Verantwortlichkeit sowie die gleiche Möglichkeit, sich über die Tatsachen und Beweismittel zu informieren, was zum Verhandlungsgrundsatz führt. Demgegenüber stehen sich im Straf- und Verwaltungsprozeß sowie z.T. in den Statusverfahren des Zivilprozesses Parteien von unterschiedlichem Gewicht gegenüber. Die für ein streitiges Verfahren der Rechtserkenntnis erforderliche Waffengleichheit der Parteien, die es verhindert, daß die Rechtserkenntnis lediglich durch die Darstellung der einen Partei bestimmt wird, wäre im Straf- und Verwaltungsprozeß wie in den Statusverfahren des Zivilprozesses nicht gewahrt, wenn dort wie im allgemeinen Zivilprozess der Verhandlungsgrundsatz gelten würde. Denn der Staat verfügt über mehr Möglichkeiten, den Sachverhalt zu ermitteln, als der Bürger bzw. der Angeklagte. Dies muß durch den Untersuchungsgrundsatz ausgeglichen werden[17].

Wenn es damit aber auch keinen einheitlichen Prozeß, sondern nur verschiedene Verfahren gibt und geben kann, so kann man doch feststellen, daß die Geltung der unterschiedlichen Prozeßmaximen einheitlich darin begründet liegt, daß ohne die jeweilige Prozeßmaxime keine erschöpfende, unparteiliche Sachverhaltsermittlung und damit Rechtserkenntnis gewährleistet ist. Dies ermöglicht eine einheitliche Beschreibung von Rechtsprechung[18].

---

16 So bleibt es trotz des Untersuchungsgrundsatzes dabei, daß nicht der Richters selbst die Tatsachen ermittelt, sondern über Auskunftspersonen die Tatsachen mitgeteilt erhält. Das zeigt im übrigen auch die Geltung der Befangenheitsregelungen im Straf- und Verwaltungsprozeß: Wer z.B. den vom Staatsanwalt behaupteten Sachverhalt miterlebt hat, ist eben in der Rechtsprechung nicht der bessere Richter. In der Verwaltung gelten dagegen andere Grundsätze: Je mehr sie aus eigenem Wissen weiß, um so besser kann sie entscheiden.

17 Der Untersuchungsgrundsatz hat damit die Funktion, dem Richter zu ermöglichen, auch dann Fragen an die Parteien zu stellen und Beweise anzufordern, wenn diese übereinstimmend vom Vorliegen bestimmter Tatsachen ausgehen. Dieses Verständnis der Prozeßmaximen findet man bereits bei *Nikolaus Thaddäus von Gönner* (Handbuch des deutschen gemeinen Prozesses. 1804). *Gönner* sah in den Prozeßmaximen Garantien dafür, daß der Richter unparteiisch einen Prozeß der streitigen Rechtserkenntnis unter waffengleichen Parteien leitet. Nachdem dem Straf- und dem Verwaltungsprozeß besondere Aufgaben (meta-prozessuale) beigelegt wurden wie Verbrechensbekämpfung und Kontrolle der Verwaltung begründeten man zwar die Prozeßmaximen vielfach mit diesen Zwecken: Prozessual aber müssen sie sich weiterhin aus dem Prozeß selbst ergeben.

18 Die Verfolgung von Nebenzwecken durch das Verfahren wie die Verbrechensbekämpfung und die Kontrolle der Verwaltung ändere so lange nichts an der Unparteilichkeit des Richters, und bleibt somit Nebenzweck, solange dadurch der Richter nicht selbst ermittelt. Es zeige

e) Unparteilichkeit und Anhörung

Zweckfreie Rechtserkenntnis setzt schließlich voraus, daß der Richter mit den Parteien ein Gespräch über den Streitstoff[19] führt und ihnen damit Gehör gewährt. Der für die Rechtserkenntis erforderliche Sachverhalt muß im Prozeß festgestellt werden. Dazu bedarf es der Anhörung der Parteien, da diese und eben nicht der unparteiische Richter den Sachverhalt definieren. Das Gehör verhindert aber nicht nur, daß der Richter eigene Zwecke bei der Erkenntnis des streitigen Rechts verfolgt. Es gewährleistet auch die prozessuale Waffengleichheit der Parteien. Denn wenn nicht beide Parteien gehört werden, kann die gehörte Partei einseitig ihre Zwecke im Prozeß verfolgen. Die Waffengleichheit der Parteien wiederum ist wie ausgeführt Voraussetzung für die Unparteilichkeit des Richters[20].

Damit gehört zu den prozessualen Regelungen, die es rechtfertigen, daß die Entscheidungen der Rechtsprechung unanfechtbar sind, auch die Gewährung von Gehör[21]. Daher sind nur die Verfahren als Rechtsprechung einzuordnen, in denen Gehör tatsächlich auch gewährt worden ist. Bei Entscheidungen in Verfahren ohne (ausreichendes) Gehör greift der Vorbehalt des Art. 19 Abs. 4 GG.

---

sich am Verwaltungsprozeß, daß solange die Verfolgung von Nebenzwecken nicht die Verfahrensqualität beeinflusse, wie sie formalisiert und ohne Einfluß auf die Entscheidung ist. Die Verwaltungsgerichtsbarkeit habe lediglich nach Rechtmäßigkeitsgesichtspunkten zu entscheiden und dürfe keinen Zweckmäßigkeitserwägungen folgen, obwohl sie die Kontrolle der Verwaltung bezweckt.

19 *Smid* postuliert damit auch ein Recht auf Rechtsvortrag, da die Rechtsdefinitionen der Parteien Auskunft über deren Zweckverfolgung geben.

20 Bei der Behandlung der Probleme des rechtlichen Gehörs nimmt *Smid* auch zu anderen Auffassungen Stellung. So versteht man das Gehör z.T. als Mittel der Steigerung der Effizienz des Rechtsschutzes, das unter Zweckmäßigkeitsgesichtspunkten in den jeweiligen Verfahren gewährt werden kann oder nicht. So spricht die Zweckmäßigkeit dagegen, rechtliches Gehör im Verfahren des einstweiligen Rechtschutzes zu gewähren. Gegen eine solche Interpretation des rechtlichen Gehörs wendet sich *Smid* mit denselben Argumenten wie gegen die Interpretation des Art. 19 Abs. 4 GG als allgemeine Rechtsschutzgewähr und nicht als Prozeßvorbehalt.

21 Damit stellt sich das Recht auf Gehör im Prozeß nicht als Ausfluß des Rechtstaatsprinzips dar, sondern als Konstitutivum des Prozesses: Was Prozeß ist, kann nicht erst die Verfassung bestimmen; dies bestimmt sich vielmehr aus der Sache selbst. Wenn die Verfassung auf den Prozeß verweist, so verweist sie auf etwas, was schon unabhängig von ihr vorhanden ist.

Soweit das Gehör allerdings über den Prozeß hinaus auch in administrativen Verfahren zu gewähren ist (wie z.B. in den Verfahren der FGG, die der Sache nach der Verwaltung zuzuordnen sind), ist es aus dem Rechtstaatsprinzip abzuleiten.

4. Folgerungen für die Anfechtbarkeit gerichtlicher Entscheidungen bei Verstößen gegen Art. 103 Abs. 1 GG

Die Ausführungen von Smid ergeben, daß das Recht auf Gehör vor dem Richter ein Konstituens der Rechtsprechung i.S. von Art. 19 Abs. 4 GG ist. Wenn einer Partei Gehör nicht gewährt ist, dann ist die Entscheidung nicht aufgrund eines Verfahren der Rechtsprechung zustandegekommen. Nach Art. 19 Abs. 4 GG muß dann gegen diese Entscheidung der Rechtsweg eröffnet werden[22]. Somit ergibt sich aus Art. 19 Abs. 4 GG, daß die Parteien das Recht haben, Entscheidungen, die aufgrund eines Verfahrens ergangen sind, in dem der Richter ihnen kein Gehör gewährt und in denen diese Verletzung für die Entscheidung kausal war, noch in einem Verfahren der Rechtsprechung überprüfen zu lassen.

II. Richterliches Gehör als Voraussetzung der Rechtskraft von Entscheidungen (Braun)

Die Frage, ob die Unanfechtbarkeit einer Entscheidung die Einhaltung eines bestimmten Verfahrens voraussetzt, ist nicht nur eine Frage nach den Voraussetzungen von Rechtsprechung i.S. von Art. 19 Abs. 4 GG. Die Unanfechtbarkeit von Entscheidungen ist vielmehr auch *zivilprozessual* als Rechtskraft von Entscheidungen geregelt. Die Frage, ob eine Entscheidung im Rahmen des bestehenden Instanzenzuges anfechtbar sein muß, die aufgrund eines Verfahrens ergangen ist, in dem das Recht auf Gehör versagt worden ist, und die auf dieser Verletzung beruht, stellt sich somit zivilprozessual als ein Problem der Rechtskraft dar[23].

Im Zivilprozeß ist die Frage, wann trotz Abschluß des Instanzenzugs eine rechtskräftige Entscheidung überprüft werden kann, im Recht der Wiederaufnahme in den §§ 578 ff. ZPO geregelt. Es ist daher zu prüfen, ob sich aus der Regelung der Wiederaufnahme Kriterien für die Antwort auf die hier behandelte Frage ergeben.

---

22 Rechtsweg i.S. von Art. 19 Abs. 4 GG ist nach fast allgemeiner Ansicht nicht die Verfassungsbeschwerde zum BVerfG. Die Verfassungsbeschwerde ist außerordentlicher Rechtsbehelf.

23 Diese Seite der Unanfechtbarkeit von Entscheidungen interessiert *Smid* bei seiner Themenstellung nicht. Im Zusammenhang seiner Arbeit geht es vielmehr nur um die verfassungsrechtliche Abgrenzung von Rechtsprechung und Verwaltung.

1. Keine Analogiefähigkeit der Wiederaufnahmegründe

Nach h.M. in Literatur und Rechtsprechung regelt die ZPO die Wiederaufnahmegründe abschließend. Man könne sie daher im Wege der Analogie *nicht* erweitern[24]. Das hat zur Folge, daß sich aus dem Recht der Wiederaufnahme keine Kriterien für eine außergesetzliche Rechtsfortbildung ableiten lassen. Die Feststellung, ob die Verletzung des Rechts auf richterliches Gehör zur Anfechtbarkeit der Entscheidung führt, ist also nicht möglich. Denn die Verletzung des Rechts auf Gehör ist im Katalog der Wiederaufnahmegründe nicht explizit geregelt. § 579 Nr. 4 ZPO regelt lediglich als Wiederaufnahmegrund einen Unterfall der Verletzung[25].

2. Analogiefähigkeit der Wiederaufnahmegründe

In jüngerer Zeit hat aber Braun in seinen Arbeiten "Rechtskraft und Restitution, Der Rechtsbehelf gem. § 826 BGB gegen rechtskräftige Urteile" und "Rechtskraft und Restitution. Die Grundlagen des heutigen Restitutionsrechts" im Wege einer funktionalen Auslegung der Restitutionsgründe eine Systematik der Restitutionsklage erarbeitet und dadurch den Weg freigemacht für die Frage, wann ein Fehler des Urteils zur Korrektur des Urteils durch Wiederaufnahme berechtigt.

Bei diesem Verständnis des Wiederaufnahmerechts lassen sich aus den zivilprozessualen Regeln Kriterien dafür gewinnen, in welchen Fällen Anlaß besteht, die gesetzliche Regelung des Wiederaufnahmerechts im Wege der Rechtsfortbildung zu ergänzen. Die Ausführungen von Braun sind daher im folgenden näher darzulegen (2 a und 2 b). Im Anschluß daran wird dann geprüft werden, ob die Verletzung des Rechts auf Gehör ein Fehler ist, der zur Wiederaufnahme führen muß (3.). Sollte die Verletzung des Rechts auf richterliches Gehör ein Fehler sein, der zur Korrektur eines rechtskräftigen Urteils berechtigt, dann stellt sich die Frage, ob nur im Wiederaufnahmeverfahren solche Fehler zu korrigieren sind oder ob ein Wiederaufnahmegrund dazu berechtigt, ein ordentliches Rechtsmittel einzulegen, wenn noch eine weitere Instanz zur Verfügung steht (4.)[26].

---

24 Anders schon *Gaul*, Grundlagen des Wiederaufnahmerechts.

25 Zöller/*Schneider*, ZPO, § 579, Rz. 5; BL/*Hartmann*, ZPO, § 579, Anm. 5 B.

26 Im Hinblick auf die Zulässigkeit einer Verfassungsbeschwerde ist dies ohne Bedeutung. Die Wiederaufnahmeklage gehört nach der Rechtsprechung des BVerfGs zum Instanzenzug, der

a) Wiederaufnahme im Wege der Klage aus § 826 BGB gegen rechtskräftige Urteile

Braun analysiert zunächst die von der Rechtsprechung entwickelten Fallgruppen der Klage aus § 826 BGB, mit der man sich gegen die Vollstreckung rechtskräftiger Urteile wenden oder nach der Vollstreckung derartiger Urteile Schadensersatz verlangen kann. Er untersucht, ob sich diese Klagen als Wiederaufnahmeklagen verstehen und in ein System der Wiederaufnahmegründe einordnen lassen. Dabei kommt er zu dem Ergebnis, daß sich die von der Rechtsprechung zu der Klage aus § 826 BGB entwickelten Fallgruppen als Ergänzungen der zu eng gefaßten Wiederaufnahmegründe und somit als aussergesetzliche (ergänzende) Wiederaufnahmegründe darstellen[27].

b) Verletzung von Richtigkeitsgarantien als ratio der Wiederaufnahmegründe

aa) Von dieser Interpretation der auf § 826 BGB gestützten Klagen gegen rechtskräftige Urteile her unternimmt Braun dann den Versuch, die gesetzlich geregelten und die in der richterlichen Rechtsfortbildung entwickelten Wiederaufnahmegründe auf zusammenhängende systematische Prinzipien zurückzuführen. Diese Untersuchung führt ihn zu dem Ergebnis, daß sich die Wiederaufnahmegründe der §§ 579, 580 N. 1-5 ZPO auf verschiedene Fehler in den Regelungsbereichen der zentralen Verfahrensgarantien zurückführen lassen, die die Rechtskraft tragen[28].

---

vor Erhebung der Verfassungsbeschwerde ausgeschöpft sein muß. Zivilprozessual dagegen ist es von Interesse, ob nicht der außerordentliche Rechtsbehelf der Wiederaufnahmeklage, sondern auch ein ordentliches Rechtsmittel zulässig ist.

27 Das Institut der Wiederaufnahmeklage wurde erst durch die ZPO eingeführt. Die Kanalisierung der möglichen Einwendungen gegen abgeschlossene Prozesse durch die beiden Institute der Restitutions- und Wiederaufnahmeklage in der ZPO löste dabei sehr unterschiedliche Hilfsmittel und Verfahren ab. Die Regelung in der ZPO ist also ein erster Versuch, dieses Institut zu systematisieren. Außerdem verweist die Regelung mit § 571 ZPO auf Vorschriften des materiellen Strafrechts, die sich seit 1877 geändert haben. Von daher ergeben sich nach *Braun* eine Reihe von Anlässen zu einer "korrigierenden Rechtsfortbildung".

28 *Braun*, Restitution, S. 22 beschreibt dies als einen Zusammenhang zwischen Urteilsgewinnung und Urteilskorrektur.

bb) So beschreibt Braun die Restitutionsklage als Mittel zur Korrektur von bestimmten Urteilsmängeln[29]. Er geht davon aus, daß die Richtigkeit oder Fehlerhaftigkeit eines Urteils aufgrund des Verfahren zu beurteilen ist, auf dem das Urteil beruht. Einmal könne ein Verfahren zu einem materiellrechtlichen falschen Ergebnis führen, zum anderen könne das Verfahren selbst falsch geführt sein. Von daher stelle sich die Frage der Wiederaufnahme des Verfahrens bei Verfahrensfehlern und bei Ergebnisfehlern[30]. Die Untersuchung der Ergebnisfehler kann hier vernachlässigt werden.

Braun teilt dann die Verfahrensfehler ein in Verletzungen des objektiven Verfahrensrechts und Verstöße von Beteiligten gegen grundlegende Verfahrenspflichten, bei deren Verletzung schon nach dem allgemeinen Sprachgebrauch nicht mehr ein "faires Verfahren" vorliegt[31]. Da aber nicht jeder Ergebnis- oder Verfahrensfehler zur Korrektur des Urteils berechtigen könne, sei eine Eingrenzung notwendig, die von den gesetzlich geregelten Wiederaufnahmegründen auszugehen habe. Diese gelte es auszulegen und zu systematisieren.

Braun entwickelt dazu eine Systematik der Eingriffe nach den §§ 579, 580 Nr. 1-5 ZPO, indem er sie in Eingriffe in den Verfahrensablauf durch Dritte, durch die Parteien und durch den Richter einteilt. Nun handelt es sich nach Brauns Verständnis um ein System der Wiederaufnahmegründe und nicht nur um eine Kodifikation einzelner Gründe, die ohne sachlichen Grund als Wiederaufnahmegründe normiert worden sind. Daher erweitert Braun die kodifizierten Gründe um solche Fehler, die den kodifizierten gleich sind und daher gleichbehandelt werden müssen. Braun ermöglicht die Erweiterung der

---

29 Nach anderen Auffassungen dient die Wiederaufnahme des Verfahrens der Verwirklichung von Gerechtigkeit, Billigkeit, des sachlichen Rechts u.ä.m. Angesichts einer solch unbestimmten Zielsetzung liegt es nach *Braun* nahe, daß man dann die Wiederaufnahmegründe als abschließende, nicht analogiefähige Regelungen betrachtet. Denn nach diesen Auffassungen müsse man sich schon deshalb gegen eine Analogie zu den Wiederaufnahmegründen wenden, weil dies zu Ausuferungen führen würde. Denn wann ist ein Urteil so falsch, daß es unbillig ist?

30 Die Wiederaufnahmeklage führe selbstverständlich nur dann zu einem Erfolg, wenn das neue Verfahren zu einem *anderen* "Ergebnis" führt. Insofern müßten also die Verfahrensfehler immer Ergebnisfehlern nach sich ziehen, um einer Wiederaufnahmeklage zum Erfolg zu verhelfen. Im Text geht es nur um die Frage, wann das Verfahren noch einmal wiederholt werden darf. Da sich die Beweismittelsituation mit Zeitablauf ändern kann, kann ein neues Verfahren schon von da her zu anderen Ergebnissen führen.

31 Dabei sei zu beachten, daß die Gleichsetzung von Verfahrensmämgeln mit Urteilsmängeln nur bei so "prinzipalen verfahrensmäßigen Richtigkeitsgarantien" wie bei Verstößen gegen das Recht auf Gehör möglich ist. Ansonsten müsse die Kausalität geprüft werden (Restitution, S. 30).

gesetzlich normierten Fehler, indem er mit der Rechtsprechung den § 581 Abs. 1 ZPO einschränkend[32] auslegt. § 581 ZPO besagt für eine Reihe von Verstößen, daß sie mit Hilfe eines Strafurteil nachzuweisen sind.

cc) Verfahrensfehler sind als Wiederaufnahmegründe in den §§ 580 Nr. 1-5 und 579 ZPO geregelt[33]. Gemeinsamer sachlicher Grund für die Wiederaufnahme des Verfahrens bei Verfahrensfehlern ist nach Braun, *daß wichtige verfahrensmäßige Richtigkeitsgarantien ausgefallen sind.* Denn Unanfechtbarkeit und Rechtskraft einer richterlichen Entscheidung beruhen nur auf dem Verfahren, in dem sie gefällt worden ist, und nicht darauf, daß die Entscheidung den Vorschriften des materiellen Rechts entspricht. Daher müssen nach Brauns Meinung Fehler im Verfahren dann zur Wiederholung des Verfahrens, also zur Wiederaufnahme, führen, wenn es sich um Verstöße gegen die Verfahrensgrundsätze handelt, die gerade die Unanfechtbarkeit der Entscheidung tragen.

3. Richterliches Gehör als Richtigkeitsgarantie

Als einen dieser Wiederaufnahmegründe bestimmt Braun[34] in Analogie zu § 579 Nr. 4 ZPO die kausale Verletzung des Rechts auf richterliches Gehör. Er führt dazu aus, daß der Gesetzgeber zwar an eine solch weite Auslegung von § 579 Nr. 4 ZPO nicht gedacht habe. Diese Entscheidung des Gesetzgebers sowie die vorkonstitutionelle Lehre und Rechtsprechung könnten aber nach der verfassungsrechtlichen Garantie des Rechts auf Gehör nicht mehr übernommen werden. Es entspreche vielmehr der allgemeinen Ansicht, daß

---

32 Diese Vorschrift koppelt das Wiederaufnahmerecht in einem bestimmten Umfang an das Strafrecht. Dieses hat sich aber seit Erlaß der ZPO geändert, z.B. bei der Möglichkeit der Einstellung von Verfahren. Daher führt die Anbindung der Wiederaufnahmemöglichkeit an das sich wandelnde Strafrecht nach *Braun* zu Widersprüchen bei der Zulässigkeit der Wiederaufnahme. Die Rechtsprechung reagiere teilweise auf diese Widersprüche mit der Quasi-Wiederaufnahmeklage aus § 826 BGB. Das rechtfertige, § 581 ZPO einschränkend auszulegen.

33 Dabei greift die Nichtigkeitsklage bei "objektiven" Verfahrensmämgeln, während die Restitutionsklage einen Verstoß gegen bestimmte grundlegende Verfahrenspflichten voraussetzt. *Braun* (Restitution, S. 69) ordnet die Wiederaufnahmegründe der § 580 Nr. 1-5 ZPO entgegen der h.M. den Verfahrensfehlern zu. Er begründet dies zunächst mit der historischen Herkunft dieser Wiederaufnahmegründe, die auf andere Zusammenhänge verweist als die der Nr. 6 und 7.

34 *Braun*, NJW 1981, S. 525 ff. Vorher hatte er diesen Problemkreis nicht behandelt, da es um eine Untersuchung des Wiederaufnahmerechts ging, die an 826 BGB anknüpfte.

das Gehör vor dem Richter eine Garantie der Richtigkeit der Entscheidung ist[35].

4. Schlußfolgerung

Braun zieht aus dieser Feststellung den Schluß, daß die Fachgerichte eine kausale Verletzung von Art. 103 Abs. 1 GG durch ein Urteil im Verfahren der Wiederaufnahme zu beseitigen hätten[36] und nicht durch die Zulassung der außerordentlichen Anfechtung. Es stellt sich aber die Frage, ob der von Braun gezogene Schluß zwingend ist (zumal bei Beschlüssen), oder ob die Verletzung des Rechts auf Gehör mit dem Rechtsmittel geltend gemacht werden kann, das der Instanzenzug gegen die Entscheidung zur Verfügung stellt, auch wenn das Rechtsmittel für die konkrete Entscheidung mangels Erwachsenheitssumme u.a. verschlossen ist.

Die Wiederaufnahmeklage ist nur *ein* "Hilfsmittel"[37]. Die Rechtsprechung legt in vielen Fällen die Verfahrensvorschriften so aus, daß Fehler, die zur Wiederaufnahme des Verfahrens berechtigen würden, bereits innerhalb des ordentlichen Instanzenzugs beseitigen werden.

So können nicht-anfechtbare Prozeßhandlungen widerrufen werden, wenn ein Restitutionsgrund vorliegt. Dies ist nach fast einhellige Meinung der Fall beim Anerkenntnis oder Verzicht[38], bei der Rechtsmittelrücknahme[39] und bei der Erledigungserklärung nach § 91 a ZPO[40]. Außerdem entfällt die Bin-

---

35 Siehe § 1 Fn. 57.

36 *Braun* ebenda.

37 Vgl. nur BL/*Hartmann*, ZPO, Grundz § 578, 1 C.

38 So bereits RG Urteil vom 28.10.1937 (RGZ 156, S. 70 ff. 80 f.); vgl. im übrigen BGH Beschluß vom 15.2.1954 (BGHZ 12, S. 285 ff.); Urteil vom 27.5.1981 (NJW 1981, S. 2193); Urteil vom 27.5.1981 (BGHZ 80, S. 394); OLG Frankfurt AnwBl. 1988, S. 119; OLG Karlsruhe Beschluß vom 14.2.1989 (NJW-RR 1989, S. 1468) obiter dictum; Zöller/*Vollkommer*, ZPO, vor § 306, Rz. 6; BL/*Hartmann*, ZPO, Einf. vor § 306 ff; *Schwab*, FS Baumgärtel, S. 507 f.; Rosenberg/*Schwab*, ZPR, § 134, IV 6.

39 RG Urteil vom 19.3.1936 (RGZ 150, S. 392ff, 396); Zöller/*Schneider*, ZPO, § 515 Rz. 10; BGH Beschluß vom 8.7.1960 (BGHZ 33, S. 75 ff.).

40 OLG Düsseldorf Beschluß vom 26.11.1963 (NJW 1964, S. 822) mit Anm. *Habscheid*, der über die Restitutionsgründe hinaus den Widerruf bei Rechtsschutzverweigerung zulassen will; Stein/Jonas/*Leipold*, ZPO, § 91 a, Rz. 19, vor § 128 Rz. 219, 226; *Ostendorf*, DRiZ 1973, S. 387; Zöller/*Vollkommer*, ZPO, 91 a, Rz. 11; BL/*Hartmann*, ZPO, § 91, 6 G. A.a. Stein/Jonas/ *Grunsky*, ZPO, § 515, Rz. 6 bei rechtskräftigem Urteil und *Gaul*, ZZP 74 (1961), S. 49 ff.

dungswirkung eines Beschlusses, wenn ein Restitutionsgrund vorliegt[41], und die Revisionsinstanz muß neue Tatsachen berücksichtigen, die einen Restitutionsgrund enthalten[42].

Diesen Weg sollte man auch bei Verstössen gegen Art. 103 Abs. 1 GG wählen, zumal für die Verletzung des Rechts auf Gehör das Verfahren der Wiederaufnahme nicht ausdrücklich vorgeschrieben ist. Das legt es nahe, in den Fällen, in denen noch ein Rechtsmittel eingelegt werden kann, im Anschluß an die vorher dargestellte Rechtsprechung auch die wegen einer Verletzung des Rechts auf richterliches Gehör fehlerhafte Entscheidung wie die wegen eines Wiederaufnahmegrundes fehlerhafte Entscheidung bereits im ordentlichen Instanzenzug aufzuheben.

5. *Fazit*

Die Untersuchung hat ergeben, daß die Verletzung des Rechts auf Gehör für die Unanfechtbarkeit von Entscheidungen konstitutive Bedeutung hat. Daraus folgt zum einen, daß jede Entscheidung, die unter Verletzung von Art. 103 Abs. 1 GG ergangen ist, nach Art. 19 Abs. 4 GG der Anfechtung unterliegt. Zum anderen liegt zivilprozessual ein Wiederaufnahmegrund vor - was man auch bei urteilsvertretenden Beschlüssen annehmen sollte. Nun entspricht, wie dargelegt, weder der materielle Begriff von Rechtsprechung nach Smid noch das Verständnis der Wiederaufnahmegründe als System nach Braun der herrschenden Meinung. Es bedarf daher der weiteren Absicherung des Ergebnisses. Gründe für dieses Verständnis des geltenden Rechts können sich dabei, wie schon darlegt (§ 1 III 3), aus der Verteilung der Zuständigkeit für die Beseitigung von Grundrechtsverletzungen zwischen Verfassungsgericht und Fachgerichtsbarkeit ergeben.

---

41 BGH Urteil vom 9.7.1951 (BGHZ 3, S. 65 ff., 67 f.); BGHZ Urteil vom 25.11.1986 (102, S. 232 ff., 236); Zöller/*Vollkommer*, ZPO, § 318, Rz. 12.

42 BGH Beschluß vom 9.7.1951 (BGH Z 3, S. 65 ff., 67f.). Siehe auch Rosenberg/*Schwab*, ZPR, § 146, II 3 f.

3. Kapitel

Dogmatische Einordnung der außerordentlichen Anfechtung vor den Fachgerichten in den Grundrechtsschutz

§ 6 Umfang der Zuständigkeit des Bundesverfassungsgerichts für den Grundrechtsschutz und Folgen für die Zuständigkeit der Fachgerichtsbarkeit

I. Inhalt und Umfang der Aufgabe "Grundrechtsschutz"

1. Aufgabenstellung

Es soll im folgenden geprüft werden, ob dem Verfassungsprozeßrecht zu entnehmen ist, daß die Fachgerichtsbarkeit für die Beseitigung von unterinstanzlichen Grundrechtsverstößen zuständig ist.

Ausgangspunkt der Überlegungen ist, daß Rechtsprechung und Lehre, wie bereits bemerkt, meinen, daß die Fälle der "Pannenhilfe" bei der Verletzung des Rechts auf Gehör nicht in die genuine Zuständigkeit des Verfassungsgerichts fallen würden und es Aufgabe der Fachgerichte und nicht des Verfassungsgerichts sei, offensichtliche Grundrechtsverstöße der Untergerichte zu korrigieren (§ 1 I 1). Es ist daher zu prüfen, ob eine solche Einschätzung der Zuständigkeiten der Gerichtsbarkeiten lediglich eine Überlegung de lege ferenda ist oder ob sie bereits den geltenden gesetzlichen Regelungen der Zuständigkeiten zu entnehmen ist.

Die Untersuchung setzt bei den verfassungsprozessualen Regelungen der Zuständigkeit des Bundesverfassungsgerichts an, da die zivilprozessualen Regelungen über die Zuständigkeiten der Fachgerichtsbarkeit keine unmittelbare Aussage über den Umfang der Zuständigkeit der Zivilgerichte treffen, Grundrechtsverletzungen zu beseitigen. Als erhebliche Regelungsmaterie kommen in Betracht die Vorschriften im Grundgesetz und Bundesverfassungsgerichtsgesetz über Stellung und Aufgabe des Bundesverfassungsgerichts und über die Verfassungsbeschwerde, also die Regelungen über den für die vorliegende Frage relevanten Zugang zum Bundesverfassungsgericht.

Dabei ist die Frage, ob die Verfassungsgerichtsbarkeit oder die Fachgerichtsbarkeit für die Beseitigung von untergerichtlichen Grundrechtsverletzungen zuständig ist, allgemein für Verletzungen von Grundrechten und grundrechtsgleichen Rechten (Art. 101 und 103 GG) zu prüfen. Die Prüfung läßt sich nicht auf die Verletzung von Art. 103 GG beschränken. Denn es ist kein sachlicher Grund ersichtlich, die Verletzung von Verfahrensgrundrechten oder nur von Art. 103 Abs. 1 GG *prozessual* anders als die von materiellen Grundrechten zu behandeln[1].

Bei der Untersuchung ist zunächst zu bestimmen, welche Aufgaben sich beim Grundrechtsschutz stellen. Insbesondere ist festzustellen, ob der Grundrechtsschutz nach der Rechtsordnung in seinem Umfang auf besondere Fälle begrenzt ist oder ob jede Grundrechtsverletzung beseitigt werden soll. Denn nur dann, wenn Inhalt und Umfang des nach der Rechtsordnung erforderlichen Grundrechtsschutzes bestimmt ist, kann von der Zuständigkeit der einen Gerichtsbarkeit auf die der anderen geschlossen werden (I. 2 ff.). Dann ist zu untersuchen, wie das Gesetz diese Aufgaben unter die beiden Gerichtsbarkeiten verteilt. Dabei sind einmal die Grundsätze zu untersuchen, die das Verhältnis der beiden Gerichtsbarkeiten beim Grundrechtsschutz bestimmen (II.), und zum zweiten ist unter Berücksichtigung dieser Grundsätze zu untersuchen, wie die konkreten gesetzlichen Regelungen das Verhältnis zwischen den beiden Gerichtsbarkeiten beim Grundrechtsschutz gestalten (III.).

2. *Subjektiver und objektiver Grundrechtsschutz*

Um die Aufgabe des Grundrechtsschutzes genauer zu bestimmen, ist zunächst festzustellen, wie Grundrechte geschützt werden können.

Grundrechte sind subjektive Rechte des Einzelnen. Damit stellt sich wie bei allen subjektiven Rechten die Aufgabe, dem Rechtsträger die Möglichkeit

---

1 Es ist hier unerheblich, daß die Literatur die Verletzung von Verfahrensgrundrechten teilweise als weniger schwergewichtig ansieht als die von materiellen Grundrechten. Denn solange die Verletzung von Verfahrensgrundrechten mit der Verfassungsbeschwerde geltend gemacht werden kann, stellt sich die Frage, inwieweit die Fachgerichtsbarkeit derartige Verstöße beseitigen muß.

zu geben, die Beseitigung von Verletzungen seiner Grundrechte zu verlangen. Grundrechtsschutz ist also Schutz subjektiver Rechte, Durchsetzung von Rechten im konkreten Fall durch Beseitigung der Rechtsverletzung.

Grundrechte sind aber auch wichtiger Bestandteil der Verfassung[2] und als solcher von der staatlichen Gewalt zu beachten. Sie beeinflussen als der Teil der Verfassung, der das staatliche Handeln materiell begrenzt und bestimmt, wesentlich die Tätigkeit des Staates. Damit die staatliche Gewalt ihr Handeln an den Grundrechten orientieren kann, müssen Inhalt und Reichweite der Grundrechte so weit wie möglich feststehen. Grundrechtsschutz heißt insoweit also auch *einheitliche Auslegung* von Grundrechten. Je genauer eine einheitliche Auslegung Reichweite und Inhalt von Grundrechten bestimmt, desto mehr wird die staatliche Gewalt die Grundrechte beachten können, und desto besser werden Grundrechtsverletzungen bereits im Vorfeld verhindert.

Schutz der Grundrechte bedeutet also zum einen Schutz bei einer Verletzung der Grundrechte, also subjektiver Rechtsschutz, und zum anderen die Durchsetzung der Grundrechte als Bestandteil der objektiven Rechtsordnung[3].

3. Das Postulat der umfassenden Beseitigung von Grundrechtsverletzungen

Beim subjektiven Grundrechtsschutz stellt sich die Frage, ob im Grundsatz Rechtsschutz gegen jede Verletzung von Grundrechten gewährt wird oder ob Grundrechtsschutz lediglich in gewissen Grenzen zu gewähren ist. Denn nur, wenn die Verfassung einen uneingeschränkten Schutz gegen Grundrechtsverletzungen verlangt, ist der Schluß von der Unzuständigkeit der einen Gerichtsbarkeit auf die Zuständigkeit der anderen zwingend.

Bei der Prüfung bleibt unberücksichtigt, daß die Verfassungsbeschwerde auch Schutz gegen Grundrechtsverletzungen unmittelbar durch Gesetze gewährt. Denn diesen Grundrechtsschutz kann allein die Verfassungsbeschwerde leisten, so daß sich insoweit nicht die Frage stellt, anhand welcher Kriterien die Zuständigkeit der Verfassungsgerichtsbarkeit von der Fachgerichtsbarkeit abzugrenzen ist. Es ist also zu prüfen, ob und wodurch die Rechtsordnung verlangt, daß Rechtsschutz gegen Grundrechtsverletzungen ohne Begrenzung

---

2 Es kann dahinstehen, ob die Grundrechte eine "objektive Wertordnung" bilden.

3 Auf das Verhältnis dieser beiden Aspekte des Grundrechtsschutzes braucht an dieser Stelle noch nicht eingegangen zu werden. Siehe dazu II 2 a cc.

gewährt wird. Dabei geht es lediglich um die Frage, ob bei Grundrechtsverletzungen Rechtsschutz wie nach Art. 19 Abs. 4 GG ohne Begrenzung auf eine bestimmte Beschwer oder erst ab einer besonderen Beschwer zu erhalten ist[4].

a) Gewährleistung durch die Verfassungsbeschwerde

Für die Prüfung ist es unerheblich, ob die Verfassungsbeschwerde zum Bundesverfassungsgericht nach Art. 93 Abs. 1 Nr. 4a GG insoweit lückenlosen Grundrechtsschutz leistet oder ob das Annahmeverfahren nach dem BVerfGG den Grundrechtsschutz durch die Verfassungsbeschwerde einschränkt. Denn der Umfang des Rechtschutzes durch die Verfassungsbeschwerde betrifft die Frage, ob es Aufgabe der *Verfassungsgerichtsbarkeit* ist, umfassenden Rechtsschutz bei Grundrechtsverletzungen zu gewähren. Hier soll dagegen geprüft werden, ob die Rechtsordnung unabhängig vom Umfang der Zuständigkeit der Verfassungsgerichtsbarkeit fordert, daß die Gerichte - sei es das Verfassungsgericht, seien es die Fachgerichte - umfassenden subjektiven Grundrechtsschutz leisten. Dabei kann nicht geleugnet werden, daß die Verfassungsbeschwerde für die prozessuale Durchsetzbarkeit der Grundrechte von Bedeutung ist[5]. Aber es stellt sich die Frage, ob auch ohne die Verfassungsbeschwerde die Grundrechte umfassend durchsetzbar sein sollen, oder ob die Rechtsordnung nur von einem begrenzten Schutz ausgeht.

b) Umfassende Gewährleistung durch die Stellung der Grundrechte als subjektiver Rechte nach Art. 19 Abs. 4 GG

Die Bedeutung der Grundrechte, die nach Art. 1 Abs. 3 und 20 Abs. 3 GG alle staatliche Gewalt[6] binden, könnte die Forderung begründen, daß bei jeder Grundrechtsverletzung Rechtsschutz durch die Gerichte zu gewähren ist.

Die Grundrechte sind in der Verfassung als subjektive Rechte normiert. Nun mag zwar die Rechtsordnung nicht bei jeder Rechtsverletzung Rechts-

---

4 Nicht erörtert werden sollen z.B. Probleme, wieweit ein Rechtsschutzanspruch auch gegen Akte von Privaten besteht vgl. *Lerche*, ZZP Bd. 78 (1965), S. 7 ff.; *Baur*, AcP 153 (19 54), S. 393 ff.

5 Siehe z.B. *Leibold*, Diss., S. 69: Mit der Verfassungsbeschwerde sei die Entscheidung getroffen, daß grundrechtsverletzende Entscheidungen keinen Bestand haben sollen. Es stellt sich aber die Frage, ob die Rechtsordnung auch unabhängig von der Verfassungsbeschwerde verlangt, daß eine Grundrechtsverletzung beseitigt wird.

6 Art. 20 Abs. 3 GG gilt auch gegenüber der Iudikative (Maunz/*Herzog*, GG, Art. 20 Rz. 24).

schutz gewähren. Aber die Entscheidung der Verfassung, diese subjektiven Rechte als "Grundrechte" zu normieren, zeigt, daß es keine wichtigeren und damit schützenswerteren subjektiven Rechte gibt. Weiter ist aus der verfassungsrechtlichen Normierung zu ersehen, daß diese Rechte auch für die objektive Rechtsordnung am wichtigsten sind. So sind diejenigen Verfahrensprinzipien, die nach der Verfassung grundrechtsgleiche Rechte sind, die für das Verfahren wichtigsten Prinzipien.

Es ist also prima facie davon auszugehen, daß die Stellung dieser subjektiven Rechte als Grundrechte verlangt, daß sie durchsetzbare, einklagbare subjektive Rechte sind. Das wird auch nicht angezweifelt.

Dem entspricht, daß Grundrechtsverletzungen durch die staatliche Gewalt wie alle Verletzungen subjektiver Rechte unter die Rechtsweggarantie von Art. 19 Abs. 4 GG fallen, so daß Art. 19 Abs. 4 GG gewährleistet, daß Grundrechtsverletzungen durch die staatliche Gewalt vor den Gerichten geltend gemacht werden können[7].

c) Beschränkung des Grundrechtsschutzes gegen Gerichtsentscheidungen durch begrenzten Instanzenzug

Nun erfordert die Rechtsweggarantie nach Art. 19 Abs. 4 GG nach fast allgemeiner Meinung keinen Rechtsschutz gegen Entscheidungen der Rechtsprechung[8]. Lediglich die Verfassungsbeschwerde ist eine verfassungsrechtlich gewährleistete Möglichkeit des Grundrechtsschutzes gegen Entscheidungen der Rechtsprechung. Daraus könnte zu folgern sein, daß Grundrechtsschutz gegen Entscheidungen der Rechtsprechung nur im Rahmen des durch die Verfassungsbeschwerde gewährleisteten Umfangs besteht, der gegebenenfalls nicht umfassend ist, sondern an weitere Voraussetzungen als allein an die Grundrechtsverletzung anknüpft. Es wäre dann nicht möglich, ein Postulat des umfassenden Grundrechtsschutzes unabhängig vom Umfang des durch die

---

7 Dementsprechend war bei Einführung der Verfassungsbeschwerde durch das BVerfGG umstritten, ob angesichts der Rechtsschutzgarantie des Art. 19 Abs. 4 GG die Verfassungsbeschwerde überhaupt noch sinnvoll wäre. Dabei kam es darauf an, ob man einen Grundrechtsschutz auch gegen *Urteile* für erforderlich hielt, siehe dazu die Darstellung von Maunz/*Schmidt-Bleibtreu*, BVerfGG, § 90, Rz. 8. Auch heute halten einige Autoren die Verfassungsbeschwerde angesichts von Art. 19 Abs. 4 GG für entbehrlich; siehe die in § 1, Fn. 17 Genannten.

8 Siehe z.B. Maunz/*Schmidt-Aßmann*, GG, Art. 19, Rz. 96 mit w.N. A.A. *H. Bauer*, Gerichtsschutz, S. 110 f., der einen zweiinstanzlichen Instanzenzug fordert; *Amelung*, Rechtsschutz, S. 22, der eine Instanz fordert, wenn der Richter nicht als neutraler Dritter entscheidet, so bei §§ 176, 177 GVG.

Verfassungsbeschwerde gewährleisteten Grundrechtsschutzes aufzustellen. Denn dann ließe bereits das *organisatorische Konzept des Rechtsschutzes* erkennen, daß Grundrechtsschutz gegen gerichtliche Entscheidungen nur im Rahmen der Verfassungsbeschwerde gewährleistet ist. Dann wäre lediglich möglich, de lege ferenda zu fordern, eine Rechtsschutzorganisation einzurichten, die umfassenden Grundrechtsschutz ermöglicht, sollte die Verfassungsbeschwerde keinen solchen leistet.

Es ist also zu prüfen, ob aus Art. 19 Abs. 4 GG zu ersehen ist, daß die Fachgerichtsbarkeit schon aufgrund ihrer Organisation keinen umfassenden Rechtsschutz gegen Grundrechtsverletzungen durch eigene Entscheidungen leisten kann, so daß es schon deshalb keinen umfassenden Grundrechtsschutz unabhängig von der Verfassungsgerichtsbarkeit geben kann.

aa) Zunächst ist richtig, daß der gerichtliche Instanzenzug begrenzt ist und begrenzt sein muß. Einen unbegrenzten Rechtszug kann es nicht geben. Das bedarf keiner weiteren Begründung. Fehlerhafte gerichtliche Entscheidungen und daher auch grundrechtsverletzende gerichtliche Entscheidungen können rechtskräftig sein. Andererseits ermöglicht die Organisation der Fachgerichtsbarkeit, daß die Fachgerichte Fehler von besonderer Qualität auch im begrenzten Instanzenzug korrigieren können. Denn alle Gerichtszweige sind mit zumindest zwei Instanzen ausgestattet und waren es bereits bei Erlaß des Grundgesetzes, auch wenn Art. 19 Abs. 4 GG nicht die Einrichtung eines mehrstufigen Instanzenzugs verlangt. Außerdem gibt es gegen rechtskräftige Entscheidungen in jedem Gerichtszweig das Verfahren der Wiederaufnahme und damit die Überprüfung durch dieselbe Instanz. Die Überprüfung der Entscheidung im Instanzenzug ist allerdings aufgrund bestimmter Überlegungen begrenzt: Entweder mit der geringen vermögensmäßigen Beschwer der Entscheidung wie bei der Berufung oder auch mit anderen Zielen des Rechtsmittels wie bei der Revision. Für letztinstanzliche Entscheidungen ist die Überprüfung durch das Wiederaufnahmeverfahren auf qualitativ besondere Fehler beschränkt.

bb) Der fachgerichtliche Instanzenzug ist also trotz seiner Begrenzung so konzipiert, daß für die Beseitigung von *qualitativ besonderen Fehlern* immer ein Rechtsbehelf zur Verfügung steht. Denn bei einer bestimmten Fehlerqualität ist der Instanzenzug zum einen mehrstufig und zum zweiten angesichts des Wiederaufnahmeverfahrens nicht eigentlich begrenzt. Innerhalb der Zivilgerichtsbarkeit könnte damit bei Ausschöpfung aller Möglichkeiten auch eine

Grundrechtsverletzung immer behoben werden, wenn die Verletzung von Grundrechten den jeweiligen Rechtsbehelf eröffnen würde. Die Fachgerichtsbarkeit hätte die *Möglichkeit*, innerhalb ihres Rechtsbehelfssystem bei entsprechender Auslegung Grundrechtsverletzungen zu beseitigen.

Die Begrenzung des Instanzenzugs schließt also nicht aus, daß grundsätzlich Rechtsschutz gegen Grundrechtsverletzungen zu gewähren ist.

d) Beschränkung des umfassenden subjektiven Grundrechtsschutzes in "Bagatellsachen" wegen geringer Beschwer

Bei der Diskussion über die Verfassungsbeschwerde taucht immer wieder die Überlegung auf, daß das Bundesverfassungsgericht Grundrechtsverletzungen in "Bagatellsachen" nicht beseitigen müßte. Als Bagatellsachen in diesem Sinne werden Streitigkeiten mit einem Streitwert unter der Berufungssumme und über Kosten oder Ordnungswidrigkeiten mit geringem Bußgeld qualifiziert[9]. Das Bundesverfassungsgericht[10] hat unter weitgehender Zustimmung

---

9 *Schumann*, NJW 1982, S. 1137 rechnet zu den "Bagatellsachen" Streitigkeiten bis zu DM 1880.

10 So hat der 1. Senat häufig die Annahme einer Verfassungsbeschwerde nach § 93 a Abs. 4 BVerfGG bzw. dessen Vorläufer abgelehnt , weil die Klärung einer verfassungsrechtlichen Frage nicht zu erwarten sei und kein schwerer Nachteil bestehe, da es sich um eine Bagatellsache handele: Beschluß vom 11.10.1966 (BVerfGE, 9, S. 120 ff.: DM 50.- mit Verweis auf den abgeschlossenen Instanzenzug); Beschluß vom 5.10.1965 (BVerfGE 19, S. 148 ff.: DM 27,04); Beschluß vom 11.10.1977 (BVerfGE 46, S. 72 ff.: DM 111.-); Beschluß vom 11.10.1966 (BVerfGE 20, S. 276 ff.: DM 50.-); Beschluß vom 8.11.1977 (BVerfGE 46, S. 313 ff.: ungefähr DM 150.-); Beschluß vom 21.12.1977 (BVerfGE 47, S. 102 ff.: DM 449,37 - mit eingehender Begründung, wobei darauf verwiesen wurde, daß der Instanzenzug abgeschlossen sei und es daher nicht Aufgabe des BVerfGs sein könne, den Grundrechtsverstoß zu beseitigen); Beschluß vom 17.1.1978 (BVerfGE 47, S. 128 ff.: DM 150.-); Beschluß vom 22.2.1983 (BVerfGE 63, 177 ff.: DM 550.-); Beschluß vom 6.5.1986 (BVerfGE 72, S. 119 ff.: DM 98,66). Bei Strafen nach dem OWiG-Beschluß vom 13.11.1974 (BVerfGE 38, S. 206 ff.: Strafe 150.- bzw. 120.-DM); Beschluß vom 21.2.1984 (BVerfGE 66, S. 211 ff.: Strafe 80.- DM).

Andere Entscheidungen geben aber trotz niedrigen Streitwerts der Verfassungsbeschwerde statt - und zwar ohne weitere Erörterung, warum in diesen Fällen ein schwerer Nachteil vorliegen soll: Beschluß vom 19.10.1977 (BVerfGE 46, S. 185 ff. mit abl. Anm von *Redeker*, NJW 1978, S. 937: DM 271.-); Beschluß vom 20.6.1978, (BVerfGE 48, S. 394 ff.: DM 483,04); Beschluß vom 8.11.1978 (BVerfGE 50, S. 32 ff.: DM 425,08); Beschluß vom 19.6.1979 (BVerfGE 51, S. 352 ff.: DM 270.-); Beschluß vom 7.10.1980 (BVerfGE 55, S. 95 ff.: DM 186, 47); Beschluß vom 7.4.1981 (BVerfGE 57, S. 39 ff.: DM 129,36); Beschluß vom 2.8.1982 (BVerfGE 60, S. 96 ff.: DM 147.-); Beschluß vom 20.4.1982, (BVerfGE 60, S. 247 ff.: DM 303,40); Beschluß vom 14.6.1983 (BVerfGE 64, S. 203 ff.: DM 390.-); Beschluß vom 30.1.1985, (BVerfGE 69, S. 141 ff.: DM 657,10); Beschluß vom 19.6.1985 (BVerfGE 70, 215 ff.: DM 238,30). Bei Kostenentscheidungen: Beschluß vom 28.6.1972 (BVerfGE 33, S. 254 ff.); Beschluß vom 12.12.1985 (BVerfGE 68, S. 334 ff. - da nur mittelbare Verletzung); anders aber Beschluß vom 3.12.1986 (BVerfGE 74, 78 ff.), wenn sich der Grundrechtsverstoß ausschließlich auf die Kostenentscheidung bezieht.

der Literatur[11] dementsprechend auch entschieden und die Annahme von Verfassungsbeschwerden gegen gerichtliche Entscheidungen abgelehnt.

Diese Rechtsprechung des Bundesverfassungsgericht besagt zunächst nur, daß in derartigen Sachen der Schutz der Grundrechte nicht dem *Bundesverfassungsgericht* obliegt[12]. Es stellt sich aber die Frage, ob darüberhinaus dieser Rechtsprechung zu entnehmen ist, daß in derartigen Fällen Grundrechtsverletzungen hinzunehmen sind, daß also die Verfassung keinen umfassenden Grundrechtsschutz gebietet.

aa) Zur Begründung der Bagatellrechtsprechung wird a minore ad maiorem[13] argumentiert, daß das Bundesverfassungsgericht in den "Bagatellfällen" nicht zur Beseitigung von Grundrechtsverletzungen verpflichtet sein könne, wenn schon die Fachgerichtsbarkeit bei abgeschlossenem Instanzenzug nicht zur Beseitigung verpflichtet sei. In diesem Argument liegt der Hinweis, daß es mit der Stellung des Bundesverfassungsgerichts als Verfassungsorgan nicht vereinbar sei, derartige Grundrechtsverletzungen zu überprüfen. Das Argument läßt also nicht erkennen, daß dieser Rechtsprechung der Gedanke zugrunde liegt, daß Grundrechtsverletzungen in diesen Fällen generell nicht beseitigt werden sollen.

bb) Teilweise[14] wird die Bagatellrechtsprechung mit dem Hinweis darauf gerechtfertigt, daß in diesen Fällen das Rechtsschutzbedürfnis fehle. Es mag

---

11 Zustimmend zur Rechtsprechung zu den Bagatellfällen: Maunz/*Schmidt-Aßmann*, GG, Art. 103 Abs. 1, Rz. 156; Maunz/*Schmidt-Bleibtreu*, BVerfGG, § 93 c Rz. 3, 8; *Berkemann*, JR 1980, S. 272, der Bagatellsachen von der Kontrolle des BVerfGs ausnehmen will; *R. Schneider*, ZZP Bd. 79 (1966), S. 69 Fn. 124: Bagatellfälle sind Fälle offensichtlicher Unzulässigkeit, und S. 72 Fn. 129: kein Sachentscheidungsinteresse; *Seetzen*, NJW 1982, S. 2338; *K. Peters*, JR 1980, S. 267 unter Verweis auf das Verhältnismäßigkeitsprinzip; *Benda/Klein*, VerfProzR, Rz. 325 f.: Die Rechtsprechung sei durch das Gebot des effektiven Rechtsschutz gerechtfertigt, allerdings verlangen sie, daß bis auf "eindeutige Bagatellfälle" wegen DM 3.- oder DM 40.- vorher eine überschlägige Prüfung der Erfolgsaussichten stattfindet. Mit Bedenken *Mahrenholz*, FS Zeidler, S. 1369: Das Rechtsbewußtsein und das Vertrauen des Beschwerdeführers stehe auf dem Spiel; *Mußgnug*, NJW 1978, S. 1358 f: Zwar richtig, daß das BVerfG nicht entscheide, aber entschieden werden muß; *Kahlke*, NJW 1985, S. 2232: Plädoyer für Überprüfung durch die Fachgerichte. Skeptisch auch *Krauss*, Diss., S. 341 mit Hinweis auf die fehlende Kontrolle der Amtsrichter (jetzt allerdings § 93 b Abs. 2 BVerfGG).

12 Die Rechtsprechung zu den Bagatellstreitigkeiten entwickelte sich anhand des Begriffs "schwerer Nachteil".

13 Z.B. *Gusy*, Verfbschw, S. 119 Rz. 188, bei der Prüfung des Vorliegens eines "schweren Nachteil" im Annahmeverfahren.

14 So *R. Schneider*, ZZP Bd. 79 (1966), S. 46; *Benda/Klein*, VerfProzR, Rz. 524.

nun wegen der besonderen Stellung des Bundesverfassungsgerichts möglich sein, bei der Verfassungsbeschwerde besondere Anforderungen an das Rechtsschutzbedürfnis zu stellen. Es fehlt aber abgesehen von der Besonderheit der Verfassungsbeschwerde an einem sachlichen Grund dafür, daß bei Grundrechten Rechtsschutz nur ab der Bagatellgrenze gewährt werden soll[15], während bei anderen subjektiven Rechten ein Ausschluß des Rechtsschutzes nur im Rahmen des "minima non curat praetor" möglich ist[16]. Denn entweder ist die Beeinträchtigung so gering, daß kein Eingriff in ein Grundrecht vorliegt, oder es handelt sich trotz der geringen vermögensmäßigen Beschwer um einen Eingriff in ein Grundrecht.

cc) Der Begrenzung des subjektiven Grundrechtschutzes auf Fälle oberhalb der "Bagatellgrenze" steht außerdem entgegen, daß vor der Fachgerichtsbarkeit die geringe vermögensmäßige Beschwer lediglich eine *Beschränkung* des Instanzenzugs rechtfertigt, nicht dagegen den Ausschluß jeden Rechtschutzes. Wenn aber erst die gerichtliche Entscheidung das Grundrecht verletzen kann, wie es bei Art. 103 Abs. 1 GG der Fall ist, ist der Rechtsschutz gegen die Grundrechtsverletzung nicht nur beschränkt, sondern es ist gar kein Rechtsschutz gegeben.

Außerdem ist die Gewichtigkeit einer Grundrechtsverletzung nur beschränkt in Anknüpfung an zivilprozessuale "Bagatellgrenzen" zu bestimmen. Denn eine Beschwer unter dem Berufungsstreitwert, die aus vermögensmäßiger Sicht nur eine "Bagatelle" darstellt, muß nicht dazu führen, daß auch die Grundrechtsverletzung nur eine "Bagatelle" ist. Dem trägt das Bundesverfassungsgericht bei der Rechtsprechung zu den Bagatellfällen dadurch Rechnung, daß es nicht allein auf die vermögensmäßige Beschwer abstellen, sondern die konkreten Umstände des Einzelfalls berücksichtigen will: Wenn es sich im Einzelfall *trotz* der geringen vermögensmäßigen Betroffenheit um einen wesentlichen Eingriff in das Persönlichkeitsrecht handele, sei es keine Bagatelle mehr.

Das Bundesverfassungsgericht knüpft trotz dieser Einschränkung bei der Prüfung, ob die Grundrechtsverletzung eine Bagatelle ist, an die Schwere der

15 Zumal man bei einer Berufungssumme von inzwischen DM 1 200 nicht von *Bagatellen* sprechen kann.

16 *Löw*, DVBl 1973, S. 943 weist zurecht darauf hin, daß die Formulierung "schwerer Nachteil" erheblich über das "minima non curat praetor" hinaus gehe.

vermögensmäßigen Beschwer an und bezeichnet in der Regel eine Beschwer als Bagatelle, die aus vermögensmäßiger Sicht eine Bagatelle ist. Nun stellt die Verletzung eines Grundrechts immer einen wesentlicheren Einbruch in die Rechtsposition eines Menschen dar[17] als die falsche Aberkennung vermögensrechtlicher Ansprüche[18], welcher Höhe diese auch immer sein mögen. Es ist für den Betroffenen nicht unerheblich, aus welchem Grunde er fehlerhaft beschieden wird[19]. Daher liegt bei grundrechtsverletzenden Entscheidungen die Beschwer nicht lediglich in der vermögensmäßigen Beschwer wie sonst bei fehlerhaften Entscheidungen. Ansonsten wären grundrechtlich geschützte Rechtspositionen käuflich. Dem steht auch nicht entgegen, daß die Verletzung von Grundrechten teilweise vermögensrechtlich geahndet wird, so ist z.B. das Persönlichkeitsrecht im Zuge der Rechtsentwicklung kommerzialisiert worden. Denn die Erweiterung des Anspruchs auf Schmerzensgeld soll lediglich dem Gedanken Rechnung tragen, daß eine Verletzung von Persönlichkeitsrechten auch materielle Dimensionen hat. Die Schwere der Verletzung eines Grundrechts kann also nicht danach qualifiziert werden, welche vermögensrechtliche Rechtsposition von der grundrechtsverletzenden und damit falschen Entscheidung betroffen ist. Das zeigt sich daran, daß es bei der Verfassungsbeschwerde nicht um die Beseitigung der vermögensrechtlichen Beschwer, sondern um die der Grundrechtsverletzung geht[20]. Dagegen spricht nicht, daß eine Grundrechtsverletzung lediglich in Verbindung mit der beschwerenden Entscheidung vorliegt und daß insoweit ein Zusammenhang zwischen der

---

17 So auch *Krauss,* Diss., S. 342: Die Verletzung des Rechts auf richterliches Gehör ist kein Nachteil, dessen Schwere sich an der Höhe des Streitgegenstandes messen ließe; ihm komme vielmehr wegen der legitimierenden Wirkung des Verfahrens ein Eigenwert zu. Siehe auch *Waldner*, Gehör, S. 264; *Seibert*, FS Hirsch, S. 510, der mit Hinweis auf Bundesverfassungsrichter *Hirsch* davon ausgeht, daß eine Grundrechtsverletzung immer einen schweren Nachteil darstelle, aber dann meint, in Bagatellsachen sei die Nichtbeseitigung am ehesten hinzunehmen.

18 Daraus ergibt sich auch, daß die Abschaffung der Verfassungsbeschwerde keine Lösung bringen würde - im Gegenteil: Wenn die Beseitigung von Verfassungsverstößen durch das BVerfG entfallen würde, dann wäre bei Grundrechtsverletzungen der Verweis auf das BVerfG nicht mehr möglich. Die Frage, ob man sehenden Auge eine Grundrechtsverletzung hinnehmen könnte, würde sich verschärft stellen.

19 So aber *Henckel*, ZZP Bd. 77 (1964), S. 333; siehe auch *Fenn*, ZZP 79 (1966), S. 313.

20 So *Dürig*, DÖV 1958, S. 194, der ausführt, daß "das verfassungsgerichtliche Gravamen allein in der Tatsache liege, daß verfahrensrechtliche Grundrechte verletzt wurden", daher könne auch ein freisprechendes Urteil beschweren.

vermögensrechtlichen Beschwer durch die Entscheidung und der Grundrechtsverletzung besteht[21].

Diese Ausführungen zeigen, daß die fachgerichtliche "Bagatellgrenze" sachlich nicht eine Beschränkung des Grundrechtsschutzes rechtfertigt. Die Bagatellrechtsprechung bringt lediglich zum Ausdruck, daß es zweifelhaft ist, daß sich das Bundesverfassungsgericht mit derartigen Fällen beschäftigen muß. Dieser Zwiespalt, daß einerseits in diesen Fällen Grundrechtsschutz zu gewähren ist, andererseits aber das Bundesverfassungsgericht nicht dafür zuständig sein sollte, zeigt sich auch darin, daß das Bundesverfassungsgericht die Annahme von Verfassungsbeschwerden unterhalb des Berufungsstreitwerts nur zeitweise[22] verweigert hat. Und dieser Zwiespalt ist sowohl hinter den positiven wie den negativen Kommentaren der Literatur[23] zu erkennen.

Aus der Bagatellrechtsprechung sind daher keine Folgerungen für den Umfang des Grundrechtsschutzes zu ziehen[24].

4. Ende der Prüfung?

Man könnte an dieser Stelle der Prüfung zu dem Ergebnis kommen, daß die Erkenntnis, daß die besondere Qualität der Grundrechte die Beseitigung jeder Grundrechtsverletzung verlange, den Schluß erlaube, daß Grundrechtsverletzungen durch Gerichte bereits von der Fachgerichtsbarkeit zu beseitigen seien. Denn wenn überhaupt ein Fehler besonderer Qualität die Anfechtung einer gerichtlichen Entscheidung erlaubt, so spricht prima facie viel dafür, die Anfechtung auch und gerade bei Grundrechtsverletzungen zuzulassen.

Eine solche Schlußfolgerung wäre aber voreilig. Die besondere Qualität von Grundrechtsverstößen ist bei der *zivilprozessualen* Frage von Bedeutung, ob die Auslegung des Verfahrensrechts im Hinblick auf die Bedeutung der Grundrechte, insbesondere des Rechts auf richterliches Gehör für das Verfahren, ergibt, daß vorhandene Instanzen bei Verletzung von Grundrechten zu eröffnen sind. Vorliegend soll aber geprüft werden, wie das Verfassungsprozeßrecht zwischen beiden Gerichtsbarkeiten die Aufgabe verteilt, jeden

21 So *Henckel*, ZZP Bd. 77 (1964), S. 333 f.

22 Siehe Fn. 10.

23 Siehe Fn. 11.

24 So auch *Lorenz*, Rechtsschutz, S. 246.

grundrechtsverletzenden staatlichen Akt, also auch Gerichtsentscheidungen, aufzuheben. Dabei ist die Qualität der Rechtsverletzung lediglich für die bereits beantwortete Frage relevant, ob in jedem Fall bei einer Grundrechtsverletzung Rechtsschutz gewährt werden muß, nicht aber dafür, wie er zu gewähren ist, welche Gerichtsbarkeit dafür zuständig ist.

Fazit:

Angesichts der Bedeutung der Grundrechte ist davon auszugehen, daß gegen jede Grundrechtsverletzung Rechtsschutz zu gewähren ist. Eine Beschränkung des Rechtsschutzes auf Grundrechtsverletzungen einer besonderen Beschwer ist nicht zu rechtfertigen.

Es bleibt zu prüfen, ob das Bundesverfassungsgericht mit der Verfassungsbeschwerde den geforderten umfassenden Grundrechtsschutz gewährleistet.

II. Grundsätzliche Bestimmung des Verhältnisses von Verfassungs- und Fachgerichtsbarkeit

Zunächst sind die Grundsätze zu untersuchen, die das Verhältnis zwischen den beiden Gerichtsbarkeiten bestimmen. Dabei ist zu prüfen, ob sich aus den Grundsätzen Schlüsse darauf ziehen lassen, ob das Verfassungsgericht oder die Fachgerichte für den Rechtsschutz gegen unterinstanzliche Grundrechtsverletzungen zuständig sind. Die Untersuchung des grundsätzlichen Verhältnisses der beiden Gerichtsbarkeiten ist eine Aufgabe der Rechtsdogmatik. Nach unserem Recht obliegt die Beseitigung von Grundrechtsverletzungen sowohl der Verfassungsgerichtsbarkeit als auch der Fachgerichtsbarkeit: dem Bundesverfassungsgericht im Rahmen der Verfassungsbeschwerde und den Fachgerichten nach Art. 1 Abs. 3, 20 Abs. 3 und 19 Abs. 4 GG. Da auszuschließen ist, daß nach unserem Recht zwei Gerichtsbarkeiten nebeneinander für die gleiche Aufgabe zuständig sind, ergibt sich daraus für die Rechtsdogmatik das Problem, sachliche Kriterien anzugeben, anhand deren die Zuständigkeit für die Aufgabe des Grundrechtsschutzes auf beide Gerichtsbarkeiten zu verteilen ist. So beschreibt man das Verhältnis der Verfassungsbeschwerde zum Rechtsmittelsystem der Fachgerichtsbarkeit dadurch, daß man die Verfassungsbeschwerde als Rechtsmittel eines eigenen Rechtskreises[25] oder als

25 Vgl. *Leibold*, Diss., S. 27: Nach seiner Auffassung hat die Verfassungsbeschwerde mit dem Schutz der Grundrechte ein anderes Ziel als das Rechtsmittelsystem der Fachgerichts-

besonderen Rechtsbehelf in einem neuen Verfahren[26] bezeichnet. Diese Kriterien sind noch sehr allgemein. Es sollen daher im folgenden mögliche Ansatzpunkte für sachliche Kriterien für die Verteilung der Aufgabe des Grundrechtsschutzes untersucht werden[27].

1. Stellung und Aufgaben des Bundesverfassungsgerichts

In einem ersten Schritt muß untersucht werden, ob sich aus den gesetzlichen Bestimmungen über das Bundesverfassungsgericht, insbesondere aus den Regelungen der Zuständigkeiten des Bundesverfassungsgerichts neben der Verfassungsbeschwerde, Folgerungen für den Umfang des Grundrechtsschutzes durch das Bundesverfassungsgericht ergeben.

Die Literatur und auch das Bundesverfassungsgericht selbst[28] charakterisieren die Stellung des Bundesverfassungsgerichts mit Bezeichnungen wie "Hüter der Verfassung"[29] und "Verfassungsorgan[30]". Seine Aufgabe sei die Wahrung der Rechtseinheit auf dem Gebiet des Verfassungsrechts. Die in den angeführten Begriffen liegende Qualifikation des Bundesverfassungsgerichts steht in einem gewissen Widerspruch dazu, daß das Bundesverfassungsgericht umfassenden subjektiven Grundrechtsschutz leisten soll. Dazu kommt, daß allein im Verfahren der Verfassungsbeschwerde jedermann subjektive Rechte vor dem Bundesverfassungsgericht geltend machen kann. Daraus könnte der Schluß zu ziehen sein, daß die Verfassungsbeschwerde nur dann als verfassungsgerichtliches Verfahren anzusehen sei, wenn die Verfassungsbeschwerde zwar subjektiven Grundrechtsschutz gewähren würde, wenn daneben aber auch ein Allgemeininteresse an der Entscheidung besteht.

---

barkeit. Die Eingliederung in die Gerichtsbarkeit erfolge aber nicht aus der Natur der Sache, da auch die Fachgerichtsbarkeit die Grundrechte zu bewahren hätten, sondern durch die Subsidiarität.

26 Maunz/*Schmidt-Bleibtreu*, BVerfGG, § 90, Rz. 17.

27 Es geht nicht darum, daß allein aufgrund dieser sachlichen Kriterien die Aufgabe des Grundrechtsschutzes zwischen den beiden Gerichtsbarkeiten zu verteilen wäre. Die sachlichen Kriterien ermöglichen es aber, das geltende Recht sachgemäß auszulegen.

28 Beschluß vom 20.3.1982 (BVerfGE 1, S. 184 ff., 195); siehe auch *Leibholz* in der die sog. "Status-Denkschrift" des BVerfGs vom 27.6.1952, JöR Bd. 6 (1957), S. 198.

29 BK/*Stern*, Art. 93 Rz. 38; *Stern*, StaatsR, § 32 I 1b.

30 Z.B. *Stern*, StaatsR, § 32 II 3; *Laufer*, Verfassungsgerichtsbarkeit, S. 293 ff.

Nun kann freilich die allgemeine Beschreibung der besonderen Stellung des Bundesverfassungsgerichts den Umfang seiner Zuständigkeit im Rahmen der Verfassungsbeschwerde nicht unmittelbar bestimmen. Denn die Begriffe beschreiben zwar die Stellung des Bundesverfassungsgerichts in der Verfassungsordnung, treffen aber keine konkrete Aussage über den Umfang einer bestimmten Aufgabe des Bundesverfassungsgerichts[31]. Auch ein direkter Rückschluß aus dem Charakter der übrigen Verfahren vor dem Bundesverfassungsgericht auf den Umfang des Grundrechtsschutzes durch die Verfassungsbeschwerde ist nicht möglich. Nach allgemeiner Meinung läßt sich bei den verfassungsgerichtlichen Verfahren wenig finden, das allen Verfahren gemeinsam ist. Allen gemeinsam ist lediglich, daß es sich um eine Kontrolle der Staatstätigkeit handelt[32]. Man qualifiziert daher den Ausdruck "Verfassungsgerichtsbarkeit" zu Recht als "Sammelbezeichnung"[33]. Allerdings wird übereinstimmend dem Verfahren der Verfassungsbeschwerde eine Sonderfunktion unter den verfassungsgerichtlichen Verfahren zugewiesen[34]. Denn es ist das einzige Verfahren, in dem jedermann vor dem Bundesverfassungsgericht die Verletzung seiner subjektiven Rechte geltend machen kann. Das rechtfertigt aber nicht den Schluß, daß die Verfassungsbeschwerde nur beschränkt subjektiven Rechtsschutz gewährt[35].

2. Die Besonderheiten des Grundrechtsschutzes durch Verfassungs- und Fachgerichtsbarkeit

Ein sachliches Kriterium für die Verteilung der Aufgabe des Grundrechtsschutzes könnte sich daraus ergeben, daß die eine oder die andere Gerichtsbarkeit einen spezifischen Beitrag zum Grundrechtsschutz leisten bzw. nicht leisten kann. Dabei stellt sich insbesondere die Frage, ob und in welchem Umfang beide Gerichtsbarkeiten Grundrechtsschutz in subjektiver und objektiver Hinsicht zu leisten vermögen oder ob sich ihre Fähigkeit zum Grundrechtsschutz auf bestimmte Bereiche beschränkt.

---

31 *Schlaich*, BVerfG, Rz. 32.

32 Siehe *Häberle*, VerfG, S. 6.

33 *Leibold*, Diss., S. 23.

34 Siehe nur Maunz/*Schmidt-Bleibtreu*, BVerfGG, § 90, Rz. 19, 142; *Leibold*, Diss., S. 4, 24; *Klein*, DVBl. 1964, S. 92.

35 Siehe z.B. *Zuck*, Verfbschw, Rz. 65; *Fröhlinger*, Erledigung, S. 204.

a) Die Besonderheiten der Gerichtsbarkeiten

aa) Zunächst ist zu überlegen, welchen *besonderen* Beitrag das *Bundesverfassungsgericht* bei der Urteilsverfassungsbeschwerde für den Rechtsschutz gegen Grundrechtsverletzungen durch *gerichtliche Entscheidungen*[36] leisten kann.

(1) Die Grundrechte bedürfen der einheitlichen Auslegung[37]. Die Aufgabe, diese einheitliche Auslegung der Grundrechte zu gewährleisten, kann nur das Bundesverfassungsgericht meistern, das mit einer geringen Anzahl von Richtern besetzt ist. Denn es liegt auf der Hand, daß die Fachgerichtsbarkeit mit insgesamt fünf Obersten Bundesgerichten diese Aufgabe nicht in der Weise erfüllen kann wie das Bundesverfassungsgericht. Auch die zur Vereinheitlichung bei der Fachgerichtsbarkeit eingerichteten großen Senate oder der gemeinsame Senat der Obersten Bundesgerichte können bzw. kann hier keine Abhilfe schaffen, da die Erfahrung lehrt, daß Auslegungsdivergenzen erst nach längerer Zeit zu den großen Senaten oder dem gemeinsamen Senat der Obersten Bundesgerichte gelangen[38].

Nun sorgt aber der Bundesgerichtshof für die Einheitlichkeit der Auslegung des einfachen Zivil- und Strafrechts. Daraus könnte man schließen, daß der Bundesgerichtshof auch die einheitliche Auslegung der Grundrechte in seinem Bereich garantieren könne. Dabei berücksichtigt man aber nicht genügend, daß die Grundrechte eine weit unbestimmtere Regelungsmaterie[39] sind als das einfache Recht, und daß daher eine einheitliche Auslegung schwieriger zu erreichen ist. Die besonderen Schwierigkeiten bei der Auslegung des Verfassungsrechts werden bei der Diskussion um die Frage deutlich, wieweit bei der Auslegung von Verfassungsrecht besondere Methoden anzuwenden sind.

Für die alleinige Zuständigkeit des Bundesverfassungsgerichts, durch eine einheitliche Auslegung Inhalt und Reichweite der Grundrechte zu bestimmen, spricht vor allem, daß bei der Auslegung der Grundrechte auch politische Prä-

---

36 Es braucht nicht erörtert zu werden, daß das BVerfG bei der Verfassungsbeschwerde gegen Gesetze einen besonderen Beitrag zum Grundrechtsschutz leistet.

37 Ausführliches Votum dafür bei *Rupp*, ZZP Bd. 82 (1969), S. 15.

38 Außerdem muß der horror pleni berücksichtigt werden.

39 *Stern*, StaatsR, § 44 I 4 b.

ferenzen eine Rolle spielen[40]. Die Auslegung von Grundrechten hat immer eine politische Dimension. Das Verfassungsorgan "Bundesverfassungsgericht" hat, auch aufgrund seines Wahlmodus, eine besondere Legitimation, eine derartige Auslegung vorzunehmen, während diese Legitimation den obersten Fachgerichten fehlt[41].

Man kann und muß daher davon ausgehen, daß allein das Bundesverfassungsgericht eine einheitliche Auslegung der Grundrechte gewährleisten kann[42], und daß nach der Verfassung allein das Bundesverfassungsgericht legitimiert ist, Inhalt und Reichweite der Grundrechte gegenüber der staatlichen Gewalt, insbesondere dem Gesetzgeber zu bestimmen. Das setzt voraus, daß das Bundesverfassungsgericht in Fragen der Auslegung der Grundrechte immer das letzte Wort hat.

(2) Zum anderen ist das Bundesverfassungsgericht anders als die Fachgerichtsbarkeit auf die Anwendung von Verfassungsrecht *spezialisiert.* Die Fachgerichtsbarkeit dagegen kann sich mit der Auslegung von Verfassungsrecht nur bei einem Teil seiner Verfahren beschäftigen und ist insoweit auf das einfache Recht *spezialisiert.* Daran würde sich auch nichts ändern, wenn die Fachgerichtsbarkeit allein für die Beseitigung von Grundrechtsverletzungen zuständig wäre.

Diese Spezialisierung des Verfassungsgericht hat eine für die Verfassungsbeschwerde und die Auslegung der Grundrechte erwünschte Folge: Das Bundesverfassungsgericht entscheidet über die Verfassungsgemäßheit einer Gesetzesauslegung nicht wie ein Fachgericht, das genaue Kenntnis der verschiedenen Meinungen bezüglich der einfachgesetzlichen Auslegung hat. Die Entscheidung des Bundesverfassungsgerichts orientiert sich lediglich an der verfassungsrechtlichen Fragestellung. Das zeigt sich deutlich bei den Entscheidungen des Bundesverfassungsgerichts, in denen das Gericht zu der Ausle-

---

40 Siehe *Laufer*, Verfassungsgerichtsbarkeit, S. 288; *Stern*, StaatsR, § 44 I 4 b: Verfassungsrecht ist auf politisches Handeln bezogen. Es ist das Recht für das Politische. Zur besonderen Tätigkeit des Verfassungsgerichts bei der Auslegung der Grundrechte im Hinblick auf die Verknüpfung mit dem Politischen und der Unbestimmtheit der Normen siehe insbes. *Huber*, Verfbschw., S. 19 f; *Hesse*, Grundzüge, Rz. 564 f.

41 Diese besondere Legitimation ergibt sich aus dem verfassungsrechtlichen Verhältnis des BVerfGs gegenüber dem Parlament. Siehe von Münch/*Meyer,* GG, Art. 93, Rz. 6.

42 Ebenso *von Bally*, Diss., S. 59.

gung von Regelungen Stellung genommen hat, die in fachgerichtlicher Rechtsprechung und Literatur umstritten waren. Die Entscheidungen setzen sich gerade nicht mit den Argumenten der verschiedenen Meinungen auseinander, sondern entscheiden die Frage allein unter dem verfassungsrechtlichen Blickwinkel[43].

Dieses Vorgehen wird zwar von den Fachgerichten und der Literatur immer wieder kritisiert[44], ist aber gerade Aufgabe des Bundesverfassungsgerichts[45]. Das Bundesverfassungsgericht soll bei der Kontrolle einer bestimmten Auslegung einer gesetzlichen Regelung nicht Meinungsstreitigkeiten in Rechtsprechung und Literatur entscheiden, indem es sich mit überzeugenden Argumenten der besseren Meinung anschließt. Dazu fehlt ihm die fachliche Kompetenz. Schließlich können nur Teile des Senats mit der jeweiligen Rechtsmaterie wirklich vertraut sein. Das Bundesverfassungsgericht soll vielmehr reduziert auf den verfassungsrechtlichen Gesichtspunkt entscheiden. Darin liegt seine Kompetenz. Ein Fachgericht könnte eine Entscheidung, die allein den verfassungsrechtlichen Aspekt beachtet, gar nicht fällen. Denn das "Fachgericht" wird für seine ihm vertraute Rechtsmaterie nicht in der Lage sein, von den jeweiligen Streitigkeiten wirklich zu abstrahieren und die Frage nach der richtigen Auslegung allein von der Verfassung her zu prüfen[46].

Das Bundesverfassungsgericht leistet also als besonderen Beitrag zum Grundrechtsschutz zum einen die einheitliche Auslegung der Grundrechte und zum anderen, daß bei der Auslegung von Grundrechten allein verfassungsrechtliche Gesichtspunkte zum Tragen kommen.

---

43 Beispiele für derartige Entscheidungen und die besondere Kürze in § 1 Fn. 14 zur Präklusion.

44 z.B. *Meyer,* FS Kleinknecht, S. 269 f; *Schumann*, BVerfG, S. 53 ff. *Krauss*, Diss., S. 71 ff. weist darauf hin, daß die enge Beziehung zwischen Verfassungsrecht und einfachem Recht Gefahren in sich birgt.

45 *von Bally*, Diss.; S. 60; *Seibert*, FS Hirsch, S. 494.

46 Siehe Fn. 45 und *Rupp*, ZZP Bd. 82 (1969), S. 13; *Bachof,* DÖV 1957, S. 715.

Es besteht damit lediglich Aufgabenparallelität[47], soweit es um den subjektiven Rechtsschutz geht. Den objektiven Grundrechtsschutz kann lediglich die Verfassungsgerichtsbarkeit leisten[48].

bb) Zu den *Besonderheiten der Fachgerichtsbarkeit* gehört es, daß sie allein effektiven und schnellen Rechtsschutz gegen Grundrechtsverletzungen leisten kann[49]. Denn wenn bereits die Fachgerichtsbarkeit die Grundrechtsverletzung beseitigt, bleibt dem Beschwerten der zeitraubende Weg über die Verfassungsbeschwerde erspart. Wird der Beschwerte aber auf die Verfassungsbeschwerde verwiesen, die keine Suspensivwirkung hat, muß der Beschwerte bis zu seinem Erfolg vor dem Bundesverfassungsgericht die Grundrechtsverletzung hinnehmen. Die Möglichkeit einer einstweiligen Anordnung des Bundesverfassungsgericht nach § 32 BVerfGG beschränkt sich auf wenige Fälle[50]. Das Bundesverfassungsgericht ist nicht für schnellen Rechtsschutz konzipiert.

cc) Die beiden besonderen Beiträge der Verfassungsgerichtsbarkeit zum Schutz der Grundrechte gehören zur objektiven Seite des Grundrechtsschutzes, der besondere Beitrag der Fachgerichtsbarkeit zur subjektiven Seite. Das könnte dafür sprechen, daß die Verfassungsbeschwerde lediglich objektive Zwecke verfolgt und ihr auch nur insoweit die Aufgabe des Grundrechtsschutzes zufällt. Das Bundesverfassungsgericht würde dann nicht subjektiven

---

47 *Schlaich, BVerfG,* Rz. 19; *Bryde*, Diss., S. 316; wobei dahinstehen kann, ob die Tätigkeit der Fachgerichte vorrangig oder parallel zur Tätigkeit des Verfassungsgerichts verläuft. Anders auf den ersten Blick *Schumann*, BVerfG, S. 49 ff., die von *Schumann* angeführten Unterschiede betreffen aber nicht die Frage, ob Aufgabenparalellität besteht, sondern beziehen sich darauf, daß BVerfG und Fachgerichte aufgrund unterschiedlicher Voraussetzungen entscheiden und ihre Entscheidungen unterschiedliche Folgen haben.

48 Siehe dazu auch *R.Marcic*, VerfG, S. 92, 108, der betont, daß jede Tätigkeit des Verfassungsgerichts immer zugleich der Wahrung der objektiven Verfassungsordnung diene, der Beschwerdeführer sei "eigentlich bloß der Veranlasser". *Marcic* trifft seine Aussage nicht für eine konkrete Ausgestaltung des Verfassungsprozesses, sondern untersucht die Gesetzmäßigkeiten der Verfassungsgerichtsbarkeit.

49 Wenn *Benda/Klein*, VerfProzR, Rz. 474 ausführen, daß durch die Verweisung auf den Rechtsweg der Grundrechtsschutz zeitlich verzögert werde, dann ist das nur dann richtig, wenn die Fachgerichte der Grundrechtsverletzungen nicht abhelfen. Helfen sie dagegen ab, so erfolgt die Abhilfe durch die Fachgerichtsbarkeit dagegen schneller als durch das Bundesverfassungsgericht.

50 Insofern ist es nicht richtig, wenn *Pestalozza*, Verfassungsprozeßrecht S. 166 f. meint, daß die Subsidiarität die einzige Besonderheit der Verfassungsbeschwerde sei.

Grundrechtschutz leisten, sondern lediglich die Grundrechte als objektive Ordnung gegenüber der staatlichen Gewalt durchsetzen.

dd) In diesem Zusammenhang ist zu bedenken, daß das Bundesverfassungsgericht mit 18 Richtern den subjektiven Schutz der Grundrechte nicht leisten kann, ohne in seiner Funktionsfähigkeit bedroht zu sein. Dementsprechend wird einhellig die Gefahr gesehen, daß das Bundesverfassungsgericht angesichts der Überlastung vor allem durch unzulässige oder unbegründete Verfassungsbeschwerden in seiner Funktionsfähigkeit gestört ist[51]. Daran anknüpfend wird die objektivrechtliche Funktion der Verfassungsbeschwerde betont und vom Gesetzgeber die Einführung eines Grundsatzrechtsbehelfs in Anlehnung an das amerikanische "writ of certiorari" gefordert[52]. In dieser Form könnte die Feststellung, daß der genuine Beitrag des Bundesverfassungsgerichts bei der Verfassungsbeschwerde in der objektiven Funktion der Verfassungsbeschwerde liegt, zu einer Gesetzesinitiative führen.

b) Umfassender Grundrechtsschutz bei Verfassungsbeschwerde als Mittel des objektiven Grundrechtschutzes

Damit stellt sich die Frage, ob sich aus diesen Feststellungen ergibt, daß die Fachgerichte den subjektiven Schutz der Grundrechte zu leisten haben, die Verfassungsgerichtsbarkeit dagegen den Schutz der Grundrechte als Bestandteil der objektiven Rechtsordnung.

aa) Schlußfolgerungen aus der Größe und Konzeption des Verfassungsgerichts auf seine Aufgabenstellung sind von vornherein dann nicht möglich, wenn die Überlastung bzw. die Belastungsmöglichkeit des Gerichts etwas Beliebiges ist[53]. Nun ist aber das Verfassungsgericht durch das Gesetz nicht so

51 Stellungnahmen zur Bedrohung der Funktionsfähigkeit durch Überlastung durch den subjektiven Grundrechtsschutz durch die Verfassungsbeschwerde *Geiger*, FS Nawiasky, S. 211 ff. für das Jahr 1956 und in neuster Zeit *Herzog*, F.A.Z. vom 24.2.1992.

52 *Schlaich*, BVerfG, Rz. 266; *Löw*, DVBl. 1973, S. 944; so auch der Präsident des Bundesverfassungsgerichts *R. Herzog* nach dem Bericht in der F.A.Z. vom 24.2.1992. Dagegen *Graf Vitzthum*, FS Bachof, S. 320; *von Bally*, Diss., S. 160; *Sailer*, ZRP 1977, S. 308.

53 So im Ansatz *E. Klein*, FS Zeidler, S. 1318; *Gerhardt*, ZZP Bd. 95 (1982), S. 476. Vgl. dagegen aber *Zeidler*, Verfbschw, S. 345: Die Verfassungsgerichtsbarkeit habe besondere Sachgesetzlichkeiten zu beachten, zu denen in erster Linie "ein sehr strenges Selektionsprinzip in Bezug auf die Möglichkeit des Zugangs zum Gericht" gehöre. *Wand*, NJW 1984, S. 954: Daß Grundrechtsschutz nur innerhalb der Grenzen der Belastbarkeit des BVerfGs möglich sei, müsse rechtlich gewürdigt werden; *Ossenbühl*, FS Ipsen, S. 129 f. führt aus, daß die Gerichtszuständigkeiten eher nach Zweckmäßigkeitsgesichtspunkten bestimmt seien, bei denen es einerseits um die Sachkunde und Problemnähe der Fachgerichtsbarkeit zum einfachen Recht und zum

konzipiert, und *kann* es auch nicht sein, daß es unbegrenzt subjektiven Grundrechtsschutz leisten kann, ohne die Erfüllung seiner Aufgaben zu gefährden. Die Konzeption des Gerichts widerspricht damit der Annahme, daß das Gesetz der Verfassungsgerichtsbarkeit die Aufgabe des umfassenden subjektiven Grundrechtsschutzes zuweist. Die beschränkte Belastungsmöglichkeit des Gerichts folgt aus der Konzeption, die ihm zugrunde liegt und ist daher nichts Beliebiges.

Da also allein die Kapazität des Bundesverfassungsgerichts dazu zwingen könnte, den subjektiven Grundrechtsschutz[54] durch das Verfassungsgericht einzuschränken, ist nicht allein das Verhältnis der beiden Ziele der Verfassungsbeschwerde für die Frage relevant, ob die Verfassungsbeschwerde uneingeschränkten subjektiven Grundrechtsschutzes leistet. Es kommt also nicht allein darauf an, ob die Verfassungsbeschwerde einen eigenständigen objektiven Rechtsschutz bezweckt.

Selbst wenn aber die Kapazität des Verfassungsgerichts nicht beliebig verändert werden kann, ist dies kein ausreichendes Argument dafür, der Verfassungsbeschwerde allein die Verfolgung objektiver Ziele zuzuweisen, wenn das Verfassungsverfahrensrecht ausdrücklich *umfassenden* subjektiven Grundrechtsschutz gewährleisten würde.

bb) Es stellt sich also die Frage, ob das Verfassungsgericht die ihm gestellten Aufgaben erfüllen würde, wenn die Verfassungsbeschwerde als Grundsatzrechtsbehelf angesehen würde. Da die Verfassung umfassenden subjektiven Rechtsschutz im Bereich der Grundrechte fordert, müssen entweder die Fachgerichte oder das Verfassungsgericht diesen Rechtsschutz gewährleisten. Wenn die Fachgerichte aber keinen umfassenden subjektiven Grundrechtsschutz gewährleisten können, obliegt dieser, soweit nicht von den Fachgerichten gewährleistet, dem Bundesverfassungsgericht. Dann kann die Verfassungsbeschwerde nicht als Grundsatzrechtsbehelf ausgestaltet sein.

Es muß darauf hingewiesen werden, daß es an dieser Stelle noch nicht darum geht, ob die Verfassungsbeschwerde nach einzelnen Regelungen des

---

anderen um den Schutz der Durchsetzung bei Bewahrung der Funktionsfähigkeit durch das BVerfG gehe. *Benda/Klein*, VerfProzR: Vorprüfungsverfahren verschaffe Art. 93 Abs. 1 Nr. 4a GG Geltung.

54 *Benda/Klein*, VerfProzR, Rz. 331 verweisen richtig darauf, daß es nicht erforderlich ist, den objektiven Zweck der Verfassungsbeschwerde heranzuziehen - den sie im übrigen bestreiten -, um das Annahmeverfahren zu rechtfertigen.

geltenden Rechts als Grundsatzrechtsbehelf ausgestaltet ist. Es geht, wie ausgeführt (II.), an dieser Stelle der Untersuchung nur darum, allgemeine sachliche Kriterien für die Verteilung der Aufgabe des Grundrechtsschutzes zwischen den Gerichtsbarkeiten zu finden.

Es ist also im folgenden zu prüfen, ob die Fachgerichte überhaupt umfassenden subjektiven Grundrechtsschutz leisten können.

Wenn die Verfassungsbeschwerde zum Verfassungsgericht als Grundsatzrechtsbehelf lediglich den Schutz der objektiven Grundrechtsordnung verfolgen würde, hätte das zur Folge, daß die Fachgerichte im Bereich des subjektiven Grundrechtsschutzes teilweise ohne eine ihnen *übergeordnete Kontrollinstanz* tätig wären. Die Verfassungsbeschwerde wäre dann nicht zulässig, wenn die Fachgerichte ein Grundrecht verletzen würden, die verfassungsrechtliche Frage der Grundrechtsverletzung aber bereits geklärt wäre. Das wäre zum Beispiel dann von Bedeutung, wenn es in einem Fall lediglich darauf ankommen würde, wie der konkrete Sachverhalt in Bezug auf die Grundrechtsverletzung zu würdigen ist oder eine Grundrechtsverletzung durch die Fachgerichte zwar im konkreten Fall vorliegt, das Bundesverfassungsgericht aber den Fall zum Schutz der objektiven Rechtsordnung nicht für entscheidungswürdig hält.

Subjektiver Grundrechtsschutz aber ist ohne eine den Fachgerichten übergeordnete Kontrollinstanz nicht umfassend gewährleistet. Denn umfassende Gewährleistung schließt auch ein, daß die Grundrechtsverstöße entsprechend der Auslegung des dazu kompetenten und legitimierten Gerichts, eben des Bundesverfassungsgerichts, beseitigt werden. Dies muß auch im *einzelnen Fall* durchsetzbar sein[55].

Man mag nun einwenden, daß die einheitliche Auslegung eher ein Aspekt des objektiven als des subjektiven Schutzes der Grundrechte sei. Die Funktion einer Kontrollinstanz besteht aber nicht nur darin, daß die Kontrollinstanz *überhaupt* generell eine einheitliche Auslegung erzwingt. Diese Funktion der Kontrollinstanz wäre allein unter den objektiven Schutz der Grundrechte zu fassen. Die Existenz einer Kontrollinstanz bewirkt vielmehr auch, daß das für die Auslegung der Grundrechte zuständige Gericht im einzelnen Fall *grundsätzlich*, ohne Rücksicht darauf, ob es das Allgemeininteresse an der einheitli-

---

55 Siehe dazu *Zacher*, FS BVerfG, S. 397: Der entscheidende Wert der Verfassungsbeschwerde sei der, daß durch sie die Grundrechte eine ihrem subjektiven, individuellen Charakter entsprechende, also verfassungsgerichtliche Sanktion erhalten. Ansonsten sei man auf den Gehorsam aller nicht-verfassungsrechtlichen Autoritäten angewiesen.

chen Auslegung erfordert, prüfen muß, ob sich die Fachgerichte an seine Auslegung gehalten haben. Diese Art der Kontrolle der einheitlichen Anwendung mag in einem gewissen Umfang im Allgemeininteresse liegen und damit unter den objektiven Zweck der Verfassungsbeschwerde zu fassen sein. Wenn aber nur zu prüfen ist, ob die Auslegung im Einzelfall mit der Rechtsprechung des Bundesverfassungsgerichts übereinstimmt, dann liegt die Kontrolle durch das Bundesverfassungsgericht nicht bei jedem Einzelfall im Allgemeininteresse. Denn sonst wäre die Verfassungsbeschwerde selbst als Grundsatzrechtsbehelf in jedem Einzelfall zulässig. Denn jede Verfassungsbeschwerde gegen eine gerichtliche Entscheidung kann nur mit der Begründung erhoben werden, daß sich entweder die Fachgerichte nicht an eine bereits vorhandene Auslegung des Bundesverfassungsgerichts gehalten haben oder das Bundesverfassungsgericht zu der Frage noch nicht Stellung genommen hat und die Auslegung der Fachgerichte falsch ist. Im ersten Fall bestünde dann ein Interesse der Allgemeinheit, da die einheitliche Auslegung zu gewährleisten ist. Im letzten Fall läge das Interesse der Allgemeinheit darin, daß eine neue verfassungsrechtliche Frage zu entscheiden ist.

Die Verfassungsbeschwerde kann also nicht allein den Schutz der objektiven Rechtsordnung bezwecken. Denn der subjektive Grundrechtsschutz ist nur dann umfassend gewährleistet, wenn die Verfassungsgerichtsbarkeit in jedem Einzelfall die Entscheidungen der Fachgerichtsbarkeit kontrollieren muß.

cc) Dementsprechend hat die Verfassungsbeschwerde nach überwiegender Meinung eine doppelte Funktion[56]: Sie soll zum einen dem Schutz der subjektiven Rechte des einzelnen dienen. Sie soll aber zum anderen die Wahrung der objektiven Rechtsordnung durch einheitliche Auslegung des Verfassungsrechts im Bereich der Grundrechte bezwecken. Dabei betonen die einen mehr

56 Maunz/*Schmidt-Bleibtreu*, BVerfGG, § 90, Rz. 16, 17; *Leibholz/Rupprecht*, BVerfGG, § 90, Rz. 2; *BK/Stern* Art. 93, Rz. 403-406; *Stern*, StaatsR, § 44 IV 9; *Schlaich*, BVerfG, Rz. 197, 263; *Gusy*, Verfbschw, Rz. 15 ff., *Dörr*, Verfbschw, S. 2; *Zuck*, ZZP Bd. 78 (1965), S. 335; *Leibold*, Diss., S. 5; *von Bally*, Diss., S. 57; *Wand*, NJW 1984, S. 953; *Wank*, JuS 1980, S. 549; *Wintrich*, FS Nawiasky, S. 195; *Wintrich/Lechner*, Grundrechte, S. 669; *Schumann*, Menschenrechte, S. 99 ff, 108 ff, *Scherzberg*, Diss, S. 24 f; *Häberle*, VerfG, S. 14 f.: gleichrangige Parallelfunktion. Ausführlich siehe insbes. *Fröhlinger*, Erledigung, S. 204 ff.: Sie begründet die objektive Funktion der Verfassungsbeschwerde neben der subjektiven aufgrund einer Analyse des Annahmeverfahrens, der Ausnahmeregelung zur Rechtswegerschöpfung, der Regelung des Tenors, der Bindungswirkung der Entscheidung, des Prüfungsmaßstabs und der Ausgestaltung des Verfahrens - Kostenfreiheit, kein Beschwerdegegner, Anhörung - und der objektivrechtlichen Bedeutung der Grundrechte.

die subjektive[57], die anderen mehr die objektive[58] Zielsetzung der Verfassungsbeschwerde. Dabei kann hier dahinstehen, ob die objektive Zwecksetzung allein aus der subjektiven folgt und insofern keine eigenständige Aufgabe der Verfassungsbeschwerde ist[59]. Als Ergebnis bleibt festzuhalten, daß die Verfassungsbeschwerde zum Bundesverfassungsgericht, um zusammen mit dem Grundrechtsschutz durch die Fachgerichtsbarkeit umfassenden Grundrechtsschutz zu gewährleisten, subjektive und objektive Zwecke verfolgen muß. Damit der subjektive Zweck erfüllt ist, muß das Bundesverfassungsgericht in jedem einzelnen Fall das letzte Wort haben können, wenn es um Grundrechtsverletzungen geht, sofern ein Antrag gestellt wird.

Abgesehen davon kann aber das Gericht beide Aufgaben nur erfüllen, wenn sich seine Kapazität und seine tatsächliche Belastung die Waage halten[60]. In diesem Punkt ist bei der Aufgabenverteilung zu berücksichtigen, daß der subjektive Rechtsschutz des Einzelnen im wesentlichen auch und vor allem effektiv und schnell, bis auf die Fälle von § 32 BVerfGG, durch die Fachgerichtsbarkeit erfolgen kann.

3. Folgerungen aus dem Subsidiaritätsprinzip

Die Aufgabe, die Grundrechte zu schützen, kann zwischen Verfassungs- und Fachgerichtsbarkeit nicht nur nach objektiven und subjektiven Grundrechtsschutz aufzuteilen sein. Da Verfassungs- und Fachgerichtsbarkeit Grundrechtsschutz leisten, muß auch die Reihenfolge der Zuständigkeiten bestimmt werden. Ansonsten besteht die Gefahr, daß sich die Zuständigkeiten überschneiden.

---

57 *Zuck,* Verfbschw, Rz. 75; *Henschel,* FS Zeidler, S, 1391.

58 *Schlaich,* BVerfG, Rz. 267; *K. Peters,* MDR 1976, S. 448; *Wintrich/Lechner,* Grundrechte, S. 669; *Wintrich,* FS Nawiasky, S. 195 (mit dem Argument, daß der subjektive Rechtsschutz bereits durch Art. 19 Abs. 4 GG gewährleistet sei); *Bryde,* Diss., S. 159.

59 *Schlink,* NJW 1984, S. 92; *Graf Vitzthum,* FS Bachof, S. 317 f: objektive nur Folge des subjektiven Schutzes; Zeidler, DÖV 1954, S. 421 f. So z.B. *Benda/Klein,* VerfProzR, Rz. 331: Die Vereinheitlichung der Auslegung sei automatische Folge der Auslegung durch ein oberstes Gericht.

60 Es leuchtet angesichts der ständig neu auftretenden grundrechtlichen Fragen und der sich teilweise ändernden Rechtsprechung des BVerfGs nicht ein, wenn *Zuck,* Verfbschw, Rz. 87 ausführt, daß die objektive Schutzfunktion der Verfassungsbeschwerde mit der Zeit entfalle. Die Grundrechte wären irgendwann konkretisiert.

Dabei herrscht Konsens darüber, daß die Zuständigkeit der Verfassungsgerichtsbarkeit für die Beseitigung von Grundrechtsverletzungen gegenüber der Fachgerichtsbarkeit im weitesten Sinne "subsidiär" ist. Inhalt und Folgen dieser Subsidiarität sind aber streitig. Unbestritten ist lediglich die zeitliche Subsidiarität. Es ist daher zu prüfen, ob sich aus der "Subsidiarität" der Verfassungsbeschwerde gegenüber dem Rechtsweg der Fachgerichtsbarkeit ableiten läßt, daß die Fachgerichtsbarkeit unterinstanzliche Grundrechtsverstöße zu beseitigen hat. Es geht um die Frage, ob neben der formalen zeitlichen Reihenfolge der Zuständigkeiten auch eine materielle Subsidiarität der Verfassungsbeschwerde besteht. Aus einer materiellen Subsidiarität könnten sich Schlußfolgerungen auf den materiellen Umfang der Zuständigkeit der Fachgerichtsbarkeit für den Grundrechtsschutz ergeben[61].

a) Rechtsprechung des Bundesverfassungsgerichts zum "Allgemeinen Subsidiaritätsprinzip"

Das Bundesverfassungsgericht hat das "Subsidiaritätsprinzip" zunächst nur anhand der nach § 90 Abs. 2 BVerfGG erforderlichen Erschöpfung des Rechtswegs entwickelt[62] und Folgerungen für die Erschöpfung des Rechtsweges gezogen. Es ist aber dann dazu übergegangen, über das Erfordernis der Erschöpfung des Rechtswegs hinaus ein allgemeines Prinzip der Subsidiarität der Verfassungsgerichtsbarkeit zu entwickeln[63]. Danach ist die Verfassungsbeschwerde nur zulässig, wenn sie für den subjektiven Grundrechtsschutz

---

61 *Zuck*, ZZP Bd. 78 (1965), S. 340: Die Frage ist, wieweit der subjektive Grundrechtsschutz gerade vom Verfassungsgericht durch gewährleistet werden muß. Vgl. dazu *E. Klein*, FS Zeidler, S. 1315: Das Subsidiaritätsprinzip beinhaltet eine generelle Aussage über die Aufgabenverteilung zwischen BVerfG und Fachgerichten.

62 *Leibholz/Rupprecht*, BVerfGG, § 90, Rz 74; Maunz/*Schmidt-Bleibtreu*, BVerfGG, § 90, Rz 186. Dabei hat sich eine starke Kasuistik entwickelt *Henschel*, FS Faller, S. 165. Kritik von *E. Klein*, FS Zeidler, S. 1305: Indem aus § 90 Abs. 2 BVerfGG ein allgemeines Prinzip der Subsidiarität gezogen wird, kann man § 90 Abs. 2 BVerfGG dementsprechend interpretieren.
Das BVerfG hat bisher aus der allgemeinen Subsidiarität der Verfassungsbeschwerde vor allem für die Rechtssatzverfassungsbeschwerde Konsequenzen gezogen.

63 *Schlaich*, BVerfG, Rz. 245; BVerfG Beschluß vom 30.1.1985 (BVerfGE 69, S. 122 ff., 125); vom 18.12.1985 (BVerfGE 71, S. 305 ff., 334); vom 2.12.1986 (BVerfGE 74, S. 69 ff., 74); vom 5.5.1987 (BVerfGE 75, S. 246 ff., 263); vom 11.10.1988 (BVerfGE 79, S. 1 ff., 19); vom 29.11.1988 (BVerfGE 79, S. 29 ff., 35). *Benda/Klein*, VerfProzR, Rz. 465 ff. führt aus, das mit dem Subsidiaritätsprinzip ein Abwägungsvorgang bezeichnet wird, der verschiedene Elemente enthält, die teilweise gegeneinanderwirken. *Schenke*, NJW 1986, S. 1456 ff schlägt vor, die Rechtsprechung zur Subsidiarität allein auf § 90 Abs. 2 S. 1 BVerfGG zu gründen. Kritisch zu *Schenke E. Klein*, FS Zeidler, S. 1316;

erforderlich ist[64]. Bei der hier interessierenden Urteilsverfassungsbeschwerde[65] hat die Ausweitung der Rechtswegerschöpfung zur prinzipiellen Subsidiarität unter anderem dazu geführt, daß eine Verfassungsbeschwerde erst nach einer zulässigen Gegenvorstellung[66] zulässig ist. Im übrigen werden dem Beschwerdeführer schon vor den Fachgerichten weitgehende Rügepflichten auferlegt, um einen Verfassungsverstoß dann zulässig vor dem Verfassungsgericht geltend machen zu können[67]. Grundlegende Überlegung ist, daß zunächst die Fachgerichte entscheiden sollen, damit dem Beschwerdeführer der Umweg über das Bundesverfassungsgericht erspart bleibt[68].

Das vom Bundesverfassungsgericht entwickelte Subsidiaritätsprinzip hat in der Literatur nicht nur Zustimmung erfahren. So wird neben der Kritik an den konkreten Folgerungen aus dem Subsidiaritätsprinzip häufig geäußert, daß man aus § 90 Abs. 2 BVerfGG ein solches allgemeines Prinzip nicht ableiten könne[69]. Andere Autoren wiederum erkennen ein allgemeines Subsidiaritätsprinzip an[70].

Ob es ein *allgemeines* Subsidiaritätsprinzip[71] gibt oder nicht, kann hier dahingestellt bleiben. Hier stellt sich lediglich die Frage, ob die Verfassungsgerichtsbarkeit zur Fachgerichtsbarkeit in dem Sinne "subsidiär" ist, daß die Fachgerichtsbarkeit bei der Beseitigung von Grundrechtsverstößen nicht auf

64 *E. Klein*, FS Zeidler, S. 1307: Er spricht auch von einem "Vorrang der Fachgerichtsbarkeit" (S. 1308), *Zuck*, JZ 1986, S. 922: Primäre Grundrechtsverantwortung der Fachgerichte. *Zuck*, Verfbschw, Rz. 34.

65 Bei der Rechtssatzverfassungsbeschwerde zeigt sich die Ausweitung des allgemeinen Subsidiaritätsprinzips besser, da dort § 90 Abs. 2 BVerfGG nach herrschender Meinung nicht gilt. Siehe dazu *Schlaich*, BVerfG, S. 146 Rz 244 ff; *E. Klein*, FS Zeidler, S. 1308 ff.

66 Wobei das Gericht die Möglichkeit der Gegenvorstellung quasi aus der Subsidiarität der Verfassungsbeschwerde ableitete. Siehe dazu schon § 1 I 3 e.

67 Siehe dazu *Bender*, AöR Bd. 112 (1987), S. 169 ff.

68 *Schlaich*, BVerfG, S. 141.

69 *Motzner*, Diss., S. 23 f.; *Schlaich*, BVerfG, Rz. 236; *Zuck*, Verfbschw, Rz. 44: Lückenschließendes Richterrecht.

70 *Leibholz/Rupprecht*, BVerfGG, § 90 Rz 78 sehen als Grundlage § 90 Abs. 2 BVerfGG an; vgl. auch *Motzner*, Diss., S. 24; *Leibold*, Diss., S. 35, 39, 69. Allgemein zur Subsidiarität siehe *Zacher*, FS BVerfG, S. 390 oder *Lerche*, FS Berlin, S. 369 ff., der meint, daß das Subsidiaritätsprinzip aus dem allgemeinen Erfordernis des Rechtsschutzbedürfnisses abzuleiten sei und selbst durch andere Grundsätze konkretisiert werde - wie z.B. das der Rechtswegerschöpfung; dagegen *Zuck*, Verfbschw, Rz. 45.

71 Wird auch bei der Frage des Prüfungsumfangs bei der Urteilsverfassungsbeschwerde relevant.

die Möglichkeit der Verfassungsbeschwerde verweisen kann, sondern der fachgerichtliche Instanzenzug voll auszuschöpfen ist. Dann würde die Verletzung von Grundrechten mögliche Rechtsbehelfe zulässig machen. Das Bundesverfassungsgericht hat diese Frage bisher nicht anhand des von ihm entwickelten "Subsidiaritätsprinzips" allgemein beantwortet. Es hat lediglich in einigen Fällen, wie in der Einleitung ausgeführt[72], im Ergebnis bejaht, daß für sie nach der Verfassung die Fachgerichte zuständig seien.

Es bleibt also die Frage, ob sich aus den Überlegungen, die dazu geführt haben, daß das Bundesverfassungsgericht von einer allgemeinen "Subsidiarität" der Verfassungsgerichtsbarkeit und der Verfassungsbeschwerde ausgeht, Kriterien für die zu behandelnde Frage ziehen lassen.

b) Gründe für die Subsidiarität der Verfassungsbeschwerde gegenüber der Fachgerichtsbarkeit[73]

aa) Argumente für die Geltung des Subsidiaritätsprinzips im Verhältnis von Verfassungs- und Fachgerichtsbarkeit ergeben sich zunächst aus der *Entlastungsfunktion* der Subsidiarität: Wenn das Bundesverfassungsgericht seine Funktionstüchtigkeit bewahren soll, muß es entlastet werden. Denn das Bundesverfassungsgericht ist nicht so konzipiert, daß es wie die Fachgerichtsbarkeit subjektiven Rechtsschutz gewährleisten könnte. Die Entlastung ist vielmehr erforderlich, damit das Bundesverfassungsgericht seine Aufgaben überhaupt wahrnehmen kann. Die Entlastung des Bundesverfassungsgericht ist daher nicht nur ein Gebot der Zweckmäßigkeit, sondern notwendige Voraussetzung für die Erfüllung seiner Aufgaben[74]. Das Bundesverfassungsgericht kann für den Grundrechtsschutz grundsätzlich nur ein "letztes Mittel" sein, wenn man vom einstweiligen Rechtsschutz absieht.

bb) Außerdem erfordert es die *Rechtssicherheit*, daß *rechtskräftige* Entscheidungen nur in wenigen Fällen durch die Verfassungsbeschwerde aufgehoben werden können. Der Hinweis auf die Rechtskraft gerichtlicher Ent-

---

72 Siehe Einleitung § 1 I 3 e.

73 Zum folgenden *Motzner*, Diss., S. 24 ff; *Leibholz/Rupprecht*, BVerfGG, § 90, Rz. 78 ff.; Maunz/*Schmidt-Bleibtreu*, BVerfGG, § 90, Rz. 18; *Schlaich*, BVerfG, Rz. 236 ff.; *Zuck*, Verfbschw, Rz. 37 ff.; *Klein*, FS Zeidler, S. 1318; *Träger*, FS Geiger, S. 773; *Zweigert*, JZ 1952, S. 325. Eine grundsätzliche Beschreibung des Problems findet sich bei *Zacher*, FS BVerfG, S. 402 ff.

74 *Zacher*, FS BVerfG, S. 403 f.

scheidungen macht klar, daß es zunächst Sache der Fachgerichtsbarkeit selbst sein muß, eigene fehlerhafte Entscheidungen zu beseitigen, da sonst die Rechtskraft ihre abschließende Funktion verliert. Die Rechtskraft wird zwar nicht nur durch die Verfassungsbeschwerde beiseite geschoben, sondern auch durch die Zulassung einer außerordentlichen Anfechtung. Es beinträchtigt den Gedanken der Rechtskraft aber weniger, wenn die Fachgerichtsbarkeit ihre eigenen Fehler selbst beseitigt, als wenn eine andere Institution die Fehlerhaftigkeit der fachgerichtlichen Entscheidung feststellt. Denn die außerordentliche Anfechtung entspricht hier in etwa der bereits unter bestimmten Voraussetzungen zulässigen "Wiedereinsetzung in den vorigen Stand". Daher trägt nur eine möglichst weitgehende Subsidiarität der Verfassungsbeschwerde dem Institut der Rechtskraft im nötigen Umfang Rechnung[75].

cc) Die Subsidiarität der Verfassungsbeschwerde ermöglicht schließlich, daß sich die *sachnähere* Fachgerichtsbarkeit mit dem jeweiligen auch einfachrechtlichen Problem beschäftigt, den Sachverhalt erforscht und dazu aus einfachgesetzlicher Sicht Stellung nimmt[76] Die Verfassungsgerichtsbarkeit kann dann darauf aufbauen. Damit wird die Gefahr gemildert, daß das Bundesverfassungsgericht einfachgesetzliche Gesichtspunkte außer acht läßt bzw. nicht die einfachrechtlichen Folgen seiner Entscheidung kalkuliert. Das Bundesverfassungsgericht muß zwar allein unter verfassungsrechtlichen Gesichtspunkten entscheiden. Aber um einfachrechtliche und verfassungsrechtliche Gesichtspunkte zu trennen, muß es die einfachrechtlichen kennen. Außerdem ist es nicht Aufgabe des Bundesverfassungsgerichts, ggf. den Sachverhalt zu erforschen.

Wenn man dann noch darauf verweist, daß die Subsidiarität der Verfassungsbeschwerde die Funktion habe, die Verfassungsgerichtsbarkeit in die Gerichtsbarkeit einzugliedern[77], so kann dies hier dahinstehen. Denn bei der

75 Der Verweis auf den Grundsatz der Gewaltentrennung ist im Verhältnis von Fach- und Verfassungsgerichtsbarkeit nicht zu verwenden. Auch die Verfassungsgerichtsbarkeit ist Rechtsprechung. Die Gewaltentrennung spielt aber eine Rolle im Verhältnis zwischen Gesetzgeber und Verfassungsgericht.

76 Es leuchtet nicht ein, wenn *Zuck*, Verfbschw, Rz. 48 die Sachnähe des Verfahrens als *Folge* des Subsidiaritätsprinzips ansieht und nicht als Grund. Wie an der Kritik am BVerfG zu ersehen ist, wenn es zu einfachgesetzlichen Fragen Stellung nimmt, ist es nötig, daß sich zunächst die sachnähere Gerichtsbarkeit mit dem Problem beschäftigt.

77 So *Leibold*, Diss., S. 31 ff., der die Verfassungsbeschwerde als das "selbständige Rechtsschutzmittel eines eigenständigen Rechtskreises" beschreibt, dann aber die Verfassungsbeschwerde von der Fachgerichtsbarkeit nicht aufgrund der Natur der Sache abgrenzen kann und

Prüfung der Zuständigkeit für die Beseitigung von Grundrechtsverletzungen geht es jedenfalls um die bisher angeführten Gesichtspunkte.

Die Überlegungen, die zur Subsidiarität der Verfassungsbeschwerde führen, sprechen dafür, daß nicht nur eine formale Reihenfolge der Zuständigkeiten besteht, sondern die Reihenfolge der Zuständigkeiten auch materiell festgelegt ist. Der subjektive Grundrechtsschutz obliegt vornehmlich der Fachgerichtsbarkeit, die die Verfassungsgerichtsbarkeit so weit wie möglich zu entlasten hat. Die Verfassungsgerichtsbarkeit ist lediglich Kontrollinstanz. Daher hat bereits die Fachgerichtsbarkeit unterinstanzliche Grundrechtsverstöße zu beseitigen. Dies entlastet die Verfassungsgerichtsbarkeit, trägt dem Institut der Rechtskraft der fachgerichtlichen Entscheidung Rechnung und läßt das sachnähere Gericht entscheiden.

4. Fazit

Als Zwischenergebnis ist damit festzuhalten, daß nach unserem Recht Grundrechtsverstöße umfassend zu beseitigen sind. Dabei leisten sowohl Fachgerichtsbarkeit als auch Verfassungsgerichtsbarkeit besondere Beiträge, wobei die Verfassungsgerichtsbarkeit allein objektiven Grundrechtsschutz, die Fachgerichtsbarkeit aber allein effektiven subjektiven Grundrechtsschutz gewähren kann. Allerdings kann der subjektive Grundrechtsschutz nicht allein der Fachgerichtsbarkeit überlassen werden. Dann würde die der Stellung der Grundrechte entsprechende verfassungsgerichtliche Kontrollinstanz bei Grundrechtsverletzungen fehlen. Grundsätzliche Überlegungen zur Reihenfolge der Zuständigkeiten beider Gerichtsbarkeiten sprechen aber dafür, daß die Beseitigung von Grundrechtsverletzungen primär der Fachgerichtsbarkeit obliegt[78].

Aus den allgemeinen Begriffen wie Subsidiarität der Verfassungsgerichtsbarkeit und objektive bzw. subjektive Zielsetzung der Verfassungsbeschwerde

---

daher § 90 Abs. 2 BVerfGG allein als Mittel zur Eingliederung sieht; ähnlich *Zuck*, Verfbschw, Rz. 38 ff.: Die Funktionsfähigkeit des Gerichts könne für sich allein das Subsidiaritätsprinzip nicht rechtfertigen; das Verhältnis zu den Fachgerichten, also die Subsidiarität als Prozeßvoraussetzungen verleihe dem Subsidiaritätsprinzip keine über die Erschöpfung des Rechtswegs zusätzliche Substanz. Allein rechtfertigender Grund sei daher die Gliederung der gerichtlichen Zuständigkeiten für die Beseitigung von Grundrechtsverstößen.

78 So plädieren einige Autoren dafür, die Verfassungsbeschwerde abzuschaffen, damit die Rechtsschutzgarantie des Art. 19 Abs. 4 GG wieder zum Tragen kommt; vgl. u.a. *Schlaich*, BVerfG, Rz. 189.

läßt sich also herleiten, daß die Sachzwänge bei der Verfassungsbeschwerde dafür sprechen, daß das Bundesverfassungsgericht lediglich dann für die Beseitigung von Grundrechtsverletzungen zuständig ist, wenn der Instanzenzug der Fachgerichtsbarkeit voll ausgeschöpft ist. Es muß aber im folgenden noch untersucht werden, ob und in welchem Umfang die konkrete gesetzliche Ausgestaltung des Grundrechtschutzes durch die Verfassungsbeschwerde diese Gesichtspunkte berücksichtigt.

Die Untersuchung kann sich dabei auf die Frage beschränken, ob die Verfassungsbeschwerde nach den gesetzlichen Regelungen umfassenden subjektiven Rechtsschutz leistet. Soweit das nicht der Fall ist, ist dies nach den obigen Erkenntnissen die Aufgabe der Fachgerichtsbarkeit.

III. Die gesetzlichen Beschränkungen der Verfassungsbeschwerde

1. Allgemeine Beschränkungen

Die Formulierung der Verfassungsbeschwerde in Art. 93 Abs. 1 Nr. 4 a GG eröffnet jedermann bei einer Grundrechtsverletzung einen unbegrenzten Zugang zum Bundesverfassungsgericht. Nach Art. 94 Abs. 2 GG kann aber die Verfassungsbeschwerde einem einfachgesetzlichen Annahmeverfahren unterworfen werden. Zum Zeitpunkt der Aufnahme der Verfassungsbeschwerde in das Grundgesetz regelte bereits das BVerfGG ein solches Annahmeverfahren. Art. 93 Abs. 1 Nr. 4a GG kann also ohne Art. 94 Abs. 2 GG nicht gelesen werden[79].

Die Regelung des BVerfGG unterwirft die Verfassungsbeschwerde verschiedenen Voraussetzungen. So bedarf es nach § 90 Abs. 2 BVerfGG regelmäßig der Erschöpfung des fachinstanzlichen Rechtswegs, die Verfassungsbeschwerde muß innerhalb der Monatsfrist des § 93 Abs. 1 BVerfGG eingelegt und begründet werden. Es droht eine Mißbrauchs- und Unterliegensgebühr.

Diese Voraussetzungen einer Sachentscheidung über die Verfassungsbeschwerde erschweren zwar als Zulässigkeitsvoraussetzungen wie die Monatsfrist oder als psychologische Hürden wie die möglichen Gebühren den Zugang zum Bundesverfassungsgericht, beschränken aber nicht den subjektiven

---

79 *Benda/Klein*, VerfProzR, Rz. 323.

Rechtsschutz in seinem Umfang. Denn sie enthalten keine Beschränkung der Grundrechtsverletzungen, gegen die die Verfassungsbeschwerde Rechtsschutz bietet, sondern knüpfen lediglich den Schutz an Voraussetzungen, die mit der Grundrechtsverletzung selbst nichts zu tun haben[80].

2. *Das Annahmeverfahren*

Das BVerfGG regelt aber auch ein sog. Annahmeverfahren, nach dem Ausschüsse oder Kammern die Verfassungsbeschwerden vorprüfen. Die Verfassungsbeschwerden kommen aufgrund dieser Vorprüfung bei Vorliegen bzw. Fehlen bestimmter Voraussetzungen nicht mehr vor die Senate, wenn sie entweder von den Kammern nicht angenommen oder - seit 1986 - durch die Kammern positiv beschieden werden.

Es stellt sich die Frage, ob dieses Vorprüfungs- oder Annahmeverfahren den Grundrechtsschutz durch die Verfassungsbeschwerde in seinem Umfang beschränkt.

a) Zur historischen Entwicklung

aa) Die Regelung des Annahmeverfahrens änderte sich im Laufe der Zeit mehrmals[81]. Im Gesetz über das Bundesverfassungsgericht vom 12.3.1951[82] war kein Annahmeverfahren vorgesehen. Lediglich § 24 BVerfGG, der eine a-limine-Abweisung von Verfassungsbeschwerden im summarischen Verwerfungsverfahren, also eine Entscheidung in der Sache selbst ermöglichte, hatte Selektionsfunktion[83].

---

80 Ebenso *Schumann*, Menschenrechtsbeschwerde, S. 45 f.

81 Zur Entwicklung des Annahmeverfahrens im einzelnen *Wöhrmann*, FS Zeidler, 1346; *Heyde*, FS Kutscher, S. 229-240; herbe Kritik von *Geiger*, DRiZ, 1991, S. 357.

82 BGBl I, S. 243.

83 Auch § 24 BVerfG hatte schon die Funktion, dem BVerfG zu ermöglichen, sich auf die Klärung noch nicht entschiedener Fragen der Verfassung zu konzentrieren; siehe *von Bally*, Diss., S. 4. Zum Begriff der Verwerfung mangels Erfolgsaussicht in § 24 BVerfGG 1951 vgl. *Bettermann*, NJW 1957, S. 338.

§ 24

Formwidrige, unzulässige, verspätete und offensichtlich unbegründete Anträge und Anträge von offensichtlich Nichtberechtigten können durch einstimmigen Beschluß des Gerichts verworfen werden.[84]

Bei Erlaß des Gesetzes ging man angesichts der positiven Erfahrung mit der Popularklage in Bayern davon aus, daß sich die Anzahl der Verfassungsbeschwerden in Grenzen halten würde.

bb) Nachdem sich aber zeigte, daß die Anzahl der Verfassungsbeschwerden die Kapazität des Gerichts überstieg[85] und nur ein geringer Prozentsatz der Verfassungsbeschwerden erfolgreich war, führte der Gesetzgeber mit dem 1. Änderungsgesetz zum Bundesverfassungsgerichtsgesetz vom 21.7.1956 (BGBl, 662) in § 91 a ein Vorprüfungsverfahren ein[86]:

(1) Ein aus drei Richtern bestehender Ausschuß, der von dem zuständigen Senat für die Dauer eines Geschäftsjahrs berufen wird, prüft die Verfassungsbeschwerde vor. Jeder Senat kann mehrere Ausschüsse berufen.

(2) Der Ausschuß kann durch einstimmigen Beschluß die Verfassungsbeschwerde verwerfen, wenn weder von der Entscheidung die Klärung einer verfassungsrechtlichen Frage zu erwarten ist, noch dem Beschwerdeführer durch die Versagung der Entscheidung ein schwerer und unabwendbarer Nachteil entsteht. Einigt sich der Ausschuß nicht, so kann der Senat die Verfassungsbeschwerde aus diesen Gründen mit einfacher Mehrheit verwerfen.

(3) § 24 Satz 2 findet entsprechende Anwendung.

cc) Das 3. Änderungsgesetz[87] vom 3.8.1963 (BGBl I, S. 589) führte dann statt § 91 a mit § 93 a ein positives Annahmeverfahren ein:

(1) Die Verfassungsbeschwerde bedarf der Annahme zur Entscheidung.

(2) Ein aus drei Richtern bestehender Ausschuß, der von dem zuständigen Senat für die Dauer eines Geschäftsjahrs berufen wird, prüft die Verfassungsbeschwerde vor. Jeder Senat kann mehrere Ausschüsse berufen.

---

84 Das 1. Änderungsgesetz ergänzte § 24 BVerfGG dahingehend, daß die Entscheidung nach Hinweis auf die Rechtslage nicht begründet werden mußte.

85 Außerdem war die Einführung eines Einheitsgerichts beabsichtigt.

86 Zur Entstehungsgeschichte siehe *von Bally*, Diss., S. 6 ff. Zu den Folgen siehe Maunz/*Schmidt-Bleibtreu*, BVerfGG, § 93a, Rz. 3 (dort S. 6).

87 Das 2. Änderungsgesetz vom 26.6.1959 (BGBl. I, S. 297) betraf nicht direkt das Annahmeverfahren.

(3) Der Ausschuß kann durch einstimmigen Beschluß die Annahme der Verfassungsbeschwerde ablehnen, wenn sie formwidrig, unzulässig, verspätet oder offensichtlich unbegründet oder von einem offensichtlich Nichtberechtigten erhoben ist.

(4) Hat der Ausschuß die Annahme nicht abgelehnt, so entscheidet der Senat über die Annahme. Er nimmt die Verfassungsbeschwerde an, wenn mindestens zwei Richter der Auffassung sind, daß von der Entscheidung die Klärung einer verfassungsrechtlichen Frage zu erwarten ist oder dem Beschwerdeführer durch die Versagung der Entscheidung zur Sache ein schwerer und unabwendbarer Nachteil entsteht.

(5) Die Entscheidungen des Ausschusses oder Senats ergehen ohne mündliche Verhandlung und brauchen nicht begründet zu werden. Der Beschluß, durch den die Annahme der Verfassungsbeschwerde abgelehnt wird, wird dem Beschwerdeführer vom Ausschuß oder vom Vorsitzenden des Senats unter Hinweis auf den für die Ablehnung nach Absatz 3 oder 4 maßgeblichen rechtlichen Gesichtspunkt mitgeteilt.

Die Annahme zur Entscheidung wegen Fehlens eines schweren unabwendbaren Nachteils verlagert sich nach dem Gesetz auf die Senate, das Annahmeverfahren vor den Ausschüssen war somit beschränkt[88]. Die materielle Entscheidungskompetenz sollte auf die Senate zurückverlagert werden und die Befugnisse der Ausschüsse dahingehend beschränkt werden, daß sie Verfassungsbeschwerden nur noch aus den schon in § 24 BVerfGG enthaltenen Gründen verwerfen konnten[89]. Außerdem konnten die Senate nunmehr mehrere Ausschüsse bilden[90].

dd) Das 19. Gesetz zur Änderung des Grundgesetzes vom 29.1.1969 (BGBl. I, S. 57) fügte die Verfassungsbeschwerde unter Vorbehalt eines Annahmeverfahrens in das Grundgesetz ein (Arte. 93 Abs. 1 Nr. 4 a, 94 Abs. 2 GG).

ee) Das 4. Änderungsgesetz vom 21.12.1970 (BGBl. I, S. 1765)[91] faßte § 93 a Abs. 3 neu:

(3) Der Ausschuß kann durch einstimmigen Beschluß die Annahme der Verfassungsbeschwerde ablehnen, wenn sie unzulässig ist oder aus anderen Gründen keine hinreichende Aussicht auf Erfolg hat.

Ziel war es, Schwierigkeiten zu beseitigen, die sich in der Praxis bei der Anwendung des Tatbestandsmerkmals "offensichtlich unbegründet" ergeben

---

88 Maunz/*Schmidt-Bleibtreu*, BVerfGG, § 90, Rz. 4 (S. 9); *Sailer*, ZRP 1977, S. 304; *R. Schneider*, ZZP 79 (1966), S. 77; *von Bally*, Diss., S. 15; *Schumann*, Menschenrechte, S. 46; *Hoffmann*, NJW 1966, S. 87 ff.

89 *von Bally*, Diss., S. 13, 14.

90 Nach *Heyde*, FS Kutscher, S. 235 brachte das die wesentliche Entlastung.

91 Neu bekannt gemacht durch Gesetz vom 3.2.1971 (BGBl. I, S. 105).

hatten[92]. Zum anderen sollte die umständliche Formulierung der Fälle der Unzulässigkeit in Abs. 3 a.F. zusammengefaßt werden[93].

ff) Das 5. Änderungsgesetz vom 12.12.1985[94] gestaltete das Annahmeverfahren neu:

§ 93 a

Die Verfassungsbeschwerde bedarf der Annahme zur Entscheidung.

§ 93 b

(1) Die Kammer kann durch einstimmigen Beschluß die Annahme der Verfassungsbeschwerde ablehnen, wenn

1. der Beschwerdeführer den ihm aufgegebenen Vorschuß (§ 34 Abs. 6) nicht oder nicht rechtzeitig gezahlt hat.
2. die Verfassungsbeschwerde unzulässig ist oder aus anderen Gründen keinen Erfolg hat oder
3. zu erwarten ist, daß der Senat die Verfassungsbeschwerde nach § 93 c Satz 2 nicht annehmen wird.

Der Beschluß ist unanfechtbar.

(2) Die Kammer kann durch einstimmigen Beschluß der Verfassungsbeschwerde stattgeben, wenn sie offensichtlich begründet ist, weil das Bundesverfassungsgericht die hierfür maßgebliche verfassungsrechtliche Frage bereits entschieden hat. Der Beschluß steht einer Entscheidung des Senats gleich. Eine Entscheidung, die mit der Wirkung des § 31 Abs. 2 ausspricht, daß ein Gesetz mit dem Grundgesetz oder sonstigem Bundesrecht vereinbar oder unvereinbar oder nichtig ist, bleibt dem Senat vorbehalten.

(3) Die Entscheidungen der Kammer ergehen ohne mündliche Verhandlung. Zur Begründung des Beschlusses, durch den die Annahme der Verfassungsbeschwerde abgelehnt wird, genügt ein Hinweis auf den für die Ablehnung maßgeblichen rechtlichen Gesichtspunkt.

§ 93 c

Hat die Kammer weder die Annahme der Verfassungsbeschwerde abgelehnt noch der Verfassungsbeschwerde stattgegeben, so entscheidet der Senat über die Annahme. Er nimmt die Verfassungsbeschwerde an, wenn mindestens zwei Richter der Auffassung sind, daß von der Entscheidung die Klärung einer verfassungsrechtlichen Frage zu erwarten ist oder dem Beschwerdeführer durch die Versagung der Entscheidung zur Sache ein schwerer und unabwendbarer Nachteil entsteht. § 93 b Abs. 3 gilt entsprechend.

---

92 *von Bally*, Diss., S. 18, 19; Maunz/*Schmidt-Bleibtreu*, BVerfGG, § 93a, Rz. 6

93 *von Bally*, Diss., S. 19.

94 Gesetz zur Änderung des Gesetzes über das BVerfG und zur Änderung des Deutschen Richtergesetzes vom 12.12.1985 (BGBl I, 2226). Vgl. den Referentenentwurf vom 10.7.1984 mit Begründung und Stellungnahme der Deutschen Rechtsanwaltskammer in EuGRZ 1894, S. 518 ff., 524 ff.).

Der Grund für diese Änderung des Gesetzes war, daß Mitte der siebziger Jahre die Anzahl der Verfassungsbeschwerden wieder stark angestiegen war[95]. Ob dieses die letzte Änderung ist, bleibt abzuwarten[96], erscheint aber zweifelhaft, da sich die Überlastung des Bundesverfassungsgerichts durch die Wiedervereinigung bedrohlich verschlimmert hat[97].

b) Dogmatische Konsequenzen des Annahmeverfahrens

Es könnte sich schon allein aus der Existenz des Annahmeverfahrens ergeben, daß die Verfassungsbeschwerde keinen umfassenden subjektiven Grundrechtsschutz leistet[98].

Daran ist richtig, daß das Annahmeverfahren Charakter und Aufgabe der Verfassungsbeschwerde des Art. 93 Abs. 1 Nr. 4 a GG mitbestimmt[99]. Denn das Annahmeverfahren regelt, welche Anträge auf Grundrechtsschutz das Bundesverfassungsgericht in der Sache entscheidet. Die Verwerfung bzw. Ablehnung der Annahme durch den Ausschuß bzw. die Kammer oder auch durch den Senat ist keine Entscheidung in der Sache, von der neuen Regelung des § 93 b Abs. 2 BVerfGG zunächst abgesehen. Daher beschäftigt sich das Schrifttum auch immer wieder mit der Frage, ob die jeweilige Ausgestaltung des Annahmeverfahren verfassungskonform ist und den subjektiven Grundrechtsschutz nicht zu sehr beschneidet[100].

---

95 *Wöhrmann*, FS Zeidler, S. 1353; vgl. auch die Statistik in der Begründung zum Referentenentwurf vom 10.2.1984 in EuGRZ 1984, S. 520.

96 Positive Bewertung bei *Mahrenholz*, FS Zeidler, S. 1376.

97 Stellungnahme des BVerfGs-Präsidenten *Herzog* in der F.A.Z. vom 24.2.1992.

98 *Schlink*, NJW 1984, S. 93 ff. meint zwar, daß die Annahmegründe nach § 93 a Abs. 4 BVerfGG den subjektiven gegenüber dem objektiven Zweck verstärken würden, was aber nicht überzeugen kann. Denn es spricht zum einen spricht nichts dafür, daß die Umformulierung von Ablehnungs- in Annahmegründe der Verstärkung des subjektiven Rechtsschutzes dienen sollte, weil dies auch die Belastung des BVerfGs verstärken müßte. Zum anderen zeigt doch schon die Tatsache, daß überhaupt Annahmegründe vorliegen müssen, daß der subjektive Grundrechtsschutz eingeschränkt ist. Wenn die Verfassungsbeschwerde nur dann angenommen werden *muß*, wenn ein schwerer Nachteil vorliegt, und sonst nur angenommen werden *kann*, kann Ziel der Umformulierung nicht die Verstärkung des subjektiven Zwecks sein.

99 A.A. *Schlink*, NJW 1984, S. 89; *Graf Vitzthum*, FS Bachof, S. 313; *Klein*, DÖV 1982, S: 79; *Zuck*, Verfbschw, Rz. 75.

100 Maunz/*Schmidt-Bleibtreu*, BVerfGG, § 93, Rz. 16; *Schlaich*, BVerfG, Rz. 264; *Dörr*, Verfbschw, S. 117, Rz. 295; *Bryde*, Diss., S. 386.

Der Einfluß des Annahmeverfahrens auf die Verfassungsbeschwerde zeigt sich auch daran, daß die Einführung des Annahmeverfahrens zur Folge hatte, daß der Senat nur noch ca. 3 % der Verfassungsbeschwerden in der Sache entschied, während die übrigen der Ausschuß bzw. die Kammer bewältigte. Der Anteil der von den Senaten entschiedenen Verfassungsbeschwerden hat sich bei steigender Anzahl der Verfassungsbeschwerden über die Jahre nicht wesentlich verändert[101].

Es dürfte weiter richtig sein, daß das Annahmeverfahren zum Zweck hat, die Belastung des Bundesverfassungsgerichts durch Verfassungsbeschwerden einzudämmen. Die Meinungen gehen aber darüber auseinander, ob und wieweit das Annahmeverfahren die objektive Seite der Verfassungsbeschwerde betont[102]. So ist streitig, ob das Annahmeverfahren mit Blick auf das amerikanische "writ of certiorari"[103] einen Grundsatzrechtsbehelf geschaffen hat[104].

Es kann dahingestellt bleiben[105], ob das Annahmeverfahren nur das Bundesverfassungsgericht entlastet oder den objektiven Zweck der Verfassungsbe-

---

101 Siehe zur Statistik die Begründung zum Referentenentwurf vom 10.2.1984 in EuGRZ 1984, S. 520; vgl. auch die Angaben bei Maunz/*Schmidt-Bleibtreu*, BVerfGG, § 90, Rz 8a; *Sailer*, ZRP 1977, S. 304; *Grundmann*, DÖV 1958, S. 170; *Rinck*, NJW 1959, S. 169; *Schlaich*, BVerfG, Rz. 254; *Dörr*, Verfbschw, S. 122; Bryde, Diss., S. 379.

102 *Klein*, DVBl. 1964, S. 90: Die Senatsarbeit wird von der Bearbeitung dieser Verfassungsbeschwerden freigehalten und kann sich der Klärung und Weiterentwicklung des objektiven Verfassungsrechts widmen. Die Verfassungsbeschwerde dient dadurch nicht mehr in erster Linie der Sicherung des subjektiven Rechts, sondern der objektiven Entwicklung .., nur dann, wenn ein schwerer und unanwendbarer Nachteil vorliegt, wenn ein Grundrecht besonders hart und nachteilig verletzt wurde. Vgl. im übrigen *Merker*, JR 1956, S. 324; *Wöhrmann*, FS Zeidler, S. 1344; *von Bally*, Diss., S. 23; *Zuck*, ZZP Bd. 78 (1965), S. 323 ff., 335, 340; *Leibold*, Diss., S. 5; Maunz/ *Schmidt-Bleibtreu*, BVerfGG, § 90, Rz 19 (Annäherung an "writ"), Art 93a, Rz 14; *Dörr*, Verfbschw, S. 128 FN. 50; *Heyde*, FS Kutscher, S. 234; *E. Klein*, Subsidiarität, S. 1323 das Gericht hat praeter legem writ selbst geschaffen; *Lechner*, BVerfGG, § 93a zu Abs. 4 Betonung des objektiven Zwecks; *Bryde*, Diss., S. 386: Betonung des objektiven Zwecks in der Praxis; *Patsch*, Symposium Friesenhahn, S. 40 f.: Gesetzgeber hat objektiven Zweck schrittweise immer stärker in den Vordergrund gestellt.

103 Siehe dazu *Vollkommer*, JZ 1964, S. 152 ff.

104 So *Grundmann*, DÖV 1958, S. 170; DÖV 1963, S. 755; *Schlink*, NJW 1984, S. 90; *Rinck*, NJW 1959, S. 170, 171; *von Bally*, Diss., S. 16; anders aber *Wöhrmann*, FS Zeidler, S. 1349, der aber für die Einführung eintritt. *Sailer*, ZRP 1977, S. 308: Writ scheitert an Art. 93 Abs 1 Nr. 4a GG.

105 Nach *Graf Vitzthum*, FS Bachof, S. 312, sind die tatsächlichen Unterschiede geringer als die theoretischen.

schwerde in den Vordergrund stellt. Für den vorliegenden Fall ist es nicht erforderlich, eine generelle Aussage darüber zu treffen, ob und wieweit das Annahmeverfahren die objektive Zwecksetzung der Verfassungsbeschwerde stärkt. Es ist lediglich relevant, ob das Annahmeverfahren den Zugang zum Bundesverfassungsgericht so beschränkt, daß nicht jede subjektive Grundrechtsverletzung durch die Verfassungsbeschwerde beseitigt wird, oder ob das Annahmeverfahren lediglich erfolglose Verfassungsbeschwerden zeitsparend erledigt. Um das beurteilen zu können, bedarf es einer Untersuchung der Gründe, die das Bundesverfassungsgericht zur Verweigerung der Annahme einer Verfassungsbeschwerde berechtigten.

3. Untersuchung der Gründe der Nicht-Annahme

a) Gemeinsamkeiten

Es fällt auf, daß sich die jeweiligen gesetzlichen Regelungen der Gründe der Nicht-Annahme im Zuge der Novellierungen nicht wesentlich geändert haben[106]. Gewechselt hat lediglich die Zuständigkeit für die Prüfung der verschiedenen Gründe der Nicht-Annahme. Dabei wird häufig kritisiert, daß sich Ausschüsse und Kammern bei der Prüfung nicht an die gesetzlichen Zuständigkeiten halten[107]. Die Frage, welche Annahmegründe der Senat und welche die Kammer zu prüfen hat, braucht hier aber nicht weiter untersucht zu werden, da es für den Umfang des Grundrechtsschutzes durch die Verfassungsbeschwerde unerheblich ist, ob ein Ausschuß/Kammer oder ein Senat entscheidet. Im Rahmen ihrer Zuständigkeiten sind auch die Ausschüsse/Kammern *das* Bundesverfassungsgericht[108].

Auch die Rechtsprechung des Bundesverfassungsgerichts zu den Gründen der Nicht-Annahme ist im Zuge der verschiedenen Novellierungen im wesentlichen gleich geblieben[109]. Die folgende Untersuchung dieser Gründe geht daher nicht auf die verschiedenen Novellen ein.

---

106 *Dörr*, Verfbschw, S. 116, Rz. 298: *R. Schneider*, ZZP Bd. 79 (1966), S. 76 für die Ersetzung von § 91 a BVerfGG durch § 93 a.

107 Maunz/*Schmidt-Bleibtreu*, BVerfGG, § 93a, Rz 3; *Schlink*, NJW 1984, S. 3 ff.; *Seibert*, FS Hirsch, S. 508; *Zacher*, FS BVerfG, S. 424.

108 BVerfG Beschluß vom 23.1.1958 (BVerfGE 7, S. 241 ff., 243); Beschluß vom 11.5.1964 (BVerfGE 18, S. 34 ff., 36); Beschluß vom 16.6.1965 (BVerfGE 19, S. 88 ff.; 90).

Die verschiedenen Regelungen des Annahmeverfahrens haben gemeinsam, daß sie der Entlastung des Bundesverfassungsgerichts dienen sollen[110]. Das heißt einmal, daß das Annahmeverfahren die Belastung des Bundesverfassungsgerichts mit erfolglosen Verfassungsbeschwerden mindert, indem es die Belastung der Senate verringert und die Arbeit auf die Ausschüsse bzw. seit 1986 die Kammern verlagert. Im übrigen dient das Annahmeverfahren dazu, daß Verfassungsbeschwerden mit geringem sachlichen Gehalt ausgeschieden werden und sich die Arbeit des Gerichts auf die einer Entscheidung durch das Verfassungsgericht bedürftigen Fälle konzentriert[111]. Dementsprechend lassen sich die Regelungen der Gründe, die das Bundesverfassungsgericht dazu berechtigten, die Verfassungsbeschwerde bzw. den Antrag auf Entscheidung zur verwerfen oder nicht anzunehmen, in zwei Kategorien unterteilen:

b) Summarisches Verfahren bezüglich des Erfolgs der Verfassungsbeschwerde

aa) Das Bundesverfassungsgericht kann eine Sachentscheidung ablehnen, wenn "sie formwidrig, unzulässig, verspätet oder offensichtlich unbegründet oder von einem offensichtlich Nichtberechtigten erhoben ist" (§ 93 a Abs. 3 i.d.F. vom 3.8.1963) bzw. "wenn sie unzulässig ist[112] oder aus anderen Gründen keine Aussicht auf Erfolg hat" (§ 93 a Abs. 3 BVerfGG i.d.F. vom 21.12. 1970), "wenn die Verfassungsbeschwerde unzulässig ist oder aus anderen Gründen keinen Erfolg hat oder zu erwarten ist, daß der Senat die Verfassungsbeschwerde nach § 93 c S. 2 nicht annehmen wird" (§ 93 b Abs. 1 Nr. 2 und 3 BVerfGG n.F.). Die Befugnis, eine Verfassungsbeschwerde mangels Erfolgsaussicht nicht anzunehmen, hatten zunächst die Ausschüsse, da dieses Merkmal im Rahmen des § 91 a BVerfGG bei der Zweckprüfung mitberück-

---

109 *Ridder*, NJW 1972, S. 1689, *Sailer*, ZRP 1977, S. 305; *Graf Vitzthum*, FS Bachof, S. 307, spricht von erfolglosen Bemühungen des Gesetzgebers, auf die Praxis des Vorprüfungsverfahrens Einfluß zu nehmen. Nach der Meinung *Brydes* (Diss., S. 159, 379) spielt das Annahmeverfahren in der Praxis des BVerfGs eine von der rechtlichen Grundlage ziemlich unabhängige Rolle.

110 *Schlaich*, BVerfG, Rz. 251 f.; *Rinck*, NJW 1959, 169; *Beeser*, DÖV 1958, S. 779; *Ridder*, NJW 1972, S. 1691; *Leibold*, Diss., S. 41; *Dörr*, Verfbschw, S. 117, Rz. 299; *Wöhrmann*, FS Zeidler, S. 1347; *Rupprecht*, JZ 1970, S. 207.

111 *Mercker*, JR 1956, S. 321; *Schlaich*, BVerfG, Rz. 783. BVerfG Beschluß vom 21.1.1959 (BVerfGE 9, S. 120 ff.).

112 Die vorher im Gesetz aufgezählten Unterfälle der Unzulässigkeit sind damit zusammengefaßt, so *Leibholz/Rupprecht*, BVerfGG, Nachtrag § 93a, Rz 2.

sichtigt wurde (s.o.); § 93 a Abs. 3 BVerfGG und jetzt § 93 b Abs. 1 Nr. 2 BVerfGG bestimmten sie dann ausdrücklich als eigene Voraussetzung der Nicht-Annahme.

Diese Nicht-Annahmegründe beruhen wie § 24 BVerfGG, der für alle Verfahren zum Bundesverfassungsgericht gilt, auf einer Prüfung des zu erwartenden Erfolgs der Verfassungsbeschwerde. Das Bundesverfassungsgericht und insbesondere seine Senate sollen sich ausführlich nur mit Verfassungsbeschwerden beschäftigen, die in der Sache Erfolg versprechen.

Das Maß der zu erwartenden Erfolglosigkeit hat sich, wie zu sehen ist, nach den Gesetzesformulierungen im Zuge der Novellierungen geändert: So wurde die Möglichkeit, bei offensichtlicher Unbegründetheit die Annahme abzulehnen, eingeschränkt[113] auf die mangelnde "hinreichende Erfolgsaussicht". Dies heißt, daß die Mitglieder des Ausschusses es für völlig ausgeschlossen halten müssen, daß die Verfassungsbeschwerde im Senat erfolgreich ist[114], wobei eine verfassungskonforme Interpretation nötig ist[115]. Aber die verschiedenen Formulierungen, bei welchem Grad der mangelnden Erfolgsaussicht wegen Unzulässigkeit oder Unbegründetheit die Annahme verweigert werden kann, haben auf die Rechtsprechung keine ersichtlichen Auswirkungen gehabt. Die Quote der Entscheidungen, die das Bundesverfassungsgericht nicht angenommen hat, ist gleich geblieben. Die meisten Verfassungsbeschwerden werden bereits in den Ausschüssen aus materiellrechtlichen oder verfahrensrechtlichen Gründen nicht angenommen[116].

Gleichbleibend geblieben ist allerdings auch die Kritik an einzelnen Entscheidungen und der Praxis überhaupt, die sich durch die ganze Literatur[117]

---

113 *Dörr*, Verfbschw, S. 125, Rz. 322.

114 *Leibholz/Rupprecht*, BVerfGG Nachtrag, § 93a, Rz. 2; Maunz/*Schmidt-Bleibtreu*, BVerfGG, § 93b, Rz. 7.

115 *von Bally*, Diss., S. 144; Maunz/*Schmidt-Bleibtreu*, BVerfGG, § 93b, Rz. 7.

116 *Schlaich*, BVerfG, Rz. 266. Siehe Statistik *von Bally*, Diss., S. 15 Fn. 48; *Gusy*, Verfbschw, S. 16; *Rupprecht*, JZ 1970, S. 210 Fn. 58; *Benda/Klein*, VerfProzR, Rz. 360 weisen darauf hin, daß angesichts einer seit 1986 steigenden Erfolgsstatistik der Senate zu vermuten ist, daß Verfassungsbeschwerden mit nur geringen Erfolgsaussichten tendenziell stärker als früher nicht von den Kammern angenommen werden.

117 *Seibert*, FS Hirsch, S. 498; *Schlaich*, BVerfGG, Rz. 251: Lotteriespiel; *Bachof*, NJW 1968, S. 1065; *Redeker*, NJW 1978, S. 937; *Schulze*, NJW 1965, S. 147 f. (Anm. zu BVerfG

zieht. Es gelingt dem Bundesverfassungsgericht nach Meinung der Literatur nicht immer, wirklich nur diejenigen Anträge im Annahmeverfahren auszusondern, die keine Aussicht auf Erfolg versprechen. Dazu kommt, daß die freigestellte Begründung und Veröffentlichung solcher Beschlüsse die Entscheidungen selten nachvollziehbar machen. Außerdem wird befürchtet, daß die Einheitlichkeit der Rechtsprechung des Bundesverfassungsgerichts durch die Ausschüsse gefährdet ist[118]. Gegen die Ausschüsse werden auch verfassungsrechtliche Bedenken erhoben: So verstießen sie gegen Art. 101 GG[119] und schränkten das Recht auf Grundrechtsschutz durch die Verfassungsbeschwerde aus Art. 93 Abs. 1 Nr. 4a GG ein[120]. Für die Verfassungsgemäßheit des Annahmeverfahrens spricht aber, daß die Verfassungsbeschwerde nach Art. 94 Abs. 2 GG durch die Verfassung einem Annahmeverfahren unterworfen wird[121].

bb) Es ist nicht erforderlich, die gegen die Nicht-Annahme der Verfassungsbeschwerde mangels Erfolgsaussicht geäußerte Kritik und verfassungsrechtlichen Bedenken zu untersuchen. Denn die Möglichkeit, die Annahme der Verfassungsbeschwerde mangels Zulässigkeit oder Begründetheit abzulehnen, hat keinen Einfluß auf den hier interessierenden Umfang des subjektiven Rechtsschutzes durch die Verfassungsbeschwerde[122]. Denn nach diesem Grund der Nicht-Annahme sollen lediglich die Anträge mit möglichst geringem Aufwand[123] abgelehnt werden, denen gerade keine Grundrechtsverletzung zugrunde liegt.

Allerdings zeigt die Kritik am Annahmeverfahren und einzelnen Entscheidungen, daß der subjektive Rechtsschutz im Einzelfall bei fehlerhafter Nicht-Annahme eingeschränkt sein kann. Nun sind zwar fehlerhafte Entscheidungen

---

Beschluß vom 11.8.1964); *Schumann*, Menschenrechtsbeschwerde, S. 47 ff.; *Mußgnug*, NJW 1978, S. 1358 f.; *Graf Vitzthum*, FS Bachof, S. 307 f.; *Arndt*, NJW 1965, S. 147; NJW 1968, S. 982 f.; *Weber*, NJW 1980, S. 1042; *Löw*, DVBl. 1973, S. 941 ff.; *Meyer*, FS Kleinknecht, S. 272; *Wank*, JuS 1980, S. 549: Lotteriespiel. Dag. *Benda/Klein*, VerfProzR, Rz. 352 f., 357.

118 *Sailer*, ZRP 1977, S. 308; *Seuffert*, AnwBl. 1988, S. 301.

119 *Ridder*, NJW 1972, S. 1689 f. mit der Begründung, daß die Gründe, die zur Verweigerung der Annahme berechtigen, zu weit gefaßt sind; ebenso *Sailer*, ZRP 1977, S. 306.

120 *Sailer*, ZRP 1977, S. 308.

121 *Ulsamer*, EuGRZ 1986, S. 114 ff.; *Zuck*, NJW 1986, S. 970 ff.

122 Siehe *Schumann*, Menschenrechtsbeschwerde, S. 46 f.

123 *Benda*, NJW 1980, S. 2098.

keine Einschränkung des Rechtsschutzes, den ein Verfahren bietet. Aber eine besonders hohe Fehlerquote, die ihren Grund in der Regelung des Verfahrens hat, kann dazu führen, daß das Verfahren auch grundsätzlich nur eingeschränkten Rechtsschutz leistet. Daher könnte eine besonders hohe Fehlerquote bei der Nicht-Annahme wegen mangelnder Erfolgsaussicht bewirken, daß auch diese Gründe der Nicht-Annahme den Umfang des Grundrechtsschutzes beschneiden[124]. Außerdem zeigen die Probleme mit dem Annahmeverfahren wieder, daß das Bundesverfassungsgericht nicht dafür konzipiert sein kann, allein umfassenden subjektiven Rechtsschutz zu leisten.

Es bleibt trotzdem die Feststellung, daß diese Gründe der Nicht-Annahme den durch die Verfassungsbeschwerde gewährleisteten subjektiven Grundrechtsschutz nicht in seinem Umfang begrenzen.

c) Nicht-Annahme wegen fehlender objektiver oder subjektiver Wichtigkeit

aa) Das Bundesverfassungsgericht ist außerdem nach allen Fassungen des BVerfGG dazu berechtigt, eine Verfassungsbeschwerde nicht anzunehmen bzw. zu verwerfen, wenn die Entscheidung über die Verfassungsbeschwerde in der Sache weder zur Klärung einer verfassungsrechtlichen Frage führt, noch ohne die Entscheidung dem Beschwerdeführer ein schwerer und unabwendbarer Nachteil entsteht. Dies ergibt sich zum einen aus § 91 a BVerfGG und später aus § 93 b Abs. 1 Nr. 3 BVerfGG n.F. für die Verwerfung bzw. Nicht-Annahme durch den Ausschuß, und aus § 93 a Abs. 4 BVerfGG und später aus § 93 c S. 2 BVerfGG n.F. für die Nicht-Annahme durch den Senat.

Lediglich die Zuständigkeit für die Prüfung dieser Voraussetzungen hat sich im Laufe der Novellierungen geändert[125]. Dies ist aber für die zu prüfende Frage, welche Grundrechtsverletzungen nach dem Verfassungsprozeßrecht vom Bundesverfassungsgericht nicht in der Sache zu entscheiden sind, ohne Bedeutung.

---

124 Die Stellungnahmen (Fn. 101), die betonen, daß die Praxis des BVerfGs dazu geführt hat, daß der objektive Zweck *stark* in den Vordergrund getreten ist, während der individuelle Rechtsschutz zurücktritt, lassen sich nicht durch die Rechtsprechung zum "schweren Nachteil" erklären. Denn das BVerfG nimmt nur in wenigen Fällen trotz begründeter Verfassungsbeschwerde an, daß ein "schwerer Nachteile" fehle. Allein die hohe Quote der Nicht-Annahme-Entscheidungen erweckt den Eindruck, daß der individuelle Rechtsschutz zurücktritt.

125 Was auf das Ergebnis keine Auswirkungen hatte, siehe *von Bally*, Diss., S. 15.

bb) Diese Gründe der Nicht-Annahme bzw. Verwerfung beruhen auf den Zwecken der Verfassungsbeschwerde: Wenn die Entscheidung in der Sache nicht zur Klärung einer verfassungsrechtlichen Frage führen würde, dient die Verfassungsbeschwerde nicht ihrem objektiven Zweck; wenn dem Beschwerdeführer kein schwerer und unabwendbarer[126] Nachteil erwächst, sollte die Entscheidung in der Sache unterbleiben, da sie nur noch die subjektive Zielsetzung der Verfassungsbeschwerde betreffen würde. Daraus folgt positiv formuliert, daß das Bundesverfassungsgericht nur dann eine Verfassungsbeschwerde in der Sache entscheiden muß, wenn ein Interesse der Allgemeinheit oder eine *besondere Qualität* der subjektiven Betroffenheit vorliegt[127]. Anders ausgedrückt setzt die Annahme einer Verfassungsbeschwerde subjektiv entweder eine besondere Beschwer, nämlich einen schweren und unabwendbaren Nachteil oder ein besonderes exemplarisches Betroffensein voraus[128]. Das heißt, daß das Bundesverfassungsgericht nicht in dem Umfang wie die Fachgerichtsbarkeit subjektiven Rechtsschutz leistet, sondern erst ab einer gewissen Beschwer.

cc) Das Bundesverfassungsgericht hat nun diese Begriffe unter Geltung der verschiedenen Novellen einheitlich wie folgt ausgelegt und in Fallgruppen unterteilt:

(1) Wenn die Verfassungsbeschwerde offensichtlich unzulässig oder unbegründet[129] ist, so sei von der Entscheidung weder die Klärung einer verfassungsrechtlichen Frage zu erwarten, noch entstehe dem Beschwerdeführer ein schwerer unabwendbarer Nachteil[130]. Offensichtliche Unbegründetheit liege dann vor, wenn die Richter auch unter Berücksichtigung der bisherigen

126 Das Wort "unabwendbar" hat keine eigene Bedeutung, siehe dazu *R. Schneider*, ZZP Bd. 79 (1966), S. 68.

127 Maunz/*Schmidt-Bleibtreu*, BVerfGG, § 93c, Rz. 3, 8.

128 *von Bally*, Diss. S. 71.

129 Teilweise wurde "offensichtliche" Unzulässigkeit und Unbegründetheit, teilweise nur offensichtliche Unzulässigkeit verlangt.

130 BVerfG Beschluß vom 12.12.1957 (BVerfGE 7, S. 192 ff., 193); vom 13.3.1958 (BVerfGE 7, S. 327 ff,. 329); vom 1.6.1957 (BVerfGE 8, 38 ff., 42); vom 21.7.1960 (BVerfGE 11, S. 277 ff., 281); vom 25.10.1960 (BVerfGE 11, S. 336 ff., 338); *Leibholz/Rupprecht*, BVerfGG, § 93a, Rz. 3; Maunz/*Schmidt-Bleibtreu*, BVerfGG § 93c, Rz. 6; *Gusy*, Verfbschw, S. 118, Rz. 187; *Sailer*, ZRP 1977, S. 304; ; *Grundmann*, DÖV 1963, S. 757; a.A. *Schlaich*, BVerfG, Rz. 262; *Zuck*, Verfbschw, Rz. 780, 788; *Hirsch*, Sondervotum zum Beschluß vom 19.10.1977 (NJW 1978, S. 936): lediglich Schlüssigkeitsprüfung; ebenso *Redeker*, ebenda S. 937.

Rechtsprechung des Gerichts vernünftigerweise keinen Zweifel an der mangelnden Begründetheit hegen können[131]. Die mit dem Zweck der Verfassungsbeschwerde zusammenhängenden Gründe der Nicht-Annahme werden damit mit den Voraussetzungen der Nicht-Annahme mangels Erfolgsaussicht der Verfassungsbeschwerde vermengt.

Diese Vermischung der Ablehnungsgründe ist auf Kritik gestoßen[132]. Es sei zwischen der Ablehnung wegen objektiver oder subjektiver Wichtigkeit und der Ablehnung wegen fehlender Zulässigkeit und mangelnder Erfolgsaussicht zu trennen.

(2) Nach der Rechtsprechung des Bundesverfassungsgerichts entsteht dem Beschwerdeführer abgesehen von den Fällen mangelnder Erfolgsaussicht in der Regel dann kein schwerer Nachteil, wenn die mit dem Urteil verbundene vermögensmäßige Beschwer so gering ist, daß ein sonst gegebenes Rechtsmittel ausgeschlossen wäre, weil für "Bagatellstreitigkeiten" der Instanzenzug nicht zur Verfügung steht. Anders beschrieben, setzt der "schwere Nachteil" einen Härtefall[133] voraus, der Beschwerdeführer muß besonders "hart und nachhaltig"[134] getroffen sein. Dabei kommt es nach dem Bundesverfassungsgericht auch auf die Intensität der etwaigen Grundrechtsverletzung gegenüber der Persönlichkeit des Beschwerdeführers und auf die Billigkeit und Sachgerechtigkeit der angegriffenen Entscheidung an. Das Bundesverfassungsgericht kann danach die Annahme einer zulässigen und begründeten Verfassungsbeschwerde bei subjektiver Unwichtigkeit ablehnen[135], wenn die Verfassungsbeschwerde nicht objektiv wichtig ist.

---

131 *Leibholz/Rupprecht*, BVerfGG, § 93a, Rz. 2.

132 Maunz/*Schmidt-Bleibtreu*, BVerfGG, § 93c, Rz. 6; *Seibert*, FS Hirsch, S. 501; *Graf Vitzthum*, FS Bachof, S. 301 f., 311; *Zacher*, FS BVerfG, S. 411, 416, 424, 426; *Ritterspach*, FS Stein, S. 287; *Benda*, NJW 1980, S. 2099; *R. Schneider*, ZZP Bd. 79 (1966), S. 68; teilweise zustimmend *Schlink*, NJW 1984, S. 94 Fn. 90. Diese Rechtsprechung ist aber inzwischen wohl durch § 93b Abs. 1 Nr. 3 abgesegnet. Teilweise ist mit dieser Kritik auch die Kritik der Vermengung von Zuständigkeiten des Senats mit denen des Ausschusses verbunden, da die Nicht-Annahme wegen der verschiedenen Gründe zwischen Senaten und Ausschüssen verteilt war.

133 *von Bally*, Diss., S. 79.

134 Maunz/*Schmidt-Bleibtreu*, BVerfGG, § 93c, Rz. 8.

135 So *Benda*, NJW 1980, S. 2099; Maunz/*Schmidt-Bleibtreu*, BVerfGG, § 93c, Rz. 6: Muß nicht die Zulässigkeit oder Begründetheit prüfen, sondern kann sie unterstellen; *Zacher*, FS BVerfG, S. 415; *Rupprecht*, JZ 1970, S. 207 ff., 211.

Das Bundesverfassungsgericht hat diese Möglichkeit, die Annahme der Verfassungsbeschwerde zu verweigern, nur sehr beschränkt[136] angewandt. Es hat, wie schon dargestellt[137], teilweise und nicht durchgehend Verfassungsbeschwerden nicht angenommen, die zwar begründet waren, bei denen aber die vermögensmäßige Beschwer die Berufungsbeschwer nicht erreichte bzw. es sich um eine Ordnungswidrigkeit handelte. Das Bundesverfassungsgericht hat sich von dieser Rechtsprechung zwar nicht ausdrücklich distanziert, hat sie aber aufgegeben und derartige Fälle in der Sache entschieden.

Die Nicht-Annahme von Bagatellstreitigkeiten durch das Bundesverfassungsgericht und damit diese Auslegung des "schweren Nachteils" hat in der Literatur überwiegend Zustimmung gefunden[138]. Teilweise wird sogar empfohlen, die Bagatellgrenze nicht lediglich am Berufungswert zu orientieren, sondern höher anzusetzen[139]. Sieht man aber von den vermögensmäßigen "Bagatellen" ab, so hat das Bundesverfassungsgericht nur in wenigen Fällen[140] der Verfassungsbeschwerde unabhängig von der Erfolgsaussicht angenommen, das kein schwerer Nachteil vorliege. Dabei ging es häufig im Grunde um Fälle, in denen sich die Verfassungsbeschwerde erledigt hatte.

Die Möglichkeit, die Annahme einer Verfassungsbeschwerde mangels eines schweren Nachteils abzulehnen, ist seit 1986 bei offensichtlich begründeten Verfassungsbeschwerden durch die Regelung des § 93 b Abs. 2 BVerfGG eingeschränkt. Die Kammer kann diese Verfassungsbeschwerden in der Sache selbst entscheiden. Die Regelung ist vor allem im Hinblick auf die Verfassungsbeschwerden konzipiert worden, die Verletzungen von Art. 103 Abs. 1

---

136 Zu dieser Wertung siehe *Zuck*, Verfbschw, Rz. 130; *Graf Vitzthum*, FS Bachof, S. 297.

137 Siehe zur Bagatellrechtsprechung I 3 c.

138 Maunz/*Schmidt-Bleibtreu*, BVerfGG, § 93c, 6; *Faller*, JZ 1959, S. 663; *Rinck*, NJW 1959, S. 171. *Graf Vitzthum*, FS Bachof, S. 318. Siehe auch die in Fußnote 11 genannten.

139 So *von Bally*, Diss., S. 80 Fn. 53.

140 Beschluß vom 2.12.1959 (BVerfGE 9, S. 1 ff.); Beschluß vom 13.6.1972 (BVerfGE 33, S. 236 ff.); vom 15.11.1978 (BVerfGE 50, S. 48 ff.); vom 28.8.1982 (BVerfGE 61, S. 123 ff.); vom 22.3.1983 (BVerfGE 63, S. 340 ff.); vom 8.2.1984 (BVerfGE 66, S. 191 ff.); vom 30.6.1987 (BVerfGE 76, S. 124ff.): In diesen Fällen handelt es sich im Grunde um eine Erledigung der Beschwer. Beschluß vom 7.11.1972 (BVerfGE 34, S. 138): Pflicht zum Tragen eines weißen Langbinders als Rechtsanwalt kein schwerer Nachteil; Beschluß vom 21.10.1987 (BVerfGE 77, S. 125 ff.): In Rügen wegen Verletzung der anwaltlichen Standespflichten liegt kein schwerer Nachteil.

GG rügen[141]. Es handelt sich dabei um eine "abgeleitete, unselbständige" Rechtsprechung der Kammern, die lediglich die Rechtsprechung der Senate nachvollzieht[142]. Diese Entscheidungsbefugnis der Kammern ist nicht mehr eine Regelung des Annahmeverfahrens im eigentlichen Sinne[143]. Denn die Kammern entscheiden gerade nicht mehr über die Annahme, sondern über die Sache selbst - eine Entscheidung, die bisher den Senaten vorbehalten war. Das Bundesverfassungsgericht macht von dieser Möglichkeit zunehmend Gebrauch, wie man den Fachzeitschriften der Jahre ab 1986 entnehmen kann. Es bleibt abzuwarten, ob sich das Verfahren bewährt. Jedenfalls werden Bedenken bezüglich der Zusammensetzung der Ausschüsse geäußert[144], denn die Dreier-Ausschüsse bzw. Kammern sind nicht so besetzt wie die Senate selbst und können dies auch nicht sein.

(3) Eine Klärung einer verfassungsrechtlichen Frage liegt nach dem Bundesverfassungsgericht dann vor, wenn die Entscheidung präjudiziell für die Auslegung von Grundrechten ist oder der Fortbildung des objektiven Rechts dient[145]. Dabei wird weiter vorausgesetzt, daß der Sachverhalt für die Klärung der Frage geeignet ist[146]. Bei der Verletzung von Art. 103 Abs. 1 GG liegt diese Voraussetzung in der Regel nicht vor[147], da der Anwendungsbereich zumindest weitgehend geklärt ist.

Die Prüfung der Frage, ob die Zwecksetzung der Verfassungsbeschwerde im konkreten Verfahren erreicht werden kann, oblag zunächst nur den Ausschüssen (§ 91 a), dann den Senaten (§ 93 a Abs. 4) und nun Kammern und Senaten (§ 93 b Abs. 1 Nr. 3 und § 93 c).

---

141 Maunz/*Schmidt-Bleibtreu*, BVerfGG, § 90, Rz. 8a; Anregung schon bei *Heyde*, FS Kutscher, S. 245; *Lisken*, DRiZ 1981, S. 139 f.

142 *Mahrenholz*, FS Zeidler, S. 1364; Maunz/*Schmidt-Bleibtreu*, BVerfGG, § 93b, Rz. 16.

143 *Dörr*, Verfbschw, S. 126, Rz. 324.

144 *Schlink*, NJW 1989, S. 12; *Heüveldop*, NJW 1990, S. 28; *Fromme*, FS Geiger, S. 750 f. Siehe auch *Fritz*, AnwBl. 1986, S. 363 zur Gefahr einer eigenständigen Rechtsprechung der Kammern.

145 Maunz/*Schmidt-Bleibtreu*, BVerfGG, § 93c, Rz. 4.

146 *Rinck*, NJW 1959, S. 172; *Faller*, JZ 1959, S. 664; zustimmend *Dörr*, Verfbschw, S. 128, Rz 332, *von Bally*, S. 74, 75. Nach *Bryde*, Diss, S. 382 f. liegt in dieser Einschränkung ein wichtiger Ansatzpunkt für die Selektion von Verfassungsbeschwerden.

147 *Dörr*, Verfbschw, S. 116, Rz. 327; S. 129, Rz. 333; *Schumann*, Menschenrechte, S. 52.

d) Eingeschränkter subjektiver Grundrechtsschutz durch die Nicht-Annahme wegen fehlender objektiver und subjektiver Wichtigkeit

Die Berechtigung des Bundesverfassungsgerichts, eine Verfassungsbeschwerde nicht anzunehmen, wenn bei fehlender objektiver Wichtigkeit dem Beschwerdeführer durch die Ablehnung kein schwerer und unabwendbarer Nachteil entsteht, weist darauf hin, daß die Verfassungsbeschwerde subjektiven Rechtsschutzes nur eingeschränkt gewährt. Denn die Verfassungsbeschwerde würde nur dann umfassenden subjektiven Grundrechtsschutz leisten, wenn jeder subjektive Nachteil zur Annahme der Verfassungsbeschwerde zwänge.

Es ist aber zu prüfen, ob sich nicht aus anderen Gründen ergibt, daß die Verfassungsbeschwerde dennoch umfassenden subjektiven Grundrechtsschutz gewährt.

aa) Der Nicht-Annahme-Grund des Fehlens eines "schweren Nachteils" würde allerdings dann nicht den Rechtsschutz einschränken, wenn dieser allein die Fälle ergreift, in denen ein Anspruch auf Beseitigung der Grundrechtsverletzung nach der Formel "minima non curat praetor" sowieso nicht besteht. Dagegen spricht aber der Wortlaut. Außerdem bedürfte es dafür keiner besonderen Normierung, und das Bundesverfassungsgericht wendet die Vorschrift auch nicht in diesem Sinne an. Zudem wird dieser Grund der Nicht-Annahme damit begründet, daß er es dem Bundesverfassungsgericht ermöglicht, sich auf die einem Verfassungsgericht würdigen Fälle zu konzentrieren. Man kann auch nicht annehmen, daß bei jeder Grundrechtsverletzung ein "schwerer Nachteil" vorliegt, so daß die besondere subjektive Beschwer bei jedem Grundrechtsverstoß gegeben sein würde. Denn dann liefe die Regelung leer, daß das Bundesverfassungsgericht die Annahme der Verfassungsbeschwerde mangels subjektiver Beschwer verweigern könnte.

Das weist darauf hin, daß die Nicht-Annahme mangels besonderer subjektiver Beschwer den Umfang des subjektiven Grundrechtsschutzes und damit den der Verfassungsbeschwerde begrenzt[148].

bb) Nun hat das Bundesverfassungsgericht, wie ausgeführt, in der Sache lediglich bei der Rechtsprechung zu den "Bagatellfällen" die Annahme unter Berufung allein auf den Zweck der Verfassungsbeschwerde verweigert. Denn

---

148 So auch *Schumann*, Menschenrechte, S. 115 f.

soweit das Bundesverfassungsgericht die Annahme der Verfassungsbeschwerde ablehnt, weil mangels Erfolgsaussicht nicht zu erwarten sei, daß eine verfassungsrechtliche Frage entschieden werde bzw. deswegen kein "schwerer Nachteil" entstünde, liegt darin kein Fall, der auf die subjektive oder objektive Zwecksetzung der Verfassungsbeschwerde abstellt. Ausgangspunkt ist vielmehr wieder die Erfolgsaussicht der Verfassungsbeschwerde.

Da sich das Bundesverfassungsgericht auf die Bagatellrechtsprechung beschränkt, wird konstatiert und auch kritisiert, daß das Gericht nicht die Möglichkeiten ausgeschöpft habe, die diejenigen Ablehnungsgründe eröffneten, die auf den Zweck der Verfassungsbeschwerde abstellen[149].

Dieser Kritik ist zuzugeben, daß es keine sachlichen Argumente dafür gibt, warum ein "schwerer Nachteil" nur dann nicht vorliegen soll, wenn zumindest die vermögensmäßige Beschwer den Berufungsstreitwert unterschreitet. Der Bezug auf die Argumente, die die Beschränkung der Berufung auf das Vorliegen einer solchen Beschwer rechtfertigen, ist, wie angeführt, nicht möglich. Es spricht viel dafür, daß ein "schwerer Nachteil" nicht nur, aber auch nicht immer dann fehlt, wenn die Berufungsbeschwer nicht vorliegt. Dabei ist die Höhe der vermögensmäßigen Beschwer sicherlich ein Element, das die Schwere des mit der Grundrechtsverletzung verbundenen Nachteils bestimmt. Sie kann aber nicht ausschlaggebend sein, soweit Grundrechte keine vermögenswerten Rechte sind.

Die restriktive Rechtsprechung des Bundesverfassungsgerichts zum "schweren Nachteil" ist angesichts der Rechtsprechung der Fachgerichtsbarkeit richtig, die bei Verletzung von Grundrechten nicht die außerordentliche Überprüfung der Entscheidung ermöglicht. Denn nur so wird umfassender Grundrechtsschutz gewährleistet. Je restriktiver der Begriff des "schweren Nachteils" gehandhabt wird, desto umfassender ist der durch die Verfassungsbeschwerde erbrachte Grundrechtsschutz. Und der durch die Verfassungsbeschwerde gewährte Grundrechtsschutz muß möglichst umfassend sein, wenn die Fachgerichtsbarkeit keinen Schutz gegen Grundrechtsverletzungen durch Urteile leistet. Daß *umfassender* subjektiver Grundrechtsschutz erforderlich ist, zeigt sich an der Kritik an der "Bagatellrechtsprechung" des Bundesverfassungsgerichts und daran, daß das Bundesverfassungsgericht diese

---

149 *Schumann*, Menschenrechte, S. 48, 51; Maunz/*Schmidt-Aßmann*, GG, Art. 103, Rz. 159 meint, daß eine striktere Annahmepraxis gem. § 93c S. 2 BVerfGG entlastend wirken könnte.

nicht durchgehend einhielt. Das Bundesverfassungsgericht steht angesichts der Rechtsprechung der Fachgerichtsbarkeit vor der Wahl, entweder das Postulat des umfassenden Grundrechtsschutzes zu verletzen oder diesen Grund der Nicht-Annahme weitgehend leerlaufen zu lassen.

Es bleibt die Feststellung, daß das geltende Verfassungsprozeßrecht dem Bundesverfassungsgericht die Möglichkeit eröffnet, die Annahme der Verfassungsbeschwerde mangels objektiver und subjektiver besonderer Beschwer zu verweigern. Die Zurückhaltung des Bundesverfassungsgerichts, diesen Grund der Nicht-Annahme anzuwenden, ändert daran nichts. Daher bleibt es bei der obigen Feststellung, daß aus der Möglichkeit der Nicht-Annahme mangels besonderer subjektiver Beschwer zu ersehen ist, daß die Verfassungsbeschwerde nicht für einen umfassenden subjektiven Grundrechtsschutz konzipiert ist.

Es bedarf daher auch keiner abschließenden Klärung, wann außer in den sog. "Bagatellfällen" ein "schwerer Nachteil" vorliegt. Dies wäre wohl nur mit Hilfe einer Fallgruppenbildung möglich.

Nun könnte die Einschränkung des subjektiven Rechtsschutzes, die dieser Grund der Nicht-Annahme mit sich bringt, durch die Entscheidungsbefugnis der Kammer nach § 93 b Abs. 2 BVerfGG, einer offensichtlich begründeten Verfassungsbeschwerde stattzugeben, wieder aufgehoben werden. Denn aufgrund dieser Entscheidungsbefugnis der Kammern kann das Bundesverfassungsgericht Verfassungsbeschwerden nur dann mangels besonderer subjektiver Beschwer ablehnen, wenn sie nicht offensichtlich begründet oder unbegründet sind und nicht die Klärung einer verfassungsrechtlichen Frage erwarten lassen. Es bleiben aber die Fälle, in denen eine Aussage über die Erfolgsaussicht nicht eindeutig getroffen werden kann, aber dennoch die Klärung einer verfassungsrechtlichen Frage nicht zu erwarten ist, z.B. bei nicht geeignetem Sachverhalt und wenn ein "schwerer Nachteil" nicht vorliegt. Man mag einwenden, daß es sich nur um wenige Fälle handeln wird. Aber es geht hier nicht darum zu prüfen, ob die Verfassungsbeschwerde bei einer quantitativ bedeutsamen Anzahl von Verfassungsbeschwerden keinen subjektiven Rechtsschutz leistet. Sondern es geht um die Frage, ob die Verfassungsbeschwerde nach dem Verfassungsprozeßrecht so *konzipiert* ist, daß sie nicht das Mittel zum umfassenden subjektiven Grundrechtsschutz ist.

4. *Fazit*

Die Aufgabe des Grundrechtsschutzes ist auf Verfassungs- und Fachgerichtsbarkeit zu verteilen. Der subjektive Grundrechtsschutz muß umfassend sein. Das Bundesverfassungsgericht leistet im Verfahren der Verfassungsbeschwerde nur eingeschränkten *subjektiven* Grundrechtschutz. Denn das Bundesverfassungsgericht kann in Fällen geringer subjektiver Beschwer die Annahme einer Verfassungsbeschwerde, deren Begründetheit nicht offensichtlich ist, ablehnen, wenn die Klärung einer verfassungsrechtlichen Frage nicht zu erwarten ist.

Es ist nun weiter zu prüfen, welche Rückschlüsse auf den Umfang der Zuständigkeit der Fachgerichtsbarkeit für den subjektiven Grundrechtsschutz zu ziehen sind, wenn die Zuständigkeit des Bundesverfassungsgerichts in dieser Weise beschränkt ist.

5. *Schlußfolgerungen*

Wenn das Bundesverfassungsgericht keinen umfassenden subjektiven Grundrechtsschutz leistet, ist dieser Aufgabe der Fachgerichtsbarkeit. Es ist im folgenden zu prüfen, welche Folgen die beschränkte Zuständigkeit der Verfassungsgerichtsbarkeit für die Ausgestaltung des Rechtsschutzes durch die Fachgerichtsbarkeit bei Grundrechtsverletzungen hat.

Die Zuständigkeit des Bundesverfassungsgerichts ist ohne das Vorliegen eines Allgemeininteresses an einer Entscheidung, wie ausgeführt, auf Grundrechtsverletzungen beschränkt, die mit einem "schweren Nachteil" verbunden sind. Die Unzuständigkeit des Bundesverfassungsgerichts zeigt sich also in der Nicht-Annahme der Verfassungsbeschwerde.

Nun kann die Zuständigkeit der Fachgerichtsbarkeit nicht davon abhängen, ob das Bundesverfassungsgericht die Verfassungsbeschwerde im konkreten Fall nicht annimmt oder aber in der Sache entscheidet. Denn dann müßte die Fachgerichtsbarkeit in jedem einzelnen Fall eine Prognose der Entscheidung des Bundesverfassungsgerichts abgeben und dementsprechend die Zulässigkeit des Rechtsmittels bejahen oder verneinen. Die Regelung, daß das Bundesverfassungsgericht lediglich bei einer besonderen subjektiven Beschwer über die Verfassungsbeschwerde zu entscheiden braucht, kann also nicht dazu führen, daß die Fachgerichtsbarkeit nur bei Fehlen einer besonderen Beschwer für den Grundrechtsschutz zuständig ist. Denn dann wäre die Zuständigkeit der Fachgerichtsbarkeit unbestimmt bzw. nur im Nachhinein oder durch eine Prognoseentscheidung zu bestimmen.

Die Beschränkung des subjektiven Grundrechtsschutzes durch die Verfassungsgerichtsbarkeit erlaubt also nicht den Rückschluß auf die Zuständigkeit der Fachgerichtsbarkeit für *bestimmte grundrechtsverletzende Entscheidungen*, die mit einer besonders niedrigen Beschwer verbunden sind. Die Beschränkung des dem Bundesverfassungsgericht übertragenen subjektiven Grundrechtsschutzes läßt vielmehr nur den *Grundsatz* erkennen, der die Vert der Aufgabe des subjektiven Grundrechtsschutzes zwischen Verfassungs- und Fachgerichtsbarkeit bestimmt. Danach ergibt sich aus der eingeschränkten Zuständigkeit des Bundesverfassungsgerichts für den subjektiven Grundrechtsschutz im Grundsatz, daß die Verfassungsbeschwerde lediglich als *Auffangrechtsbehelf* des subjektiven Grundrechtsschutzes konzipiert ist. Damit obliegt der subjektive Grundrechtsschutz nicht nur *zeitlich* und insofern formell primär, sondern auch *materiell primär* der Fachgerichtsbarkeit. Die materielle Priorität der Fachgerichtsbarkeit hat aber nur dann einen wirklichen Inhalt, wenn sie Folgen für den Umfang der Zuständigkeit der Fachgerichtsbarkeit hat. Damit wäre auch die "Subsidiarität" der Zuständigkeit des Bundesverfassungsgerichts materiell zu bestimmen. Damit die Verfassungsbeschwerde tatsächlich nur Auffangrechtsbehelf ist, muß die Fachgerichtsbarkeit die ihr zur Verfügung stehenden Rechtsbehelfe ausschöpfen, um eine durch ein Gericht erfolgte Grundrechtsverletzung zu beseitigen. Denn nur dadurch leistet immer zunächst die Fachgerichtsbarkeit subjektiven Grundrechtsschutz und dann erst die Verfassungsgerichtsbarkeit. Die Fachgerichtsbarkeit muß also jede gerichtliche Entscheidung, die erstmalig ein Grundrecht verletzt, überprüfen[150]. Denn sonst würde die Fachgerichtsbarkeit den subjektiven Grundrechtsschutz gegen diese Entscheidung auf die Verfassungsgerichtsbarkeit verlagern. Allerdings muß dann gegen die Entscheidung, die über die Grundrechtsverletzung entscheidet, kein weiteres Rechtsmittel oder weiterer Rechtsbehelf gegeben sein. Denn Rechtsschutz wird bereits, wie Art 19 Abs.4 GG zeigt, durch eine Instanz gewährleistet.

---

150 Soweit *Benda/Klein*, VerfProzR, Rz. 537 gegen diese Auffassung vorbringen, daß damit das BVerfG zu einer Super-Revisions-Instanz in Verfassungsfragen" würde, deren "Aufgabe es ist, die Rechtsprechung der Fachgerichte zu Grundrechtsproblemen auf eine einheitliche Linie zu bringen", ist dem zu entgegnen, daß das BVerfG diese Aufgabe auch jetzt schon hat, soweit nach Ausschöpfung des Rechtswegs Verfassungsbeschwerde erhoben wird.

Da sich die vorliegende Untersuchung auf Entscheidungen der Zivilgerichtsbarkeit beschränkt, die das Recht auf Gehör nach Art. 103 Abs. 1 GG verletzen, ist als Ergebnis festzuhalten, daß das zivilgerichtliche Rechtsschutzsystem de lege lata die Überprüfung einer Entscheidung, die Art. 103 Abs. 1 GG erstmalig verletzt, ermöglichlichen muß[151].

---

151 *Haag*, Diss., S. 138 ff. scheint im Ansatz zu demselben Ergebnis zu kommen. Er knüpft daran an, daß man davon ausgehen müsse, daß Element der Grundrechte auch ein den Bestand der Grundrechte sichernder Rechtsschutz sei. Nun könne aber Rechtsschutz gegen Verletzungen von Art. 103 Abs. 1 GG nur bedeuten, daß eine übergeordnete Instanz vorhanden sei. Denn lediglich der Richter könne Art. 103 Abs. 1 GG verletzen. Er kommt zu dem Ergebnis, daß "im Stil einer jetzt schon bestehenden Revisionsinstanz" die Einhaltung formeller Grundrechte überprüft werden könne (S. 143).

D.Lorenz, Rechtsschutz, geht auch davon aus, daß Rechtsschutz i.S. von Art. 19 Abs. 4 GG lediglich vorliege werde, wenn der Richter den Parteien rechtliches Gehör nach Art. 103 Abs. 1 GG gewährt (S. 239). Daher verlange Art. 19 Abs. 4 GG einen Instanzenzug zur Nachprüfung von Verfahrensfehlern (S. 244). *Lorenz* führt dann weiter aus (S. 245), daß man daher eine Ausdehnung der Rechtsmittelgründe u.U. zuzulassen habe, dies setze aber eine entsprechende Gerichtsorganisation voraus und gesetzliche Bestimmungen hinsichtlich "Art, Form und Frist" des Rechtsmittels. Daher fordert *Lorenz* (S. 246) *vom Gesetzgeber* die Einrichtung einer weiteren Instanz.

Schlußfolgerungen

§ 7 Außerordentlicher Rechtsschutz gegen gerichtliche Entscheidungen bei Verletzung von Art. 103 Abs. 1 GG durch die Zivilgerichtsbarkeit

Die Untersuchung hat ergeben, daß die Zivilgerichtsbarkeit Rechtsschutz gegen gerichtliche Entscheidungen gewähren muß, wenn die Entscheidungen auf einer Verletzung des Rechts auf Gehör nach Art. 103 Abs. 1 GG beruhen. Wenn die Überprüfung[1] einer Entscheidung durch ordentliche Rechtsmittel oder Rechtsbehelfe nicht möglich ist, muß die Fachgerichtsbarkeit die Rechtsschutzlücke schließen und die *außerordentliche* Überprüfung der Entscheidung ermöglichen, sofern es die *vorhandene Organisation* der Zivilgerichte erlaubt. Die Form der außerordentlichen Überprüfung einer Entscheidung richtet sich dabei nach dem Rechtsbehelf, den das Gesetz gegen die jeweilige Entscheidung zur Verfügung stellt.

Rechtsschutzlücken entstehen immer dann, wenn es nicht möglich ist, eine gerichtliche Entscheidung zu überprüfen und damit gegebenenfalls eine Grundrechtsverletzung zu beseitigen. Die Überprüfung einer gerichtlichen Entscheidung kann auf verschiedene Art ausgeschlossen sein: Die ordentliche Überprüfung einer Entscheidung kann einmal daran scheitern, daß gegen die Entscheidung zwar ein Rechtsmittel statthaft, aber nicht *zulässig* ist, da die Beschwer die Erwachsenheitssumme nicht erreicht. Dann begründet die Behauptung der Verletzung von Art. 103 Abs. 1 GG die außerordentliche Zulässigkeit des Rechtsmittels (I.). Außerdem kann das *Gesetz* die *Anfechtung* einer Entscheidung bei vorhandener Instanz *ausschließen*. Dann ist zu überlegen, ob und inwieweit der gesetzliche Ausschluß der Anfechtung in teleologischer Reduktion zu beschränken ist oder ob und inwieweit auf andere Weise eine Überprüfung der Entscheidung durch die Fachgerichte ermöglicht werden

---

1 Der Begriff "Überprüfung" einer Entscheidung soll deutlich machen, daß darunter Anfechtung einer Entscheidung, Überprüfung in derselben Instanz oder neue Antragsstellung zu fassen sind, also jede Möglichkeit, eine Entscheidung zu korrigieren und die damit verbundene Grundrechtsverletzung zu beseitigen.

kann (II.). Außerdem kann es sich um eine letztinstanzliche Entscheidung handeln. Da die Verletzung von Art. 103 Abs. 1 GG keine fehlende Instanz schaffen kann, stellt sich dann die Frage der außerordentlichen Überprüfung in derselben Instanz (III.).

I. Außerordentliche Anfechtung trotz nicht erreichter Erwachsenheitssumme

1. Außerordentliche Anfechtung von Urteilen

Nach der Zivilprozeßordnung ist die Berufung gegen erstinstanzliche Urteile der Amts- und Landgerichte (§ 511 ZPO) und die Revision gegen zweitinstanzliche Urteile der Oberlandesgerichte (§ 545 Abs. 1 ZPO) statthaft. In beiden Fällen hängt die Zulässigkeit des Rechtsmittels davon ab, daß die Beschwer eine bestimmte Erwachsenheitssumme erreicht.

Als Regelung, die die Rechtsschutzlücke füllen könnte, bieten sich § 513 Abs. 2 ZPO und § 566 ZPO an. Sie erklären die Berufung und Revision gegen zweite Versäumnisurteile auch ohne Erreichen der Erwachsenheitssumme für zulässig. Die Berufung gegen erstinstanzliche Amts- und Landgerichtsurteile ist daher analog § 513 Abs. 2 ZPO[2] und die Revision gegen zweitinstanzliche Urteile des Oberlandesgerichts analog § 566 in Verbindung mit § 513 Abs. 2 ZPO auch dann zulässig, wenn die Urteile Art. 103 Abs. 1 GG verletzen, aber die Erwachsenheitssumme nicht erreicht ist.

2. Außerordentliche Anfechtung von Beschlüssen

Bei den urteilsersetzenden Beschlüssen hängt die ordentliche Zulässigkeit der (sofortigen) Beschwerde teilweise wie bei den Urteilen davon ab, daß die Erwachsenheitssumme erreicht ist (z.B. § 341 Abs. 1, Abs. 2 S. 1, § 922

---

2 Entscheidungen für eine Analogie im schriftlichen Verfahren siehe § 2 Fn. 3 und BVerfG Beschluß vom 2.3.1982 (BVerfGE 60, S. 96 ff. = NJW 1982, S. 1454); im Anschluß daran Beschluß vom 7.7.1982 (BVerfGE 61, S. 78 ff. = NJW 1982, S. 2368); vom 8.1.1985 (BVerfGE 68, S. 376 ff.); Beschluß vom 14.6.1983 (BVerfGE 64, S. 203 ff.). Zur Meinung in der Literatur siehe § 3 Fn. 39.

Für eine Analogie darüberhinaus siehe Rechtsprechung in § 3 Fn. 6, 7 und Literatur in Fn. 38.

Abs. 1, § 519 b Abs. 2 ZPO)[3]. Auch in diesen Fällen wird das Fehlen der Erwachsenheitssumme analog den obigen Vorschriften überwunden.

Bei anderen Beschlüssen, die nicht in materieller Rechtskraft erwachsen, bedarf es keiner außerordentlichen Anfechtung, da bei ihnen Fehler bereits aufgrund neuer Anträge oder von Gegenvorstellungen korrigiert werden können.

II. Außerordentliche Anfechtung bei gesetzlichem Ausschluß der Anfechtung

Wenn das Gesetz die Anfechtung einer Entscheidung ausschließt, stellt sich die Frage, ob gegen die in der Entscheidung enthaltene Verletzung von Art. 103 Abs. 1 GG Rechtsschutz zu ermöglichen ist, indem die außerordentliche Anfechtung gegen den Beschluß zugelassen wird, oder ob die Grundrechtsverletzung auf anderweitige Art und Weise beseitigt werden kann. Dabei sind Entscheidungen, die ein Verfahren beenden (a), von (Zwischen-)Entscheidungen zu unterscheiden, die einer Endentscheidung vorgehen und diese mitbestimmen (b). Denn bei ersteren stellt sich die Frage, ob lediglich eine außerordentliche Anfechtung den erforderlichen Rechtsschutz gewährt, oder ob der Beschluß auch anderweitig abänderbar ist. Bei letzteren stellt sich die Frage, ob eine außerordentliche Anfechtung zuzulassen ist oder lediglich die Bindungswirkung für die Endentscheidung und gegebenfalls die übergeordneten Instanzen entfällt.

1. Verfahrensbeendende Entscheidungen

In einigen Fällen schließt das Gesetz die Überprüfung von verfahrensbeendenden Entscheidungen durch die bestehende übergeordnete Instanz aus (so z.B. §§ 545 Abs. 2 S. 1, 567 Abs. 2, 567 Abs. 3, 568 Abs. 2 ZPO).

a) Ausschluß der Anfechtung wegen Abänderbarkeit in derselben Instanz

Dieser Ausschluß der Anfechtung hat z.T. seinen Grund darin, daß das Gesetz ausdrücklich die Abänderung der Entscheidung durch dieselbe Instanz vorsieht oder von der Abänderbarkeit der Entscheidung ausgeht (z.B. §§ 707 Abs. 2, 769 ZPO). In diesen Fällen bedarf es keiner außerordentlichen

---

3 So auch LG Zweibrücken Beschluß vom 30.1.1980 (MDR 1980, S. 675).

Überprüfung, um Rechtsschutz gegen die Grundrechtsverletzung zu gewähren. Denn die Instanz, die die Entscheidung erlassen hat, kann Rechtsschutz leisten, indem sie Gehör gewährt und die fehlerhafte Entscheidung aufhebt. Der gesetzliche Ausschluß der Anfechtung besagt damit lediglich, daß nicht die übergeordnete Instanz den Rechtsschutz gewähren soll.

b) Ausschluß der Anfechtung zur Entlastung der nächsten Instanz

In den Fällen, in denen die Abänderbarkeit von Beschlüssen ausgeschlossen ist, um die nächste Instanz zu entlasten, ist die Beschwerde mit der Behauptung zulässig, daß das vorinstanzliche Verfahren Art. 103 Abs. 1 GG verletze und der Beschluß darauf beruhe, sofern eine Instanz vorhandenen ist. Dabei richtet sich die Beschwerde nach der Ausgestaltung derjenigen Beschwerde, die das Gesetz gegen den Beschluß ausschließt. Als Beispiel wäre hier eine sofortige Beschwerde nach § 568 Abs. 2 ZPO zu nennen[4].

2. *Zwischenentscheidungen*

Bei Zwischenentscheidungen, die auf einer Verletzung von Art. 103 Abs. 1 GG beruhen, stellt sich die Frage, ob die jeweilige Entscheidung der außerordentlichen Anfechtung unterliegt oder die Bindungswirkung gegenüber der Endentscheidung oder übergeordneten Instanzen entfällt (z.B. Beschlüsse nach § 281 Abs. 2 S. 1 oder§ 46 Abs. 2 ZPO).

Die Lösung richtet sich danach, daß diejenige Verfahrensregelung zu wählen ist, die auf dem einfachsten Weg Rechtsschutz gegen die Grundrechtsverletzung gewährt[5]. Dies wird an zwei Beispielen verdeutlicht:

a) Entfallen der Bindungswirkung

So genügt es bei Verweisungsbeschlüssen nach § 281 Abs. 1 ZPO, daß aufgrund einer teleologischen Reduktion des § 281 Abs. 2 ZPO die Bindungswirkung entfällt[6]. Das Gericht, an das der Rechtsstreit fehlerhaft verwiesen wird, kann Rechtsschutz gegen die Entscheidung gewähren. Eine

---

4 Herrschende Meinung, siehe § 3 Fn. 120, 129.

5 Vergleiche dazu die Ausführung zu § 5 II 5.

6 Herrschende Meinung; vgl. § 3 Fn. 87 ff., 95 ff.

außerordentliche Anfechtung ist nicht erforderlich, damit die Entscheidung überprüft wird.

b) Außerordentliche Anfechtung

Anders liegt es zum Beispiel bei Beschlüssen nach § 46 Abs. 2 ZPO. Hier ist es erforderlich, eine außerordentliche Anfechtung zuzulassen[7]. Denn die Entscheidung über die Ablehnung wird nicht nochmals im Zuge des Verfahrens durch das Gericht überprüft. Um die notwendige Überprüfung und damit den Rechtsschutz herbeizuführen, bedarf es der Anfechtung.

III. Außerordentliche Überprüfung bei Entscheidungen der letzten Instanz

1. Letztinstanzliche Urteile

Gegen letztinstanzliche Urteile stellt das Gesetz das Verfahren der Wiederaufnahme zur Verfügung, um außerordentlichen Rechtsschutz zu ermöglichen, wenn Fehler einer besonderen Qualität vorliegen. Für den Fehler der Verletzung des Rechts auf Gehör bietet sich eine Analogie zu der Wiederaufnahme nach § 579 Abs. 1 Nr. 4 ZPO an. Daher ist gegen letztinstanzliche Urteile, die auf einer Verletzung des Rechts auf richterliches Gehör beruhen, die Wiederaufnahmeklage nach § 579 Abs. 1 Nr. 4 ZPO zulässig[8].

2. Letztinstanzliche unabänderliche Beschlüsse

Wenn eine Beschwerdeinstanz nicht zur Verfügung steht und der Beschluß nach allgemeinen Regeln nicht in derselben Instanz überprüfbar und abänderbar ist, dann stellt sich die Frage, ob eine solche Überprüfung in derselben Instanz *außerordentlich* zulässig ist. Wie dargestellt[9] läßt hier die überwiegende Ansicht eine außerordentliche Gegenvorstellung zu.

---

7 So auch OLG Frankfurt Beschluß vom 9.5.1979 (MDR 1979, S. 940 f.).

8 So auch *Braun*, NJW 1981, S. 428 und 1196; NJW 1983, S. 348 f. und 1404 ff.; *Waldner*, Gehör, S. 297, allerdings nicht nur bei letztinstanzlichen Urteilen.

9 Siehe § 3 Fn. 101, 111 ff.

Nun kennt das Gesetz bei Beschlüssen, die der sofortigen Beschwerde unterliegen, die Wiederaufnahmebeschwerde, sofern Wiederaufnahmegründe vorliegen (§ 577 Abs. 2 S. 3 ZPO). Es stellt sich also die Frage, ob das Gesetz vorsieht, daß - anstelle der außerordentlichen Gegenvorstellung - die Wiederaufnahmebeschwerde den erforderlichen Rechtsschutz gegen die Verletzung von Art. 103 Abs. 1 ZPO gewährt. Hier haben aber frühere Überlegungen[10] gezeigt, daß das Wiederaufnahmeverfahren nur dann anzuwenden ist, wenn keine anderweitige, effektivere Rechtsschutzmöglichkeit besteht. Außerordentliche Gegenvorstellung und Wiederaufnahmeklage sind beide außerordentliche Rechtsschutzmittel. Die Wiederaufnahmeklage ist folglich gleichrangig mit der außerordentlichen Gegenvorstellung. Die Wiederaufnahmebeschwerde geht nicht der außerordentlichen Gegenvorstellung als das ordentliche Rechtsmittel vor. Daher ist mit der herrschenden Meinung bei letztinstanzlichen Beschlüssen, die auf einer Verletzung von Art. 103 Abs. 1 GG beruhen, Rechtsschutz durch Zulassung der außerordentlichen Gegenvorstellung zu gewähren[11].

IV. Auslegung von weiteren Vorschriften

Außerdem ist darauf hinzuweisen, daß man Rechtsschutz auch dadurch gewähren kann, daß man bereits die Verfahrensvorschriften, die die Möglichkeit der Anfechtung nicht direkt betreffen, so auslegt, daß eine Anfechtung ermöglicht wird. Kann z.B. eine Entscheidung in der Form des technisch zweiten Versäumnisurteils oder in einer anderen Form ergehen, so hat man die Form des technisch zweiten Versäumnisurteils zu wählen, da man dieses unabhängig von einer bestimmten Beschwer mit Einspruch anfechten kann[12].

---

10 Siehe § 5 II 4.

11 Anders für den Fall, daß die gesetzlichen Wiederaufnahmegründe vorliegen, *Schumann*, FS Baumgärtel, S. 497, der diese Frage allerdings nicht für die Verletzung von Art. 103 Abs. 1 GG erörtert.

12 So auch *Schumann*, Bundesverfassungsgericht, S. 75; FS Baumgärtel, S. 498 in analoger Anwendung der §§ 33 a, 311 a StPO bei Vorliegen einer Rechtsschutzlücke. *Schumann* sieht allerdings die Verletzung von Art. 103 Abs. 1 GG als Wiederaufnahmegrund an. Siehe auch die in § 3 Fn. 101, 111 ff. angeführte Meinung.

V. Außerordentlicher Rechtsschutz gegen Entscheidungen bei Verletzung von anderen Grundrechten

Außerdem ist die These aufzustellen, daß die Zivilgerichtsbarkeit auch bei Verletzung von anderen Grundrechten als Art. 103 Abs. 1 GG den außerordentlichen Rechtsschutz zu gewähren hat.

Die Untersuchung ging von der Frage aus, ob die Zivilgerichtsbarkeit Rechtsschutz gewähren muß, wenn gerichtliche Entscheidungen das Recht auf Gehör nach Art. 103 Abs. 1 GG einer Partei verletzen. Die Analyse der zivilgerichtlichen Entscheidungen zur außerordentlichen Anfechtung von gerichtlichen Entscheidungen unter dem Stichwort "greifbare Gesetzeswidrigkeit" ergab dabei, daß nur die besondere Qualität des der Entscheidung zugrunde liegenden Fehlers die außerordentliche Überprüfung der Entscheidung rechtfertigen kann. Es zeigte sich, daß zumindest bei Grundrechtsverletzungen eine solche besondere Qualität vorlag. Die Untersuchung, welche Gerichtsbarkeit für den Rechtsschutz gegen grundrechtsverletzende Entscheidungen der Fachgerichtsbarkeit zuständig ist, ergab, daß zunächst die Fachgerichtsbarkeit Rechtsschutz gegen Grundrechtsrechtsverletzungen durch gerichtliche Entscheidungen zu gewähren hat, die Verfassungsgerichtsbarkeit dagegen nur subsidiär subjektiven Grundrechtsschutz leistet.

Die Untersuchung der Entscheidungen der Rechtsprechung rechtfertigt noch nicht den Schluß, daß die Fachgerichtsbarkeit auch gegen gerichtliche Entscheidungen, die gegen andere Grundrechte als Art. 103 Abs. 1 GG verstoßen, Rechtsschutz zu leisten hat. Denn es fehlte an einer Untersuchung der sachlichen Verbindung zwischen Fehler und Anfechtbarkeit, die lediglich für Art. 103 Abs. 1 GG erfolgte. Aber die aufgrund der Untersuchung der Rechtsprechung gewonnene Feststellung, daß ein Grundrechtsverstoß eine besondere Fehlerqualität habe und daher die außerordentliche Anfechtung begründe, wird durch die verfassungsprozessuale Untersuchung gestützt.

Daher ist der Schluß zu ziehen, daß nicht nur die Verletzung von Art. 103 Abs. 1 GG, sondern die Verletzung jedes Grundrechts die unter I. - V. dargestellte außerordentliche Überprüfung einer gerichtlichen Entscheidung rechtfertigt und verlangt.

Literatur

Amelung, Knut: Rechtsschutz gegen strafprozessuale Grundrechtseingriffe. 1976, 151 S. (zit. Rechtsschutz).

Arndt, Adolf: Anmerkung zu BVerfG Beschluß vom 7.3.1968, NJW 1969, S. 982-983.

von Bally, Karl-Michael: Verfassungsbeschwerde und Annahmeverfahren unter Berücksichtigung der Verfassungsbeschwerde in dem GG. Diss. 1972, 164 S. (zit. Diss.).

Baumgärtel, Gottfried: Die Grenzen für eine Zulassung der Gegenvorstellung gegen eine letztinstanzliche Beschwerdeentscheidung. MDR 1968, S. 970-973.

Bauer, Horst: Gerichtsschutz als Verfahrensgarantie. Zur Auslegung des Art. 19 Abs. 4 GG. Diss. Berlin 1973, 199 S. (zit. Diss.).

Bauer, Manfred: Die Gegenvorstellung im Zivilprozess. Schriften zum Prozessrecht. Bd 96, Diss. Regensburg 1990. 161 S. (zit. Gegenvorst.).

- Die Gegenvorstellung im Zivilprozeß in Analogie zu den §§ 33a, 311a StPO. NJW 1991, S. 1711-1716.

Baur, Fritz: Der Anspruch auf rechtliches Gehör. AcP Bd. 153 (1954), S. 393-412.

- Freiwillige Gerichtsbarkeit. 1. Buch. Allgemeines Verfahrensrecht. 1955, 413 S.

Beeser, J.: Anm. zum BVerfG Beschluß v. 13.6.1958. DÖV 1958, S. 779-780.

Benda, Ernst: Aktuelle Probleme der Praxis des Bundesverfassungsgerichts. NJW 1980, S. 2097-2103.

Benda/Klein: Lehrbuch des Verfassungsprozeßrechts. 1991, 553 S. (zit. VerfProzR).

Benda/Weber: Der Einfluß der Verfassung im Prozeßrecht. Effektivität des Rechtsschutzes und verfassungsmäßige Ordnung. Gilles (Hrsg.), Die deutschen Landesberichte zum VII. Internationalen Kongress für Prozeßrecht in Würzburg. 1983, S. 1-24 (zit. Landesberichte).

Bender, Michael: Rügepflicht bei Verfassungsverstößen vor den Fachgerichten. AöR Bd. 112 (1987), S. 169-188 (zit. Rügepflicht).

- Die Befugnis des Bundesverfassungsgerichts zur Prüfung gerichtlicher Entscheidungen - Zur Bedeutung der Grundrechte für die Rechtsanwendung. Diss. Freiburg 1991, 446 S. (zit. Prüfung).

Bergerfurth, Bruno: Das Versäumnisurteil im schriftlichen Verfahren. JZ 1978, S. 298-300.

Berkemann, Jörg: Zielkonflikte bei der Änderung des Rechts der Verfassungsbeschwerde - Eine Erwiderung. JR 1980, S. 268-272.

Bettermann, Karl August: Der Schutz der Grundrechte in der ordentlichen Gerichtsbarkeit. Bettermann/Nipperdey/Scheuner (Hrsg), Die Grundrechte, Handbuch der Theorie und Praxis der Grundrechte. Bd. III 2, Rechtspflege und Grundrechtsschutz. Berlin 1959, S. 779-908.

- Anmerkung zum Beschluß des KG vom 18.3. 1977, ZZP Bd. 90 (1976), S. 419-422.

- Difformitätsprinzip und neuer Beschwerdegrund. ZZP 77 (1964), S. 3-54.

- Zur Verfassungsbeschwerde gegen Gesetze. AöR Bd. 86, (1961), S. 129-186.

BL/Bearb.: Baumbach/Lauterbach/Albers/Hartmann, Zivilprozeßordnung. 50. Aufl. 1992.

Blomeyer, Arwed: Zivilprozeßrecht. Erkenntnisverfahren 2. Auflage 1985, S. 826 S. (zit. ZPR).

Bogs, Harald: Die verfassungskonforme Auslegung von Gesetzen. Diss. Heidelberg, 1966, 164 S. (zit. Auslegung).

Bonner Kommentar, Klaus Stern: Kommentar zum Bonner Grundgesetz, Art. 92. Zweitbearbeitung 1982; Art. 94 Zweitbearbeitung 1965 (zit. BK/Bearb.).

Braun, Johann: Rechtskraft und Restitution. Teil 1. Der Grundlagen des geltenden Restitutionsrechts. 1985, 496 S. (zit. § 826 BGB).

- Verletzung des Rechts auf Gehör und Urteilskorrektur im Zivilprozess. NJW 1981, S. 425-428; 1196-1197.

- Anhörungsrüge oder Wiederaufnahmeklage. NJW 1983, S. 1403-1406; NJW 1984, S 348-349.

Brehm, Wolfgang: Freiwillige Gerichtsbarkeit. 1988, 325 S. (zit. FGG).

Brüggemann, Dieter: Rechtliches Gehör im Zivilprozess. JR 1969, S. 361-370.

Bruns/Peters: Zwangsvollstreckungsrecht. 3. Auflage, 1987, 353 S. (zit. ZwV).

Bryde, Brun-Otto: Verfassungsentwicklung, Stabilität und Dynamik im Verfassungsrecht in der Bundesrepublik Deutschland. 1982 (zit. Diss.).

Büttner, Helmut: Unbegriffe-unbegreifliche "greifbare Gesetzeswidrigkeit". FamRZ 1989, S. 129-131.

Bydlinski, Franz: Juristische Methodenlehre und Rechtsbegriff 1982 (2. unveränderte Aufl. 1991), 647 S. (zit. Methodenlehre).

Canaris, Claus W.: Die Feststellung von Lücken im Gesetz. 1984, 219 S. (zit. Lücken).

Deubner, Karl G.: Die Verfassungsbeschwerde wegen Verletzung des Anspruchs auf rechtliches Gehör als Rechtsbehelf im Zivilprozess. NJW 1980, S. 263-267.

Dörr, Dieter: Die Verfassungsbeschwerde in der Gerichtspraxis. 1990. 184 S. (zit. VerfBschw).

Dürig, Günter: Zum "Lüth-Urteil" des Bundesverfassungsgerichts vom 15.1. 1958. DÖV 1958, S. 194-196.

Eyermann/Fröhler: Kommentar zur Verwaltungsgerichtsordnung. 9. Auflage 1988 (zit. VWGO).

Faller, Hans Joachim: Die Rechtsprechung des Bundesverfassungsgerichts auf Grund des § 91a BVerfG. JZ 1959, S. 663-665.

Faller/Kirchhof/Träger (Hrsg.): FS Willi Geiger. Verantwortlichkeit und Freiheit - Die Verfassung als wertbestimmende Ordnung. 1974, S. 741-761.

Fenn, Herbert: Anm. zum Beschluß des OLG Stuttgart vom 25.10. 1965, ZZP Bd. 79 (1966), S. 305-315.

Fikentscher, Wolfgang: Methoden des Rechts. Bd. III, 1976, 792 S. (zit. Methoden).

Flieger, Hans: Zur Schlüssigkeitsprüfung bei § 345 ZPO. MDR 1978, S. 375-376.

Fritz, Roland: Die Novellierung des Verfassungsbeschwerdeverfahrens. AnwBl. 1986, S. 357-363.

Fröhlinger, Margot: Die Erledigung der Verfassungsbeschwerde: Zugleich ein Beitrag zum Verhältnis des Verfassungsprozeßrechts zum sonstigen Prozeßrecht. 1982, 275 S. (zit. Erledigung).

Fromme, Karl Friedrich: Ablehnung von Richtern im Kammer-Verfahren.

Frowein, Jochen A.: 25 Jahre Bundesverfassungsgericht. DÖV 1976, S. 685-691.

Gaul, Hans-Friedhelm: Die Grundlagen des Wiederaufnahmerechts und die Ausdehnung der Wiederaufnahmegründe. 1956. 227 S. (zit. Wiederaufnahme).

- Der Widerruf der Rechtsmittelrücknahme nach rechtskräftigem Verfahrensabschluß unter Berücksichtigung des gleichen Problems beim Rechtsmittelverzicht. ZZP Bd. 74 (1961), S. 49-79.

Geiger, Willi: Zur Reform des Bundesverfassungsgerichtsgesetzes. Maunz (Hrsg.), Vom Bonner Grundgesetz zur gesamtdeutschen Verfassung. Festschrift für Hans Nawiasky. 1956, S. 211-236.

- Vierzig Jahre Bundesverfassungsgerichtsbarkeit in der Bundesrepublik Deutschland. DRiZ 1991, S. 357-363.

Gerhardt, Walter: Bundesverfassungsgericht, Grundgesetz und Zivilprozeß. ZZP Bd. 95 (1982), S. 464-494.

Grundmann, Werner: Zu den besonderen Prozeßvoraussetzungen im Verfassungsbeschwerdeverfahren. DÖV 1966, S. 748-750.

- Zum Verhältnis von § 91a zu § 24 BVerfGG. DÖV 1958, S. 170-172.

- Aktuelle Fragen zu § 93a BVerfGG. DÖV 1965, S. 184-185.

- Die neue Verfassungsbeschwerde. DÖV 1963, S. 754-758.

Gusy, Christoph: Die Verfassungsbeschwerde. Voraussetzungen und Verfahren. Heidelberg 1988, 212 S. (zit. VerfBschw).

Haag, Theodor August: "Effektiver Rechtsschutz" grundrechtlicher Anspruch oder Leerformel. Diss. Konstanz, 1985, 179 S. (zit. Diss.).

Habscheid, Walther J.: Freiwillige Gerichtsbarkeit. 7. Auflage 1983. S. 536 (zit. FGG).

Häberle, Peter: Grundprobleme der Verfassungsgerichtsbarkeit. Häberle (Hrsg.), Verfassungsgerichtsbarkeit. 1976, S. 1-45 (zit. VerfG).

Henckel, Wolfram: Sanktionen bei Verletzung des Anspruchs auf rechtliches Gehör. ZZP 77 (1964), S. 321-349.

Henschel, Johann: Rechtswegserschöpfung im Verfahren der Verfassungsbeschwerde. Zeidler, Maunz, Roellecke, (Hrsg.), FS Hans Joachim Faller. 1984, S. 165-172.

Hesse, Konrad: Grundzüge des Verfassungsrechts der Bundesrepublik Deutschland. 18 Aufl. 1991, 319 S. (zit. VerfR).

Heüveldop, Bettina: Verfassungsrechtliche Anforderungen an das Besetzungsverfahren für Kammern des Bundesverfassungsgerichts. NJW 1990, S. 28-29.

Heyde, Wolfgang: Das Bundesverfassungsgerichtsgesetz in der Bewährung - Änderungen, Änderungsvorschläge. Grewe/Rupp/Schneider (Hrsg.), Europäische Gerichtsbarkeit und materielle Verfassungsgerichtsbarkeit. FS Kutscher. 1981, S. 233-246.

Hoffmann, Hasso: Anm. zum Beschluß des BVerfG vom 24.2. 1965. NJW 1966 S. 875-876.

Hoyer, Christian: Das technisch 2. Versäumnisurteil. 1980, 186 S.

Huber, Hans: Die Verfassungsbeschwerde, vergleichende und kritische Betrachtung. 1954, 25 S. (zit. VerfBschw).

Hübsch, Herbert: Wird die Rüge der Verletzung des rechtlichen Gehörs im Zivilprozess neu geregelt? DRiZ 1980, S. 140-141.

Jacobsen/Keim/Wass: Systemwidrige Schlüssigkeitsprüfung bei § 345 ZPO. MDR 1977, S. 631-633.

Jagusch: Heinrich: Weitere Fragen zum rechtlichen Gehör im Strafverfahren. NJW 1962, S. 1645-1649.

Jauernig, Otmar: Zivilprozeßrecht. 23. Auflage 1991. 333 S. (zit. ZPR).

Kahlke, Gerhard: Zulassung der Berufung wegen Verletzung des rechtlichen Gehörs. NJW 1985, S. 2231-2235.

Klein, Eckart: Subsidiarität der Verfassungsgerichtsbarkeit und der Verfassungsbeschwerde. Fürst/Herzog/Umbach (Hrsg.), FS für Wolfgang Zeidler, Bd. 2, 1987, S. 1305-1323.

Klein, Franz: Die Dritte Novelle zum Bundesverfassungsgerichtsgesetz vom 3. August 1963 (BGBl. I, S. 589). DVBl. 1964, S. 89-92.

Kniestedt/Röhl: Kann eine wegen Verletzung des Art. 103 GG offensichtlich begründete Verfassungsbeschwerde nach § 91a BVerfGG verworfen werden? NJW 1959, S. 2052-2054.

- Zur Auslegung der §§ 91 a Abs. 3, 24 Satz 2 BVerfGG. NJW 1961, S. 60-62.

Kopp, Ferdinand O.: Das Rechtliche Gehör in der Rechtsprechung des Bundesverfassungsgerichts AöR Bd. 106 (1981), S. 604-623.

Kramer, Wolfgang: Die Säumnis im schriftlichen Verfahren. NJW 1978, S. 1411-1416.

Krauss, Friedrich: Der Umfang der Prüfung von Zivilurteilen durch das BVerfG. Diss Erlangen/Nürnberg 1987, 424 S.

Kromer, Michael: Objektive Willkür von Gerichtsentscheidungen - BVerfGE 57, 39 und 58, 163 JuS 1984, S. 601-605.

Künkel, Bernd: Die Anfechtbarkeit von Einstellungsentscheidungen nach §§ 707, 732 II, 769 ZPO. MDR 1989, S. 309-312.

Kutscher, Hans: Die Kompetenzen des Bundesverfassungsgerichts 1951-1969. Ritterspach, Geiger (Hrsg.), FS Gebhardt Müller. 1970, S. 161-184.

Larenz, Karl: Methodenlehre der Rechtswissenschaft. 6. Aufl. 1991, 490 S. (zit. Methodenlehre).

Laufer, Heinz: Verfassungsgerichtsbarkeit und Politischer Prozeß. 1968, 623 S.

Lechner, Hans: BVerfGG-Kommentar. 3. Auflage München 1973.

Lefringhausen, Ernst: Untersuchungen zur materiellen Abgrenzung der Rechtsprechung von der Verwaltung. Diss. Bonn, 1961.

Leibold, Jürgen: Die Eingliederung der Verfassungsbeschwerde in die rechtsprechende Gewalt und die Erschöpfung des Rechtswegs. Diss. Heidelberg 1972, 125 S. (zit. Diss.).

Leibholz/Rinck/Hesselberger: Grundgesetz für die Bundesrepublik Deutschland. Kommentar an Hand der Rechtsprechung des Bundesverfassungsgerichts. 6. Auflage Bd. II 1975, 1989 (zit. GG).

Leibholz/Rupprecht: Kommentar zum Bundesverfassungsgerichtsgesetz. 1968. Nachtrag 1971 (zit. BVerfGG).

Lerche, Peter: Zum "Anspruch auf rechtliches Gehör". ZZP Bd. 78 (1965), S. 1-31.

- Aspekte verfassungsgerichtlicher Subsidiarität in Deutschland und Österreich. Wilke (Hrsg.), FS zum 125jährigen Bestehen der juristischen Gesellschaft zu Berlin, 1984, S. 369-380.

Lisken, Hans: Anstelle einer "Anhörungsrüge", DRiZ 1981, S. 139-140.

Löw: Dauerproblem Verfassungsbeschwerde. DVBl. 1973, S. 941-944.

Lorenz, Dieter: Der Rechtsschutz des Bürgers und die Rechtsweggarantie. 1973, 312 S. (zit. Rechtsschutz).

- Der grundrechtliche Anspruch auf effektiven Rechtsschutz. AöR Bd. 105 (1980), S. 623-649.

Mahrenholz, Ernst: Kammerbeschlüsse - Nichtannahmegebühren - Neue Institute im Verfassungsbeschwerdeverfahren. Fürst, Herzog, Umbach, Gottfried (Hrsg.), FS Wolfgang Zeidler. Bd. 1, 1987, S. 1361-1377.

Maisch: Besondere Zulassung für die Verfassungsbeschwerde nach Erschöpfung des Rechtswegs. NJW 1959, 1619-1620.

Marcic, René: Verfassung und Verfassungsgericht. 1963, 212 S. (zit. Verf.).

Mauder, Johannes: Der Anspruch auf rechtliches Gehör, seine Stellung im System der Grundrechte und seine Auswirkungen auf die Abgrenzungsproblematik zwischen Verfassungs- und Fachgerichtsbarkeit. 1986, 76 S.

Maunz/Bearb.: Bundesverfassungsgerichtsgesetz. Loseblatt-Kommentar. Stand 1.4.1989 (zit. GG).

Maurer, Hartmut: Allgemeines Verwaltungsrecht. 7. Aufl. 1990, 713 S. (zit. VwR).

Mercker, Reinhold: Die Novelle zum Bundesverfassungsgerichtsgesetz. JR 1956, S. 321-325.

Mes, Peter: Der Rechtsschutzanspruch. 1970, 151 S. (zit. Diss.).

Meyer, Karlheinz: Notwendigkeit und Grenzen der Heilung von Grundrechtsverletzungen durch die Strafgerichte. Gössel, Kauffmann (Hrsg.), FS Theodor Kleinknecht. 1985, S. 267-286.

Motzner, Stephan: Der Grundsatz der Subsidiarität der Verfassungsbeschwerde nach § 90 BVerfGG. Diss. Münster, 1979. 187 S.

von Münch/Bearb.: Grundgesetz-Kommentar Bd. 3. 2. Auflage 1983 (zit. GG).

Mußgnug, Reinhard: Nichtannahme einer Verfassungsbeschwerde wegen Fehlens eines "schweren Nachteils". NJW 1978, S. 1358-1359.

Ossenbühl, Fritz: Verfassungsgerichtsbarkeit und Fachgerichtsbarkeit - Gedanken zur Wahrung der Verfahrensgrundrechte. Stödter und Thieme (Hrsg.), Hamburg, Deutschland, Europa. Beiträge zum deutschen und europäischen Verfassungs-, Verwaltungs- und Wirtschaftsrecht. FS Heinz Peter Ipsen zum 70 Geburtstag. 1977. S. 129-141.

Ostendorf, Heribert: Die Erledigung der Hauptsache im Zivilprozeß. DRiZ 1973, S. 387-389.

Patsch, Karl-Josef: Diskussionsbeitrag. Frowein/Meyer/Schneider (Hrsg.), Bundesverfassungsgericht im dritten Jahrzehnt. Symposium zu Ehren von Ernst Friesenhahn. 1973, 87 S.

Pawlowski, Hans-Martin: Methodenlehre für Juristen. 2. Aufl. 1991, 451 S. Methodenlehre).

Pestalozza, Christian: Verfassungsprozeßrecht. 3. Aufl. 1991. 743 S.

Peters, Egbert: Anm. zu BGH Beschluß vom 16.4.1986. JZ 1986, S. 859-860.

- Materielle Rechtskraft der Entscheidungen im Vollstreckungsverfahren. ZZP Bd. 90 (1977), S. 145-156.

Peters, Karl: Änderung des Rechts der Verfassungsbeschwerde. JR 1980, S. 265-268.

- Die Verfassungsbeschwerde in der amtlichen Sammlung des Bundesverfassungsgerichts (Bände 1 bis 40). MDR 1976, S. 447-452.

Pohle, Rudolf: Verfassungsbeschwerde und Zivilprozeß in Bayern. FS Leo Rosenberg, 1949, S. 145-198.

Prütting: Anm zu BAG Urteil vom 1.12.1970. JuS 1975 S. 150-155.

Quack, Karlheinz: Zur Zulässigkeit der Rechtsbeschwerde gegen Beschlüsse der Oberlandesgerichte in kartellverwaltungsrechtlichen Streitigkeiten. Gamm, Raisch, Freidemann (Hrsg.), Strafrecht, Unternehmensrecht, Anwaltsrecht. FS Gerd Pfeiffer. 1988, S. 741-750.

Ratte, Theo: Wiederholung der Beschwerde und Wiederholung der Gegenvorstellung. Diss. Bochum, 1975, 128 S.

Ridder, Helmut: Operation Verfassungsbeschwerde. NJW 1972, S. 1689-1691.

Rinck, Hans-Justus: Die Vorprüfung der Verfassungsbeschwerde. Ein Beitrag zur Interpretation des § 91 a BVerfGG. NJW 1959, 169 173.

Ritterspach, Theo: Unvorgreifliche Gedanken zu Reformen im verfassungsgerichtlichen Verfahren. Avenarius, Engelhardt (Hrsg.), FS Erwin Stein. 1983, S. 285-300.

Röhl, Hellmut: Zwischenbilanz der Verfassungsbeschwerde. JZ 1957, S. 105-108.

Roellecke, Gerd: Verfassungsgerichtsbarkeit, Gesetzgebung und politische Führung. Schäfer/Roellecke (Hrsg.), Verfassungsgerichtsbarkeit, Gesetzgebung und politische Führung. 1980, S. 24-42.

Rosenberg/Schwab: Zivilprozeßrecht. 14. Aufl. 1986 (zit. ZPR).

Rüping, Hinrich: Verfassungs- und Verfahrensrecht im Grundsatz des rechtlichen Gehörs. NVwZ 1985, S. 304-309.

Rupp, Hans: Die Verfassungsbeschwerde im Rechtsmittelsystem. ZZP 82 (1969), S. 1-24.

Rupprecht, Reinhard: Vorprüfung der Verfassungsbeschwerde in JZ 1970, S. 207-212

Säcker, Horst: Verfassungsgerichtsbarkeit in Herrenchiemsee. Fürst, Herzog, Umbach (Hrsg.), FS Wolfgang Zeidler, Bd. 1. 1987, S. 265-279.

Sailer: Verfassungsbeschwerde im Zwielicht. ZRP 1977, S. 303-310.

Schenke, Wolf-Rüdiger: Die Subsidiarität der Verfassungsbeschwerde gegen Gesetze. NJW 1986, S. 1451-1461.

Scherzberg, Arno: Grundrechtsschutz und "Eingriffsintensität": das Ausmass individueller Grundrechtsbetroffenheit als materiellrechtliche und kompentielle Determinante der verfassungsgerichtlichen Kontrolle der Fachgerichtsbarkeit im Rahmen der Urteilsverfassungsbeschwerde. Diss. Münster, 1989, 315 S. (zit. Diss.).

Schätzler, J.-G.: Anm. zu BVerfG Beschluß vom 25.10.1956 NJW 1957, S. 947-948.

Scherer, Gisela: Die Verfassungsbeschwerde in ihrer Bedeutung für den gerichtlichen Rechtsschutz gegen Grundrechtsverletzungen durch die öffentliche Gewalt. Diss. Freiburg. 1959 (zit. Diss.).

Schlaich, Klaus: Das Bundesverfassungsgericht: Stellung, Verfahren, Entscheidungen. 2. Auflage 1991, 292 S. (zit. BVerfG).

- Das Bundesverfassungsgericht - Stellung, Verfahren, Entscheidung. JuS 1982, S. 41-45.

Schlink, Bernhard: Zugangshürden im Verfassungsbeschwerdeverfahren. NJW 1984, S. 89-94.

- Die dritte Abhörentscheidung des Bundesverfassungsgerichts. NJW 1989, S. 11-16.

Schlitzberger, Egbert: Einstweilige Anordnungen des Bundesverfassungsgerichts im Einzelinteresse. JR 1965, S. 404-407.

Schmidt, Holger: Die Gegenvorstellung im Erkenntnis- und Summarischen Verfahren der ZPO. Diss. Bonn 1971 (zit. Diss.).

Schneider, Egon: Problemfälle aus der Prozeßpraxis - Zulässigkeit und Begründetheit bei der Einstellungsbeschwerde. MDR 1985, S. 547-550.

- Beschwerderecht und Bindungswirkung bei wegen Gehörsverletzung fehlerhaften Verweisungsbeschlüssen. DRiZ 1983, S. 24-27.

- Die Rechtsmittelfähigkeit von Einstellungsbeschlüssen nach §§ 707, 719, 769 ZPO, MDR 1980, S. 529-532.

- Verletzung des Rechts auf Gehör und Urteilskorrektur im Zivilprozess. NJW 1981, S. 1196.

Schneider, Rudolf: Anm. zu OLG Karlsruhe Beschluß vom 11.4. 1986. MDR 1987, S. 64-65.

- Das Rechtsschutzbedürfnis im Verfahren der Verfassungsbeschwerde. ZZP Bd. 79 (1966), S. 1-78.

Schultz, Günther: Blick in die Zeit. MDR 1957, S. 336-337.

Schumann, Ekkehard: Die Präklusion im Beschwerdeverfahren: Das Bundesverfassungsgericht als Bundesgerichtshof. NJW 1982, 1609-1616.

- Die Wahrung des Grundsatzes des rechtlichen Gehörs - Dauerauftrag für das BVerfG? NJW 1985, S. 1134-1140 .

- Bundesverfassungsgericht, Grundgesetz und Zivilprozeß. 1983, 132 S. (zit. BundesverfG).

- Verfassungs- und Menschenrechtsbeschwerde gegen richterliche Entscheidungen. 1963, 380 S. (zit. VerfBschw).

- Der Einfluß der Rechtsprechung des Bundesverfassungsgerichts auf das Zivilprozeßrecht. MDR 1979. S. 617-623.

Schwab, Karl-Heinz: Probleme der Prozeßhandlungslehre. Prütting, (Hrsg.), FS Gottfried Baumgärtel zum 70. Geburtstag. 1990, S. 503-513.

Schwab, Karl-Heinz/*Gottwald,* Peter: Verfassung und Zivilprozeß. 1984, 87 S. (zit. Verfassung).

Seetzen, Uwe: Anhörungsrüge kraft Verfassungsrechts NJW 1982, S. 2337-2344.

- Anhörungsrüge oder Wiederaufnahmeklage. NJW 1984, S. 347-348.

Seibert, Gerhard: Die Verfassungsbeschwerde in der Spruchpraxis des Bundesverfassungsgerichts. Vogel, Simon, Podlech (Hrsg.), Die Freiheit des Anderen. FS Martin Hirsch. 1981, S. 491-517.

Seidel: Die fehlerhafte Einzelrichterübertragung nach § 348 ZPO. ZZP 97 (1986), S. 64-90.

Seuffert, Walter: Zu Fragen der Verfassungsbeschwerde. AnwBl. 1968, S. 298-301.

Smid, Stefan: Rechtsprechung - Zur Unterscheidung von Rechtsfürsorge und Prozeß. Köln 1990, 668 S. (zit. Rechtspr.).

Stein/Jonas/Bearb.: Kommentar zur Zivilprozeßordnung 20. Aufl., 1. Bd. 1984. 2. Bd. Teilband 1. 1987, 2. Bd. Teilbd. 2, 1989, 3. Bd. 1977 (zit. ZPO).

Stern, Klaus: Das Staatsrecht der Bundesrepublik Deutschland. Bd. II, 1980 (zit. StaatsR).

Stürner, Rolf: Die Kontrolle zivilprozessualer Verfahrensfehler durch das Bundesverfassungsgericht. JZ 1986, S. 526-534.

Thomas/Putzo: Kommentar zur Zivilprozeßordnung. 17. Aufl. 1991 (zit. ZPO).

Ueberschaer: Bundesverfassungsgericht - Rechtsstaat - Justizstaat: Ein Beitrag zu der Frage der Suprematie des Bundesverfassungsgerichtes in der rechtsstaatlichen Ordnung des GG. Diss. Heidelberg 1962, 170 S. (zit. Diss.).

Ulsamer, Gerhard: Neue gesetzliche Regelungen zur Entlastung und Sicherung der Funktionsfähigkeit des Bundesverfassungsgerichts. EuGRZ 1986, S. 110-116.

Graf Vitzthum, Wolfgang: Das Vorprüfungsverfahren für Verfassungsbeschwerden. G. Püttner (Hrsg.), FS Otto Bachof 1984, S. 293-320.

Vollkommer, Max: Die Rechtsmittel zum US Supreme Court - Beispiele für eine Grundsatzrevision. JZ 1964, S. 152-163.

Waldner, Wolfram: Aktuelle Probleme des rechtlichen Gehörs im Zivilprozeß. 1983, 341 S. (zit. Diss.).

Wand/Schlink: Befugnisse der Gerichtsverwaltung und Aspekte der Vorprüfung im Verfassungsbeschwerdeverfahren. NJW 1984, S. 950 und S. 2195 -2197.

Wank, Rudi: Verfassungsgerichtliche Kontrolle der Gesetzesauslegung und Rechtsfortbildung durch Fachgerichte. JuS 1980, S. 545-553.

Weber, Hermann: Anmerkung zum BVerfG Beschluß vom 22.2. 1983 und 12.1.1983. JuS 1984, S. 57-58.

Weis, Hubert: Gegenvorstellung bei der Verletzung von Verfahrensgrundrechten. NJW 1987, S. 1314-1315.

Werner, Stefan: Strafprozessuale Gegenvorstellung und Rechtsmittelsystem. NJW 1991, S. 19-22.

Wimmer: Die Wahrung des Grundsatzes des rechtlichen Gehörs. DVBl. 1985, S. 773-780.

Wintrich, Joseph: Aufgaben, Wesen, Grenzen der Verfassungsgerichtsbarkeit. FS Nawiasky 1956. S. 191-210.

Wintrich/Lechner: Die Verfassungsgerichtsbarkeit. Bettermann/Nipperdey/Scheuner (Hrsg.), Die Grundrechte. Handbuch der Theorie und Praxis der Grundrechte. Bd. III 2, Rechtspflege und Grundrechtsschutz. 1959, S. 643-716.

Wöhrmann, Gotthard: Reformvorschläge zum Verfahren des Bundesverfassungsgerichts. Fürst/Herzog/Umbach (Hrsg.), FS Wolfgang Zeidler, Bd. 2. 1987, S. 1343-1360.

Zacher, Hans F: Die Selektion der Verfassungsbeschwerde. Chr. Starck, Bundesverfassungsgericht und Grundgesetz. Festgabe aus Anlaß des 25jährigen Bestehens des Bundesverfassungsgerichts. Bd. 1. 1976, S. 396-431.

Zeidler, Wolfgang: Die Verfassungsbeschwerde nach deutschen Recht. I. Maier (Hrsg.), Europäischer Menschenrechtsschutz, Schranken und Wirkungen. 1982, S. 341-357.

- Nachprüfung von Gesetzen im Rahmen der Verfassungsbeschwerde. DÖV 1954, S. 420-422.

Zeiss, Walther: Zivilprozeßrecht. 7. Aufl. 1989. 406 S. (zit. ZPO).

Zimmermann, Walther: Zivilprozeßordnung, Kommentar anhand der höchstrichterlichen Rechtsprechung. 1990 (zit. ZPO).

Zöller/Bearb.: Zivilprozeßordnung. Kommentar 17. Aufl. 1991 (zit. ZPO).

Zuck, Rüdiger: Das Recht der Verfassungsbeschwerde. 2. Aufl. 1988, 523 S. (zit. VerfBschw).

- Die Beseitigung groben prozessualen Unrechts. NJW 1982, S. 921- 927.

- Die Fünfte Novelle zum Bundesverfassungsgerichtsgesetz. NJW 1986, S. 968-971.

- Die Erledigung des Rechtsstreits im Verfassungsbeschwerdeverfahren. ZZP 78 (1965), S. 323-345 (zit. Erledigung).

- Die Beseitigung groben prozessualen Unrechts. NJW 1982, S. 1615-1619.

- Zur Reform des Verfahrens vor dem Bundesverfassungsgericht. ZRP 1973, S. 238-239.

- Die Stellung des Bundesverfassungsgerichts im Verfassungsgefüge. DVBl. 1979 S. 383-388.

Zweigert, Konrad: Die Verfassungsbeschwerde. JZ 1952, S. 321-328.

Schriften zum Öffentlichen Recht

638 **Das Recht auf freie Benutzung des Luftraums.** Von N. Lübben. 166 S. 1993 ⟨3-428-07757-1⟩ DM 82,– / öS 640,– / sFr 82,–

639 **Objektivierbarkeit des verfassungsrechtlichen Freiheitsbegriffs.** Von J. Yun. 260 S. 1993 ⟨3-428-07819-5⟩ DM 98,– / öS 765,– / sFr 98,–

640 **Politische Parteien und öffentliche Leistungen.** Von U. Volkmann. 358 S. 1993 ⟨3-428-07762-8⟩ DM 118,– / öS 921,– / sFr 118,–

641 **Staatshaftung im Polizeirecht.** Von C. Treffer. 140 S. 1993 ⟨3-428-07774-1⟩ DM 68,– / öS 531,– / sFr 68,–

642 **Rechte und Ziele.** Zur Dogmatik des allgemeinen Gleichheitssatzes. Von S. Huster. 513 S. 1993 ⟨3-428-07867-5⟩ DM 148,– / öS 1.155,– / sFr 148,–

643 **Verfassungsrechtliche Schutzgebote zum Wohl des Kindes und staatliche Interventionspflichten aus der Garantienorm des Art. 6 Abs. 2 Satz 2 GG.** Von B. Jeand'Heur. 331 S. 1993 ⟨3-428-07857-8⟩ DM 138,– / öS 1.077,– / sFr 138,–

644 **Rechtsprobleme des Schulfinanzierungsrechts** unter besonderer Berücksichtigung des interkommunalen Finanzausgleiches für Gastschüler (Gastschülerbeiträge) und staatlicher Zuschüsse (Lehrpersonalzuschüsse und Gastschülerzuschüsse) nach dem Bayerischen Schulfinanzierungsgesetz. Von D. Czybulka. 107 S. 1993 ⟨3-428-07889-6⟩ DM 38,– / öS 297,– / sFr 38,–

645 **Die sogenannte negative Seite der Freiheitsrechte.** Von J. Hellermann. 280 S. 1993 ⟨3-428-07956-6⟩ DM 98,– / öS 765,– / sFr 98,–

646 **Die Nachrichtendienste im Regelwerk der deutschen Sicherheitsverwaltung.** Legitimation, Organisation und Abgrenzungsfragen. Von C. Gröpl. 404 S. 1993 ⟨3-428-07971-X⟩ DM 88,– / öS 687,– / sFr 88,–

647 **Die Bodenkonfiskationen in der Sowjetischen Besatzungszone Deutschlands 1945 nach Wiederherstellung der gesamtdeutschen Rechtsordnung 1990.** Von G. Biehler. 261 S. 1994 ⟨3-428-07918-3⟩ DM 98,– / öS 765,– / sFr 98,–

648 **Die Eigentumsdogmatik des Grundgesetzes und das Recht des Denkmalschutzes.** Von H. Melchinger. 349 S. 1994 ⟨3-428-07929-9⟩ DM 98,– / öS 765,– / sFr 98,–

649 **Die Haftung des Staates für legislatives Unrecht.** Zugleich ein Beitrag zum Staatshaftungsrecht der Europäischen Gemeinschaften, der EG-Mitgliedstaaten, der Schweiz und Österreichs. Von R. Fetzer. 246 S. 1994 ⟨3-428-07901-9⟩ DM 98,– / öS 765,– / sFr 98,–

650 **Vorsorge und Verhältnismäßigkeit.** Die kriminalpräventive Informationserhebung im Polizeirecht. Von D. Neumann. 240 S. 1994 ⟨3-428-07966-3⟩ DM 86,– / öS 671,– / sFr 86,–

651 **Die Widmung als Schlüsselbegriff des Rechts der öffentlichen Sachen.** Zur Identität des Rechts der öffentlichen Sachen als Rechtsgebiet. Von P. Axer. 251 S. 1994 ⟨3-428-07858-6⟩ DM 98,– / öS 765,– / sFr 98,–

652 **Der Widerruf rechtmäßiger begünstigender Verwaltungsakte nach § 49 VwVfG.** Von H. Bronnenmeyer. 313 S. 1994 ⟨3-428-07984-1⟩ DM 98,– / öS 765,– / sFr 98,–

653 **Bergbau contra Oberflächeneigentum und kommunale Selbstverwaltung?** Zur Bedeutung der verfassungsrechtlichen Garantie des Eigentums und der gemeindlichen Selbstverwaltung bei der bergrechtlichen Betriebsplanzulassung. Von W.-R. Schenke. 139 S. 1994 ⟨3-428-08012-2⟩ DM 78,– / öS 609,– / sFr 78,–

(Ein Gesamtverzeichnis der „Schriften zum Öffentlichen Recht" kann beim Verlag abgefordert werden.)

Duncker & Humblot · Berlin